Données de catalogage avant publication (Canada)

Lam, Tran

   La Survivante : la guerre des autres

   Autobiographie

   ISBN 2-7604-0830-2

   1. Lam, Tran. 2. Cambodge - Histoier 20e siècle. 3. Canadiens d'origine cambodgienne - Québec (Province) - Biographies. I. Titre

FC2950.C27L35 2002   971.4'0049593'0092   C2002-940164-X
F1055.C27L35 2002

© Les Éditions internationales Alain Stanké, 2002
Dépôt légal: Bibliothèque nationale du Québec, 2002

Les Éditions internationales Alain Stanké remercient le Conseil des arts du Canada et la Société de développement des entreprises culturelles (SODEC) de l'aide apportée à leur programme de publication.

Le Conseil des Arts du Canada Depuis 1957 | The Canada Council for the Arts since 1957

Nous reconnaissons l'aide financière du gouvernement du Canada par l'entremise du Programme d'aide au développement de l'industrie de l'édition (PADIÉ) pour nos activités d'édition.

Stanké international
25, rue du Louvre
75001 Paris
Tél.: 01.40.26.33.60
Téléc.: 01.40.26.33.60
www.stanke.com

Les Éditions internationales Alain Stanké
615, boul. René-Lévesque Ouest, bureau 1100
Montréal (Québec) H3B 1P5
Tél.: (514) 396-5151
Téléc.: (514) 396-0440
editions@stanke.com

IMPRIMÉ AU QUÉBEC (Canada)

Diffusion au Canada: Québec-Livres
Diffusion hors Canada: Inter Forum

La Survivante

TRAN LAM

La Survivante

La Guerre des autres

récit autobiographique

Stanké
QUEBECOR MEDIA

À ma mère que j'aimais tant.

Avant-propos

1975. Le Cambodge sombre dans une terrible guerre civile. Les Khmers rouges transforment le pays en un vaste camp de concentration, déportent et organisent le génocide d'une grande partie de la population cambodgienne.

Dans la foule des déportés, Tran Lam, une petite fille de 10 ans, échoue avec sa famille dans un camp de concentration. Jour après jour, elle nous fait partager, au fil de ses souvenirs, le quotidien du camp : tortures, humiliations, exécutions sommaires, famine, terreur, endoctrinement politique...

Tran Lam survivra et témoignera.
Récit autobiographique, La guerre des autres raconte l'incroyable survie d'une petite fille perdue dans l'enfer de la guerre, dans un face à face constant avec la mort.

Le Cambodge

Le Cambodge est un état (monarchie parlementaire) d'Asie du Sud-Est, entre la Thaïlande, le Laos et le Vietnam. 181 035 km². 10,5 millions d'habitants (les Cambodgiens). Capitale : Phnom-Penh. Langue officielle : khmer. Monnaie : riel. Ce pays, au climat chaud et humide, est formé de plateaux recouverts de forêts. La population est formée essentiellement de Khmers vivant surtout de la culture du riz.

Ancien protectorat français, le Cambodge devint théoriquement indépendant dès 1949 et chercha son autonomie sous la houlette du roi Norodom Sihanouk. La royauté abolie en 1970, le nouveau gouvernement s'engagea dans une guerre civile qu'il perdit contre les Khmers rouges. Le Cambodge comptait alors 29 millions d'habitants. Il perdit 25 % de sa population durant cette guerre. En moins de quatre ans, le Cambodge fut transformé en un immense camp de concentration par les Khmers rouges qui instaurèrent le communisme rural et la terreur. De nombreuses personnes sont mortes de faim, torturées, ou soumises à des travaux forcés, et plusieurs autres ont disparu, particulièrement des intellectuels. Les Khmers rouges (communistes maoïstes), dirigés par Pol Pot et Khieu Samphan, créèrent l'État de Kampuchéa démocratique (1976).

Entrés en guerre contre le Vietnam, les Khmers rouges furent battus et chassés par un gouvernement pro-vietnamien (1979).

Le pays, qui reprit le nom de Cambodge en 1989, tenta alors de se relever de ces épreuves (génocide, exode massif) et de la ruine de son économie.

Après le retrait des Vietnamiens (1989) et l'adoption d'une nouvelle Constitution (1993) qui restaura la monarchie de Norodom Sihanouk, le pays a connu une certaine accalmie malgré la persistance d'affrontements entre les Khmers rouges et le gouvernement.

L'origine de mes parents

Mon père

J'ai fait des recherches sur l'origine de mes parents. Mes demi-frères et demi-sœurs m'ont raconté que mon père était un homme d'affaires très brillant.

Il est né en Chine et était l'aîné de sa famille. Très jeune, il doit travailler pour subvenir aux besoins de sa famille. Il débute ainsi sa vie dans les affaires en vendant des tissus de porte en porte. Il connaît beaucoup de succès dans ce domaine. Il réussit dans tout ce qu'il entreprend. Plus tard, il se marie en Chine avec une fille du pays. En raison de la deuxième guerre mondiale, il doit quitter son pays en laissant derrière lui sa famille.

Il s'installe au Cambodge. Dans ce nouveau pays, il réussit rapidement et devient propriétaire de plusieurs compagnies de riz, et par conséquent, un homme très riche et connu. Il est alors heureux de pouvoir faire venir sa femme et ses enfants. Mon père a alors 4 garçons et 4 filles.

Ma mère

Ma mère est également née en Chine.

Dès son jeune âge, sa mère l'a vendue à une famille riche du pays. Elle se fait battre par cette famille et est privée de nourriture. Plus tard, elle est obligée de fuir la Chine et de s'installer au Cambodge. Elle se marie avec un Chinois du Cambodge et ils ont une petite fille ensemble. Son mari est malade et peu après, il meurt.

Ma mère travaille pour une compagnie de riz, justement pour mon père. Un jour, mon père visite sa compagnie et il voit ma mère pour la première fois. Ma mère est d'une beauté exceptionnelle, un charme incomparable, une douceur irrésistible, une femme travaillante, dévouée, serviable, courageuse, prête à aider quiconque a besoin d'elle. Tout le monde désire en faire son amie. Mon père tombe en amour avec elle. Il a un certain âge, et il a un fils du même âge que ma mère. Il a encore sa première femme.

Alors, mon père achète une belle maison pour ma mère et tous les deux s'aiment en cachette. Ils sont heureux de donner naissance à quatre beaux enfants : mon frère, ma sœur, moi-même et une petite sœur. Je n'ai jamais vu ma grande sœur.

Notre existence n'est connue de personne et surtout pas de la première femme de mon père. D'ailleurs, il tient à ce que personne ne le sache. Pour lui, c'est une histoire honteuse. Il est très connu et riche, alors il craint beaucoup pour sa réputation.

Par contre, mon père fait connaître notre existence à l'un de ses fils. Peu après, la nouvelle se répand et nous sommes obligés de déménager loin de lui.

Notre nouvelle maison est située à la campagne. Les voisins sont rares et éloignés.

Lorsque j'ai environ 3 ans, mon père meurt d'appendicite.

Mon frère aîné, âgé de 10 ou 11 ans, est le seul à avoir eu la chance de connaître mon père. Celui-ci l'avait placé dans une école renommée. Après la mort de mon père, ma mère n'a pas l'argent nécessaire pour permettre à mon frère de continuer ses études. Cependant mon frère est un enfant surdoué. Ses professeurs acceptent alors de le garder gratuitement afin qu'il poursuive ses études.

Nous n'avons reçu aucun héritage de la part de mon père. Ma mère est timide et trop douce pour se défendre et réclamer une part d'héritage pour elle-même et pour ses enfants.

En 1978, pendant la guerre des Khmers rouges, ma mère est morte des suites de la famine.

Mon certificat de naissance

Lorsqu'il s'agit de situer mon âge, je suis mal à l'aise. Avant d'arriver au camp des réfugiés, je ne possédais aucun document qui certifie ma naissance.

En 1979, lors de mon arrivée au camp des réfugiés, les autorités obligent chaque personne à avoir une pièce d'identité. En raison de la guerre, presque personne ne possède ce papier.

Alors, les autorités décident de donner des certificats de naissance pour l'émigration. Yana invente pour moi un certificat : *TRAN LAM*, née le premier mai 1965. C'est désormais mon identité.

—

Les noms donnés aux personnages de cette histoire sont fictifs.

Un soir magique !

Je me rappelle un jour, je suis en train de jouer toute seule dehors, quand tout à coup, un monsieur arrive. Il parle avec ma mère que j'entends pleurer. Je cours vers elle, je ne comprends pas.

— C'est à propos de ton père.

J'ai un père ? Je ne suis pas au courant de son existence.

— Pourquoi pleures-tu, maman ?
Elle ne répond pas directement à ma question.
— Je vais chercher ton frère.

Je suis trop petite pour comprendre tout ce qui se passe à ce moment-là. Elle me dit de garder ma petite sœur. Elle part avec le monsieur. Pas question que je reste ici. Je veux partir avec elle.

— Tu restes ici, tu ne peux pas me suivre, tu es trop petite.
— Non, non, je veux partir.

Attristée par son départ, je ne peux retenir mes larmes. J'ai peur qu'elle ne revienne plus. Elle me laisse pleurer et elle part. Je cours comme je peux pour la suivre, mais je n'y arrive pas. Elle est partie. Je suis obligée de rester toute seule avec ma petite sœur. C'est curieux, ma petite sœur ne pleure pas pendant l'absence de ma mère. Moi, qui suis-je ? Sa grande sœur et c'est moi qui pleure. Ça fait bizarre quand j'y pense. Ma mère ne tarde pas à revenir.

Plus tard, ma mère, accompagnée de mon grand frère, se rend aux funérailles de mon père. Moi, je dois encore rester à la maison avec ma petite sœur. Je suis trop petite pour assister aux funérailles, mais pas pour garder ma petite sœur. Je suis incapable de me passer de ma mère. Je suis totalement dépendante d'elle. Je n'ai que 3 ans, je ne m'habitue pas à rester toute seule à la maison.

Peu de temps après la mort de mon père, ma mère est obligée d'aller travailler. Je suis donc « condamnée » à rester toute seule à la maison. Mon frère va l'école. Dès son retour, il a la charge de moi. Désormais, il deviendra mon « père » et ma « mère » tout en même temps. Il me fera payer pour cette responsabilité qui lui coûte sa liberté. Il devient adulte dès l'âge de 10 ou 11 ans.

Un jour, je prends conscience de la disparition de ma petite sœur. Je la cherche mais cela ne dérange personne. Je dois jouer toute seule. Je sens que je « perds » ma mère un peu plus chaque jour. Tous les matins, à mon réveil, elle est partie. Tous les soirs, je dors avant son arrivée.

Un matin, à mon réveil, je remarque qu'il y a une assiette de biscuits placée très haut sur une tablette. C'est une coutume chez les Chinois de prier les morts en leur donnant de la nourriture. Comment aller chercher cette assiette si haut placée ? Je monte sur quelque chose, je tends les bras le plus haut que je peux, je n'y arrive pas. Je tente de sauter, hélas, je tombe durement. Je ne me souviens plus de ce qui s'est passé ensuite. Je me trouve à l'hôpital. J'ignore ce qui m'est arrivé.

À mon réveil, je vois ma mère ; je suis tellement contente, je la serre. Je ne savais pas qu'un de mes bras était cassé. La douleur me fait crier très fort. Pour me consoler, ma mère me prend dans ses bras : « Maman est là, ne pleure pas ! »

Je remarque à ce moment précis que lorsque je suis malade, ma mère est toujours là. Cela me donne une bonne idée pour la retenir à la maison avec moi. J'ai un bras cassé, alors ma mère ne pourra pas aller travailler pendant un certain temps.

Je cherche encore ma petite sœur Houi : « Maman, où est Houi ? »

Elle se contente de baisser la tête, mais elle ne répond pas à ma question. J'ai joué souvent avec ma petite sœur, et tout à coup, elle n'est plus là. Je ne comprends rien aux affaires des adultes.

J'ai de la chance aujourd'hui, ma mère est là avec moi, mais je sais que ce bonheur ne durera qu'un temps et ma mère retournera au travail.

Je fais tout de ce qui est en mon pouvoir pour la retenir : je refuse de manger, de prendre des médicaments et je refuse même de marcher. Chaque fois que ma mère me donne des médicaments, je fais des crises, qui, d'ailleurs, ne l'impressionnent guère à la longue. Elle commence à connaître ma petite comédie. Un matin, elle part sans me dire un mot.

Je me sens si seule. Seule chez moi et je ne sais quoi faire sinon me lamenter. Plus les heures avancent, plus j'ai faim. Je décide de sortir, je marche et là, je trouve des bouts de cigarettes. Je les mets dans ma bouche et je les mange. Par la suite, j'ai mal au ventre et je me sens bizarre. On dirait que je m'endors tout à coup. La douleur me pousse à crier. Des voisins entendent mes cris et ils viennent à mon aide. Ces gens me parlent en khmer. Je les comprends un peu. Une chance que mon frère m'apprend à parler en khmer, car ma mère ne me parle qu'en chinois. Ces gens m'emmènent chez eux et me soignent. Lorsque je me sens mieux, ils me donnent de la nourriture. Je ne veux plus aller à la maison, je peux manger à ma faim et je me sens moins seule.

Mon frère arrive de l'école et je suis absente. Il part à ma recherche et il me trouve chez nos voisins. Ces derniers lui racontent mon aventure. Mon frère leur dit merci et il leur parle très poliment.

Sur le chemin du retour, mon frère n'est pas très content que je sois allée chez nos voisins. J'ai droit à une première leçon de savoir-vivre : « Désormais, tu n'acceptes ni ne demandes rien à des étrangers, c'est une honte. »

Il m'interdit de sortir. Il m'enferme toute seule dans la maison, il fait noir et je n'aime pas la noirceur. J'ai peur. Je pleure toute seule.

Pour notre souper, comme d'habitude, mon frère part à la pêche. Il rapporte des poissons. Il les fait cuire, il ajoute des légumes, de la sauce soja et je ne sais quoi d'autre. Il fait bouillir le tout. Ça se mange.

Après le souper, il me conduit au fleuve pour faire ma toilette. Chez moi, le bain et l'eau courante n'existent pas. L'eau dont nous disposons à la maison est utilisée pour boire et pour faire cuire la nourriture.

Je ne veux pas aller me laver au fleuve. Je cours et mon frère me poursuit. Je trouve ça très drôle. Je ris pour la première fois. Je pense que mon frère joue avec moi. Je suis tout heureuse. Tout à coup mon frère prend un ton sévère. J'arrête de courir. Je le regarde et je constate soudainement qu'il porte un regard féroce sur moi. Je crois que les mots ne sont pas nécessaires. Je lui obéis. Son regard blessant et dangereux me marque profondément. Je préfère ne plus jamais le regarder dans les yeux.

Brusquement, il me prend la main et nous rebroussons chemin. Je pleure et il me dit d'arrêter. C'est tellement difficile, j'ai peur. Je deviens tout à coup inconsolable. Mon frère est très fâché. Je pleure encore une fois, rendue à la maison. « Je veux maman. Où est maman ? » Mon frère ne répond pas, comme d'habitude. Quand arrive l'heure d'aller au lit, je résiste. Pour m'endormir, il me fait des promesses irréalisables : aller au cinéma... À 4 ans, le cinéma est pour moi quelque chose de très agréable : c'est associé à une bonne nourriture, à une visite de ma mère peut-être ? C'est toujours la même routine.

À force d'aller au fleuve, je sais nager. Mais ce jour-là, je ne sais pas pourquoi, je me laisse porter par l'eau et je n'essaie même pas de nager. Je me réveille en dehors de l'eau. Je vois mon frère qui essaie de me réveiller. Il a dit qu'il a vu mes cheveux sinon je serais déjà morte. Ce serait une excellente idée de mourir, non ? Mon frère est très fâché contre moi. Mes larmes sont mes seuls moyens de me défendre contre ce qui est menaçant pour moi.

Il ne m'adresse pas la parole au retour. Je lui parle, mais je parle dans le vide, comme d'habitude.

Je joue seule, toujours seule. Je suis fatiguée de cette vie !

Ordinairement, je me couche à l'heure fixée par mon frère. Durant mon sommeil, j'ai l'impression de sentir une présence. Je pense que c'est mon frère. Soudain, je sens vraiment que quelqu'un me caresse, mais je suis trop fatiguée pour ouvrir les yeux. Je me réveille et je suis dans les bras de ma mère. En la voyant, je suis inconsolable tellement je suis heureuse : « Maman est là ! Maman est là ! Regarde, maman t'apporte quelque chose que tu aimes, » me dit ma mère.

Je ne veux rien d'autre que ma mère chérie. Je pleure encore et elle me serre si fort contre elle. Elle me manque tellement.

Je n'oublierai *JAMAIS* ce moment. Pour moi, c'est comme de la magie. Quelqu'un me fait apparaître ma mère parce que j'ai besoin d'elle. Je souhaite que cette nuit ne se termine *JAMAIS*.

Ma joie est si intense de voir ma mère. Elle me caresse et je me couche sur elle comme un bébé. Elle me regarde tendrement et elle me sourit. Je la regarde pour que *JAMAIS* je n'oublie ce visage que j'aime tant. Elle me laisse un bon moment avant de me présenter la nourriture qu'elle m'a apportée. Elle me nourrit comme si j'étais un bébé. Après un moment, elle cherche mon frère, il n'est pas là. Il me laisse toute seule pendant la nuit. Il m'endort et ensuite, il part. J'ignorais tout de son absence.

Je sais maintenant que ma mère rentre tous les soirs très tard et que je n'ai pas connaissance de son arrivée. Elle était toujours là, mais je ne le savais pas.

Je pensais qu'elle n'existait plus.

La présence de ma mère me plonge de nouveau dans un profond sommeil. Cependant, je crains toujours qu'elle ne me laisse encore toute seule. Je suis trop petite pour comprendre que ma mère doit aller travailler.

À mon réveil, je ne trouve plus ma mère. Pourquoi faut-il qu'elle me laisse toute seule ? C'est trop dur. Je suis désespérée. Ma mère me manque de plus en plus. J'ai hâte au retour de la nuit pour revoir ma mère. Pourquoi ma mère ne me réveille-t-elle plus quand elle arrive ? L'heure du coucher devient pour moi un supplice.

2

Une amie inconnue et Yana

Souvent, je joue seule et aujourd'hui, j'ai vraiment l'impression de jouer avec quelqu'un. J'ai alors environ 5 ans. Je ne parle pas toute seule. Quelqu'un me répond vraiment, mais j'ignore qui. Je ne peux pas savoir, qu'à ce moment-là, je peux inventer un monde imaginaire pour me permettre de survivre.

Chaque jour, je m'attache à cette personne inconnue et invisible. J'ai le sentiment d'être aimée par elle. Depuis, je me sens moins seule et j'ai moins peur.

Un jour, je suis en train de jouer dans la terre avec mon « amie » inconnue. Soudain, je vois arriver une dame qui se nomme Yana. Elle est accompagnée d'un monsieur. Je cours avec mon amie pour me cacher. Yana me voit et elle me parle en chinois. Il est rare que des gens d'ici parlent cette langue.

— Viens, petite ! Viens me voir !

Je ne bouge pas et mon amie non plus. Elle se dirige vers moi, je recule.

— N'aie pas peur, viens.

— Non.

— Veux-tu manger ?

— Oui.

— Viens, je vais t'en donner.

Je me méfie d'elle et je ne bouge pas même si j'ai faim.

Elle reste là et elle m'attend. Elle me montre des biscuits et des bonbons, et elle me demande si j'en veux. J'avance tranquillement vers elle.

Elle reste là un bon moment avec moi. Elle veut sûrement gagner ma confiance. Yana me prend par la main et je réagis tout de suite :

— Non, je veux ma maman.

— Ta maman n'est pas là. Viens.

— Non !

Elle vient de perdre ma confiance. Elle veut m'emmener avec elle, pour quelle raison ? Je l'ignore. Elle me soulève de force. Je me débats et m'échappe. Je cours de toutes mes forces, je crie « au secours, maman ! ». L'homme me rattrape. Je pleure, je hurle. Il me prend dans ses bras, je ne peux plus m'échapper. L'homme me fait entrer dans sa camionnette. Je lui crie : « Je ne veux pas, je veux ma maman ! ».

Je cherche à me sauver, mais sans succès. Je me vois éloignée de ma maison et surtout de ma mère. Tout mon être réagit. Je me sens tellement bizarre au fond de moi. Mes larmes deviennent, à ce moment-là, mon seul moyen pour exprimer mon désarroi. Je pleure jusqu'à ce que je sois fatiguée et que je m'endorme.

La camionnette s'arrête tout à coup et je me réveille. Je n'avais encore jamais vu autant de voitures : « On est au centre-ville, » me dit Yana.

Elle me fait descendre. Je dis non et je dis toujours non. Elle me dit : « Tu es petite, mais tu as la tête dure. Arrête de mettre ton doigt dans la bouche. »

Elle me prend par la main et je la pousse : « Je veux maman ! » Lorsque je prononce le mot *maman*, mes larmes coulent. Elle me manque tellement que je n'ai pas de mot pour le dire. Yana me laisse marcher toute seule. Elle sait que je n'aime pas son contact. Elle dit qu'on va manger. Lorsqu'il s'agit de nourriture, je suis toujours prête ; je la suis au restaurant.

Elle demande au serveur de m'apporter un bol de soupe aux nouilles. Elle semble délicieuse. Je mange d'abord avec appétit, mais par la suite, j'ai mal au ventre et j'arrive difficilement à avaler. Je vomis, je pleure plus fort. Yana me lave. Je lui dis : « Je veux ma maman. »

Elle ne dit rien. Je pleure et je crie encore plus fort pour qu'elle me ramène auprès de ma mère. Rien à faire. On s'en va et je pense que je retourne chez moi.

Je garde l'espoir de revoir ma mère bientôt. Je suis consciente qu'elle est très souvent absente, mais au fond de moi, elle est toujours là. C'est ce qui me permet de survivre.

Le camion roule et il fait nuit. Je suis toujours anxieuse quand il fait noir. Je pleure désespérément. Je suis avec des inconnus et on ne m'explique même pas pour quelle raison on m'emmène. Où est-ce que je m'en vais ? Ma peur de ne plus revoir ma mère devient insupportable. J'ai beau pleurer, cela ne soulage pas mon anxiété. J'ai tout à coup mal, dans mon corps et dans mon cœur. Ces adultes ne comprennent pas ma détresse. La dame me regarde souvent. Elle se rend compte que je suis malade. Elle vient à côté de moi, mais je la repousse. On dirait qu'elle ne comprend pas que j'ai besoin de ma mère. Elle vient de me kidnapper ; elle ignore qu'elle vient de déchirer mon cœur.

Yana me touche le front et dit à l'homme que je fais trop de fièvre pour continuer. Elle lui dit d'arrêter et lui demande d'aller acheter de la glace. J'ai tellement mal que je pleure sans cesse, sans pouvoir m'exprimer.

L'homme revient avec de la glace. Yana l'enveloppe dans un linge et elle la met sur mon front dans le but de faire baisser la fièvre. Elle me donne des médicaments que je ne garde pas. Chaque fois que je suis malade, ma mère est toujours là. Et pour cette raison, je pleure encore plus fort.

Au lever du jour, je suis encore trop malade pour continuer le voyage. Je me souviens que l'homme me prend dans ses bras et… j'ai oublié les moments suivants. Je pense que j'ai dormi pendant longtemps.

Un matin, je me réveille et je cherche ma mère : "Maman, maman, j'ai faim."

Je constate la présence de Yana auprès de moi, elle dit :

« L'enfant est réveillée. »

La dame a l'air contente de me voir. Elle sourit et ajoute :

— Tu m'as fait peur.

Je la regarde et je ne dis pas un mot. Elle me donne à manger. Il est temps de continuer le voyage. Alors, je lui demande :

— Je peux aller voir maman, maintenant ?

— Oui.

Je ne pleure plus. J'ai hâte d'arriver pour enfin voir ma mère.

On arrive enfin. Je ne reconnais pas cet endroit. Ce n'est pas chez moi. Je pleure. Elle m'a menti. La dame me dit que je ne dois pas pleurer, car j'aurai beaucoup d'amis pour jouer avec moi. Je demeure immobile. Je ne veux pas rester ici. Je veux ma mère. Je pleure. Tout à coup, je vois de loin quelqu'un qui se dirige vers moi. Je crois que c'est ma mère. Je cours, je cours pour aller la rejoindre :

— Maman, je suis là ! Maman, maman, emmène-moi avec toi !

Ce n'est pas elle. Cette personne ressemble beaucoup à ma mère.

— Je suis ta demi-sœur.

Je ne comprends rien ; pourquoi est-elle ma demi-sœur? Je ne l'ai jamais vue. Elle se penche pour me parler : « Comme tu es mignonne ! »

Elle me serre contre elle. Je ne sais plus où j'en suis. Plus tard, on me dira que c'est la fille de ma mère. J'apprends également que Yana, ma demi-belle-sœur, est mariée avec mon demi-frère, le fils de mon père.

La terre où je mets les pieds appartenait à mon père : la maison, l'usine, les employés, le champ de riz... C'est très mystérieux tout ça. Pourquoi ma mère est-elle obligée de travailler maintenant alors que mon père était si riche ? Mon père ne nous a pas laissé d'héritage. Avant sa mort, il a demandé à son fils, mon demi-frère, le mari de Yana, de s'occuper de nous, les plus jeunes. Il y a un écart important entre mes demi-frères, mes demi-sœurs et moi. Je ne comprendrai cette histoire qu'une fois adulte. Pour le moment, je ne comprends rien dans tout ça.

Soudain, une servante arrive avec une petite fille qu'elle tient par la main. C'est ma petite sœur Houi ! Je cours vers elle et je la serre contre moi. Elle ne me reconnaît plus. Pourquoi ma petite sœur est-elle ici ? Probablement que ma mère n'arrive pas à subvenir à nos besoins.

De toute façon, ce riz, ces usines, ces maisons, ces jardins de fruits, tous ces animaux, etc., appartiennent à mon père. Nous sommes ses enfants et nous avons notre part.

———

Depuis mon arrivée chez mon père, je ne peux pas m'adapter. Ma mère me manque trop. Ma façon de réagir : je fais mal aux autres enfants. Je rends la vie impossible à Yana et à toutes les personnes qui s'occupent de moi. Dans ma tête, je fais tout pour qu'on me ramène auprès de ma petite maman chérie.

D'un jour à l'autre, je me vois périr psychologiquement. J'ai besoin de quelqu'un avec qui je puisse jouer et parler.

Un jour, je suis dans un endroit que je n'aime pas ; c'est une punition qu'on m'inflige. C'est alors qu'une voix se fait entendre :

— Ne pleure pas, petite fille.

— Qui es-tu ?

— Je suis Gabu.

— Tu es un beau cheval blanc. Est-ce que tu voles, Gabu ?

— Oui, petite fille.

— Je veux que tu m'appelles, « princesse ». Je veux que tu me donnes une belle robe comme celle d'une vraie princesse et je veux m'envoler avec toi pour retrouver ma maman.

— Oui, ma princesse.

C'est alors que je m'envole avec Gabu et j'ai vraiment l'impression de voler. Comme c'est amusant ! Avec Gabu, je me sens moins seule et je me confie à lui.

———

Je demeure chez mon père pendant environ 3 ans avant de retourner auprès de ma mère. Chaque jour ou presque, tous les matins, très tôt, nous, les enfants, avons du travail à faire ; cela consiste à ramasser les œufs et ensuite, nous pouvons aller jouer. Moi, je n'arrive pas à jouer avec les autres sans leur faire du mal. Alors, je joue avec Gabu.

Depuis que je connais Gabu, j'invente un royaume imaginaire et j'y entre chaque fois que ma vie devient insupportable. Bien sûr, Gabu ne peut pas remplacer ma mère, mais il me permet d'attendre le moment où je pourrai la revoir.

COMME J'AI HÂTE DE REVOIR MA MÈRE !

3

Ma présence dérange !

Un matin, Yana décide que je retourne avec ma mère. Je suis souvent malade et je la dérange beaucoup.

Moi, lorsque j'apprends que je vais revoir ma maman chérie, je suis folle de joie. Avant mon départ, on me dit de m'amuser. Pendant ce temps, les adultes parlent entre eux. J'attends sagement, tout en écoutant ce que disent les grands. Alors, je comprends la vraie raison de mon départ : je ne peux plus rester dans la maison de mon père car sa première femme a pris connaissance de ma présence et me veut du mal.

Sur la route, je demande à Yana :

— Pourquoi la dame me veut-elle du mal ?

— Qui te l'a dit ?

— Personne. J'ai entendu votre conversation.

— Tu es trop petite pour comprendre les histoires des grandes personnes.

Elle a raison. À ce moment-là, je ne pouvais vraiment pas comprendre. Ce qui est important pour moi, c'est de retrouver ma mère.

— Dis, est-ce qu'on arrive ?

— Non.

On s'arrête dans un restaurant : j'ai l'impression de connaître cet endroit. Oui, je me rappelle, c'était la première fois que Yana m'emmenait et j'étais malade. Cette fois-ci, je suis bien portante, donc je mange avec appétit. Je vais rejoindre ma mère et y rester pour toujours.

— On arrive ?

— Pas encore.

Je trouve que Yana est gentille avec moi aujourd'hui. J'ai tant hâte de voir ma mère que je reste difficilement en place.

— On arrive ?

— Arrête de poser toujours la même question.

Voilà, on arrive. Je vois ma mère dehors, elle nous attend. Je cours vers elle et je lui saute au cou : « Tu as beaucoup grandi et tu es plus lourde, maintenant. »

Ma mère me repose à terre et parle avec Yana. Cette dernière, par discrétion, m'envoie jouer loin. Je jette de temps en temps un coup d'œil et à un moment donné je vois pleurer ma mère. Je cours et je pousse Yana en pensant qu'elle lui a fait mal.

Lorsque Yana est partie, je raconte à ma mère tout ce qu'il y a chez mon père. Je lui parle des animaux, du grand jardin de fruits, des champs de riz, etc. On dirait que j'oublie de lui parler des mauvais coups que j'ai faits. Je me doute qu'elle est au courant.

Ma mère habite avec une autre famille, elle ne veut plus que je sois seule lorsqu'elle va travailler. J'ai environ 7 ans. Cette famille a deux grandes filles qui vont à l'école. Je les nomme Rata et Patilia. Cet endroit est proche de la ville, et j'entends parfois les autos.

À mesure que je vis avec cette famille, je me rends compte que je suis différente des autres enfants. Je n'ai ni père, ni frère, ni sœur. Au moins, j'ai une maman chérie, mais elle s'absente souvent. Un jour, je demande à ma mère de me donner d'autres sœurs pour jouer avec moi. Elle me répond par un geste brutal et je pleure. Par la suite, elle me console. Une tape ne me fait pas mal, ce qui me blesse, c'est que je crois qu'elle ne m'aime plus. Cela me fait si peur.

Parfois, je vois pleurer ma mère. Je suis peut-être un fardeau pour elle ? Toutes mes sœurs et mon frère ont disparu. Personne ne semble s'intéresser à moi. Suis-je trop rebelle ?

Ma mère part tous les jours et j'ignore ce qu'elle fait. Je reste à la maison avec la dame avec qui nous demeurons sous le même toit. Rata et Patilia vont à l'école. Moi aussi, j'aurais aimé y aller. Ma mère n'a pas assez d'argent pour payer. Un jour, lorsque Rata et Patilia partent pour l'école, je les suis. Une fois rendue, je n'ai pas le droit d'y entrer. Je les observe de loin : elles jouent à la corde avec leurs amis. Elles semblent bien s'amuser. Mon seul ami actuel est Gabu. Il me suit partout.

Une fois, en ville, je longe la rue et je vois des vendeurs de nourriture sur les deux côtés. Il y a beaucoup de monde. Je regarde les brochettes bien grillées, la soupe aux poissons que j'aime tant, les bonbons, etc. Certaines personnes déjeunent, je fixe longtemps les brochettes. Ça sent tellement bon ! J'en mangerais bien une centaine : je me contente d'avaler ma salive... Je n'oserais jamais en demander. Mon frère me disait : « Tu ne dois jamais demander de la nourriture à quiconque, c'est honteux, indigne et surtout c'est très humiliant. » J'ai bien appris la leçon.

Je continue à marcher, tout en parlant avec Gabu, quand soudain des rires d'enfants me font revenir sur terre. Je constate qu'eux non plus ne vont pas à l'école. Je pourrais passer des heures à les regarder jouer. Une petite fille me remarque et elle fait signe aux autres de cesser leurs jeux. Ces enfants s'arrêtent et m'observent. Je recule. Je crains qu'ils me fassent mal. Je suis seule. Alors, une petite fille, qui se nomme Aimib, m'invite à partager leurs jeux. Je suis enchantée, je cours les rejoindre.

Après quelques minutes, je me sens bien dans le groupe. Je veux toujours gagner. Nous jouons pendant un bon moment. Tout à coup, un phénomène se produit : pour manger, « ces enfants de la rue » entrent à toute vitesse dans un restaurant et ramassent tout ce qui reste de nourriture dans les assiettes. Je reste figée. Ils m'interpellent, mais je suis incapable de les imiter. Je me souviens des recommandations de mon frère. Je regarde seulement. Soudain, deux de ces enfants vont chercher de la nourriture dans l'assiette d'une dame qui n'a pas terminé son repas. Celle-ci attrape Aimib avec colère et demande au serveur de l'emmener. Je sens monter mon agressivité : j'entre dans le restaurant et je donne un coup de pied à la dame pour libérer ma nouvelle amie. Tous les enfants viennent à mon secours et nous nous enfuyons.

Ces enfants posent des gestes qui m'étaient inconnus auparavant. Tantôt, je les vois fouiller dans les poubelles, tantôt, ils dérobent des brochettes et se sauvent. Je les suis en courant, de peur de me faire attraper. Lorsqu'ils ont des problèmes, je les défends ; c'est ma façon de me rendre solidaire d'eux.

Un jour, un autre groupe « d'enfants de la rue » fait son apparition. Ceux-ci semblent plus âgés que nous. Ils peuvent nous écraser, j'ai peur. Le chef vient à notre rencontre pour nous chasser de ce lieu. Mes copains et copines me poussent à affronter cet adversaire, car malgré moi, je suis leur chef. Je refuse de me battre avec ce géant, j'ai peur. Les autres m'incitent à avancer. Oh ! mes jambes tremblent comme les feuilles au vent.

« Au secours, Gabu ! Viens m'aider ! »

Je me bats et je me fais écraser. Je réussis cependant à m'échapper. J'ai perdu, mais dans ma tête, j'ai encore gagné. J'ai mal et j'ai envie de pleurer, mais je n'ose pas me laisser aller à cette faiblesse. Je cours me cacher pour verser des larmes, quand soudain le groupe me surprend dans cet état... Vite, je trouve une raison et je leur dis que je m'ennuie de ma mère. Aimib me dit :

— Tu as ta maman, toi ?

— Oui, elle travaille et je suis toujours seule.

— Nous, nous n'avons ni maman ni papa.

Aimib se met à pleurer et cela me fait mal au cœur, car je l'aime beaucoup. J'apprends, ce jour-là, que ces enfants de la rue sont tous orphelins et couchent un peu partout.

En général, mes journées se passent avec ces enfants. Je deviens un enfant de la rue. Un jour, je me permets de leur raconter mon histoire imaginaire.

Ma mère ne sait rien de ma vie quotidienne. Elle travaille et elle n'a pas d'argent pour m'envoyer à l'école. Je suis fâchée contre elle, car elle ne peut subvenir à tous mes besoins. Malgré cette situation, je l'aime tendrement.

Plus je fréquente ces enfants de la rue, plus je deviens comme eux. Je grandis contre ma volonté. Je deviens également de plus en plus rebelle. Je ne supporte pas les ordres. Je n'ai de respect pour personne, sauf pour ma mère.

4

Vers Phnom-Penh

Habituellement, le matin, ma mère quitte la maison sans me réveiller. Mais aujourd'hui, elle est auprès de moi. Sa présence me réjouit.

— Maman, tu restes avec moi aujourd'hui ?

— Oui.

— Pourquoi ne travailles-tu pas ?

— On va déménager.

— Où va-t-on, maman ?

— Très loin.

— Pourquoi doit-on s'éloigner ?

— Tu es trop petite pour comprendre.

— Je ne suis pas un bébé.

Ma mère me regarde et elle ne dit rien.

On prend l'autobus et je me couche à côté d'elle. Comme c'est bon !

Après une longue route, nous arrivons enfin à Phnom-Penh. « C'est la capitale du Cambodge », me dit ma mère.

Nous marchons un peu et ma mère entre dans une belle et grande maison de brique. Chose curieuse, elle est remplie de meubles à vendre. J'explore et, tout à coup, je remarque un instrument de musique. Ma mère me dit que c'est un piano. Il me plaît, je veux l'essayer, mais une voix se fait entendre :

« Les enfants n'ont pas le droit de toucher à ce piano. »

Je dirige mon regard vers cette voix pour constater la présence de Yana.

— Restons-nous ici, maman, avec cette dame ?

— Elle est la femme de ton demi-frère.

— Pourquoi avons-nous déménagé ici, maman ?

— C'est comme ça.

— Ça ne me plaît pas du tout.

— Sois gentille !

J'apprends, ce jour-là, que l'usine et les propriétés de mon père où Yana demeurait, ont été détruites. Par conséquent, Yana est obligée de déménager à Phnom-Penh. Elle y amène toute sa famille.

Yana a deux enfants : une fille, Mitag et un garçon, Wag. Elle a également deux neveux : Thang et Copita. J'apprends aussi la présence d'une demi-sœur dans cette ville. Elle est la fille de ma mère et va bientôt se marier.

———

Je suis installée depuis seulement quelques jours et déjà Yana me harcèle pour faire ceci ou cela. Je la trouve très fatigante car c'est toujours après moi qu'elle en a.

Je désire jouer, mais elle me garde prisonnière.

Tous les matins, Yana donne des cours de chinois à ses enfants et à ses neveux. Moi, je dois travailler : faire le ménage, laver le plancher, aider ma mère à la cuisine... Lorsque je vois les autres étudier, j'ai un très grand désir de m'instruire, moi aussi.

Ma mère demande à Yana de m'apprendre les écritures chinoises.

Elle n'accepte pas tout de suite, car elle dit que je suis bornée et que je n'apprendrai rien.

Un jour, elle accepte que je participe aux cours, avec les autres. À chaque erreur, elle me frappe. La concentration devient difficile car elle marche toujours derrière moi. Elle dit souvent d'un ton dur :

« Ce n'est pas comme ça que tu dois lire, tu es vraiment bornée. »

Chaque fois, je sursaute. C'est ma première journée d'école, elle désire que je lise comme les autres qui sont habitués : je suis tellement angoissée. D'une minute à l'autre, je m'attends à recevoir une claque, alors, quelle difficulté pour la concentration ! Dans ma tête, j'ai l'impression que Yana veut prouver à ma mère que je ne suis bonne à rien. Mon désir d'apprendre est si grand que j'endure les claques et surtout l'humiliation que Yana me fait vivre devant sa famille.

Ma mère sait que Yana est dure avec moi, mais jamais elle ne prend ma défense.

Le lendemain, Yana me fait lire et je subis les mêmes sévices. Je deviens de plus en plus angoissée. J'ai mal.

À la longue, je ne peux plus endurer cela et mon apprentissage prend du retard. Ce qui fait dire à Yana : « Tu es incapable d'apprendre. »

Je suis trop jeune pour exprimer mes sentiments à Yana et lui expliquer qu'elle m'énerve. Je suis persuadée que si elle avait enseigné normalement, j'aurais appris avec facilité.

Finalement, je n'acquiers que quelques connaissances.

5

Gabu

Dans la vie courante, je me chicane avec les enfants de Yana, mais c'est moi qui suis reprise par ma mère.

Yana se donne le droit de me frapper, mais jamais ma mère ne touche à ses enfants pour leur faire du mal. Je crois que ma mère est trop douce pour vivre dans ce monde si cruel !

La situation avec Yana devient menaçante pour moi. J'en ai peur et ma mère ne peut m'assurer une sécurité convenable. Je suis trop petite pour être seule. Alors, j'ai besoin de Gabu.

Pendant que je fais le ménage, Gabu me parle :

— Bonjour, ma princesse !

— Gabu, j'ai besoin de toi. Yana est méchante. J'ai peur d'elle.

— Je suis là, ma princesse.

— Gabu, j'aimerais avoir une belle robe comme celle d'une vraie princesse et partir loin avec toi. J'aimerais jouer avec des amis. Je voudrais vivre dans un monde où les adultes n'existent pas, sauf ma mère.

— Tu peux tout avoir, princesse. Veux-tu vraiment partir d'ici avec moi ?

— Oh oui, Gabu !

Soudain, je m'envole avec Gabu. J'ai l'impression de voler comme un oiseau et je suis dans un autre monde. Je revois mon Arc-en-ciel que j'aime tant. Les nuages me chatouillent. Tout me semble si réel. Adieu la terre ! Les fleurs resplendissent de toutes les couleurs. Je les adore et j'aime tout particulièrement le vert.

Gabu descend plus bas et il me fait asseoir sur une fleur. Je refuse :

— Non, Gabu, je ne veux pas cette fleur comme chaise, elle est si belle.

— Je suis à votre service, princesse, répond la fleur, à ma grande surprise.

— Une fleur qui parle ?

— Oui, princesse, car c'est toi qui me fais parler.

— Je n'ai rien fait.

— Princesse, nous ne pouvons pas exister sans toi.

— Pourquoi ?

— Nous sommes en toi, répond Gabu.

— Je ne comprends pas, Gabu.

Gabu reste silencieux. Je vois tout à coup une grande feuille énorme qui vient me bercer. Je la nomme Sébal. Elle joue avec moi, ainsi qu'avec Gabu et les autres amis. Je dois bander mes yeux et il faut que je les cherche.

Je me promène et touche quelque chose de dur. Je ne sais quoi. Personne ne me renseigne, alors j'enlève le bandage et, à ma grande surprise, je vois un piano. Je saute de joie. Le piano me dit :

— Ma princesse, je suis ton piano magique, je joue tout seul.

Je me tourne vers Gabu et je lui demande :

— Gabu, comment savais-tu que je désirais un piano ?

— Je sais tout de toi, ma princesse.

— Apprends-moi à danser comme les grands, Gabu.

Mais c'est Sébal qui veut m'apprendre à danser et tout le monde veut danser avec moi. Je ris quand je vois danser Gabu avec ses pattes :

— Comme tu es drôle, Gabu ! Tu ne danses pas bien comme Sébal.

— Princesse, veux-tu danser avec moi ?

— Oui, Gabu !

— Tu es la plus belle des princesses.

Sur cette parole, je me sens tellement gênée.

— Gabu, pourquoi tes amis m'aiment-ils ?

— Ce sont tes amis, princesse.

— Gabu, pourquoi Yana me répète-t-elle continuellement que je suis bornée ?

— Princesse, tu es intelligente.

— C'est vrai, Gabu ?

— Oui, ma princesse.

— Gabu, j'aimerais avoir beaucoup de personnes pour me servir. Je veux jouer tout le temps. Tu sais, Gabu, Yana me déteste, elle me frappe et ça me fait mal.

— Je suis là pour toi, ma princesse. Tout ce que tu veux, tu l'obtiendras.

— Gabu, je veux que ma mère soit une belle reine avec plusieurs serviteurs et qu'elle n'ait plus besoin de travailler pour Yana.

— Elle est une adulte, princesse, et les adultes ne peuvent demeurer dans ton royaume.

— Gabu, tu es mon cheval blanc et tu existes réellement, n'est-ce pas ?

— Oui, ma princesse, j'existe. Tu me vois, mais pas les adultes.

— Pourquoi, Gabu, les autres personnes ne peuvent-elles pas te voir ?

— Je l'ignore, ma princesse.

Pendant que je parle avec Gabu, nous sommes tout à coup poursuivis par un gros monstre :

— Gabu, où es-tu ? Au secours !

— Par ici, princesse, vite, vite, cours !

— Gabu, le monstre me mord la tête.

Je me rends compte que c'est Yana qui me donne un coup sur ma tête :

— Tu ne travailles pas ? Tu t'amuses et tu parles toute seule ?

— Je parle avec Gabu et mes amis !

— Je t'ai déjà dit que Gabu n'existe pas.

— Tu mens, il existe et je vole avec lui. Toi, tu ne peux pas le voir, car tu es méchante.

Sur cette parole, je retourne dans mon monde :

— Gabu, Yana me traite comme sa servante. Je vais la tuer dans mon royaume. Transforme Yana en une mouche. Je veux l'écraser. Je la déteste, elle me fait mal.

— Princesse, tu ne peux pas faire mal à quelqu'un.

— Comment oses-tu me parler ainsi, Gabu ? Je donne un ordre. Tu dois m'obéir. Je suis obligée de tuer Yana avant qu'elle ne me détruise.

— Oui, ma princesse.

Yana se transforme en mouche et le monstre la mangera quand je lui en donnerai l'ordre. Dans ma tête, je gagne toujours contre Yana. Elle se fait maltraiter dans mon royaume. Elle est une mouche sans défense, alors, je n'ai pas peur d'elle.

Lorsque je suis très fâchée, je regarde Yana avec le regard de mon frère et je reçois une autre claque. C'est très impoli de regarder les adultes dans les yeux, c'est comme si je me mettais à leur niveau. Cette façon de faire est interdite pour les enfants. Lorsqu'on me demande un geste de politesse, c'est insupportable. Je ne sais pourquoi c'est si difficile pour moi d'être polie. Je déteste les adultes et ils sont souvent injustes envers moi ; en plus, on me demande d'être polie avec eux... C'est trop !

Mais je dois tout de même obéir à ma mère qui me demande d'être polie avec Yana. Je supporte difficilement d'obéir à Yana. Je ne peux aller jouer avec les autres, je suis prisonnière dans la maison. Je n'accepte pas cette situation. En même temps, je ne veux pas faire de la peine à ma mère. Alors... lorsque ma vie devient insupportable, je fais appel à Gabu, mon ami fidèle. Je m'amuse avec lui.

Lorsque Yana me demande de laver ou de faire quelque chose que je n'aime pas, j'entre dans mon royaume et j'ai l'impression que ce sont mes serviteurs qui travaillent à ma place. Je m'assois sur le trône de la reine et les serviteurs se prosternent devant moi. Je me sens très valorisée d'être une « vraie » princesse. On me sert et on m'obéit, car je suis leur princesse toute-puissante et j'en profite pour faire travailler Yana et la maltraiter.

Yana porte un autre bébé. Je demande souvent à ma mère pourquoi elle a un si gros ventre, mais celle-ci ne me répond rien. Elle me dit que je vais comprendre lorsque je serai grande. Je ne veux pas grandir, je déteste des adultes, sauf ma mère.

Quelque temps après, Yana donne naissance à un garçon. Maintenant, je suis « condamnée » à garder son bébé. Comme je déteste tout ce qui appartient à Yana, je dois en plus m'occuper de son enfant. Je suis à l'âge où on joue : quelqu'un pourrait-il me comprendre ?

Je suis tellement frustrée que je n'ai plus l'intention d'obéir ni à Yana ni à ma mère. Je sors jouer quand même, je réunis les enfants et je leur raconte mon histoire avec Gabu.

Je leur dis aussi que mon père est au ciel. Lorsque je mangerai une boule de riz que mon père m'enverra, je le rejoindrai. Je dis aux enfants que je fais de la magie et s'ils ne m'écoutent pas, s'ils sont méchants avec moi, ils seront écrasés par un avion. Je deviens à nouveau chef d'un groupe d'enfants. Je leur promets de l'argent. Je sais faire de la magie, car Gabu me l'a enseignée. Les enfants sont heureux. Quand vient le soir, je vole l'argent de Yana et je le donne aux enfants. Ceux-ci m'écoutent de plus en plus parce que je réalise mes promesses. Lorsqu'ils ont l'argent, je les emmène manger. On achète plein de choses. Yana cherche son argent : je fais mon innocente. Il ne faut pas que ma mère le sache.

Une autre fois, je dis aux enfants de m'apporter leur petit cochon et le lendemain, ils auront de l'argent.

Le lendemain comme prévu, je me dépêche de mettre de l'argent dans les petits cochons avant le retour des enfants. Lorsqu'ils arrivent, je leur dis que je vais faire de la magie et l'argent sera dans leur cochon. Je prononce des mots bizarres. Lorsque j'ai terminé, je leur demande de regarder leur cochon et ils voient de l'argent. Ils sont fous de joie. Ces enfants croient vraiment que je suis très puissante. Je fais tout pour garder ma puissance à leurs yeux.

6

Nouvel An chinois

La fête du Nouvel An chinois est toujours très excitante, car les visiteurs viennent à la maison et ils donnent de l'argent aux enfants. C'est une fête où tout le monde change son âge. J'ai alors environ 10 ans. À ma connaissance, on ne fête jamais les anniversaires de chaque individu.

Dans cette journée de fête, on n'a pas le droit de se chicaner. Les adultes ne doivent pas frapper les enfants non plus. Je souhaite que cette fête dure toujours, ainsi Yana ne me frappera-t-elle plus. On n'a pas le droit non plus de nettoyer la maison même si elle est très sale : « Nettoyer la maison en ce jour de fête, nous apporte des malheurs », nous disent les grands. On ne doit pas non plus emprunter de l'argent et, si on le fait, on doit payer notre dette avant cette journée de joie.

C'est une fête grandiose qui dure normalement pendant trois jours. Les gens se promènent dans la rue en chantant, en riant, en dansant et en salissant toute la rue, car tout est permis en ce jour.

Aujourd'hui, c'est la veille du jour de l'an et ce matin, très tôt, j'apprends que ma mère et Yana vont au marché toutes les deux. Normalement, ma mère y va seule tous les matins. Au Cambodge, nous devons faire le marché tous les jours. Par conséquent, la nourriture que nous prenons est toujours fraîche.

Chaque fois que je vais à la cuisine, ma mère et d'autres adultes sont occupés à préparer une cuisine spéciale pour le lendemain. Ensuite, les adultes doivent insérer l'argent dans des enveloppes rouges. Ce sont des cadeaux pour tous les enfants. Le jour de la fête, tout doit être en rouge. C'est un jour de joie et d'amour, je suppose.

La veille de cette fête, les enfants doivent aller se coucher de bonne heure; les adultes nous réveillent très tôt le lendemain matin. Pourquoi ? Je ne sais pas.

Finalement, le jour arrive ! Yana, ma mère et d'autres adultes nous donnent l'enveloppe rouge tant désirée. Je suis tellement contente. Je garde cet argent pour en donner à ma mère. Plus la journée avance, plus les gens viennent à la maison et donnent de l'argent aux enfants. Yana doit en retour donner de l'argent aux visiteurs. Alors, elle m'appelle et dit :

— Passe-moi ton argent !

— Non, c'est mon argent. Tu n'as pas le droit de le prendre.

Elle le prend quand même. Ma colère monte et je lui fais une bonne crise. Elle n'aime pas ça, tant pis pour elle.

Je ne sais pas comment reprendre mon argent. Je cours vers ma mère; cette dernière ne fait rien pour moi. Yana n'a pas le droit de me faire de la peine pendant cette fête. Je confie tout à Gabu, mon confident. Je suis vraiment peinée. C'est alors que me vient une idée. Je vais prendre l'argent à son fils, qui pleure à son tour. Je me sauve avec mes amis et c'est moi qui mène la barque. Je ne veux pas rester à la maison. Je ne rentre à la maison qu'à l'heure du souper.

Je vois des visiteurs, mais je ne les connais pas. Les adultes sont attablés pour le souper. À ma surprise, les enfants de Yana prennent place à la table avec les invités, alors que normalement les enfants mangent en dernier. Ce qui me fait mal, c'est que ma mère ne soit pas assise à la table ; elle est là pour servir tout le monde. À ma douleur s'ajoutent de la colère et de la haine contre Yana et toute sa famille. Je sens que ma mère est leur « servante ». Je ne peux pas supporter cela. Mon cœur me fait si mal qu'un cri intérieur s'élance et dit : « Non ! *JAMAIS* ma mère ne sera votre servante. » Des larmes de rage traversent tout mon être. Par la suite, c'est pénible pour moi d'avaler la nourriture préparée si durement par ma mère, considérée comme une servante.

Ma mère ne comprend pas la colère que je viens de faire. Elle ne peut pas deviner l'amour que je lui porte. Depuis ce jour, je désire pour la première fois devenir une adulte pour travailler et prendre soin de ma mère adorée.

J'ai besoin de montrer à Yana mon mécontentement et je casse certains objets précieux pour elle. Méchanceté de ma part sans doute, mais quelle satisfaction ! Yana est furieuse contre moi évidemment, mais ma peur d'elle est encore moins forte que l'amour que je porte à ma mère.

Ma haine contre Yana grandit sans cesse à mesure que je vois ma mère chérie travailler pour elle sans dire un mot. Ma mère endure *TOUT* pour que j'aie une vie plus « normale. » Je souffre de la voir si douce pour les autres et ne jamais se défendre. Je ne lui ressemble point : je ne laisse personne m'écraser. Malgré tout, Yana parvient à m'écraser, ce qui me frustre énormément.

L'image de ma mère comme « servante » restera toujours gravée dans ma mémoire d'enfant et ce triste souvenir blesse encore mon cœur plus profondément que la profondeur de la mer. Je ne désire point grandir ni devenir comme Yana et d'autres adultes de sa famille. Ma mère restera toujours pour moi un être d'amour. Je souhaite que l'argent n'existe plus pour que ma mère ne soit plus obligée de travailler pour Yana. Je souhaite tout simplement que le monde n'existe plus. Je déteste tout ce qui existe. Je suis révoltée. J'ai mal de voir ma mère ainsi prise dans cet engrenage. Quelque chose me fait si mal en dedans et ce quelque chose marque ma vie pour toujours...

Désormais, je deviens la gardienne de ma mère et je la protège contre Yana et contre ceux qui lui ressemblent.

J'ai découvert un moyen pour me venger de Yana : je l'ignore. Cette attitude de fermeture la rend tellement furieuse. C'est ce que je voulais.

Yana me dit :

— C'est très impoli de bouder ainsi.

— Je m'en fiche, je n'aime ni la politesse ni l'obéissance.

Sur cette phrase, j'entre dans mon royaume imaginaire pour éviter d'entendre la voix agaçante de Yana. Elle parle dans le vide...

Plus les jours avancent, moins ma mère n'a de prise sur moi pour me faire obéir à Yana. J'essaie de toutes mes forces d'être ce que ma mère me demande d'être, mais quand il s'agit de Yana ça ne fonctionne plus.

Un après-midi, le bébé de Yana pleure. Il pleure tellement que ma mère essaie de le calmer et de le consoler : mais rien à faire, il pleure encore plus fort. Yana arrive en haut en courant. Elle va vers son enfant et elle donne une tape à ma mère : cette dernière pleure à son tour. Je sens monter la haine si fort en moi que je ne peux pas rester à rien faire. Yana a osé poser les mains sur ma mère. Elle va me le payer cher. Je lui crie : « Comment oses-tu frapper ma mère, vieille sorcière ? Je te déteste à mort ! »

Je cours et saute sur elle. Je lui arrache les cheveux et je la frappe de toutes mes forces. Yana m'attrape et elle me bat avec toute sa colère. Ensuite, elle me jette par terre et elle me lance comme une poupée, au mur.

Après un tel coup, je me relève difficilement, car je ressens de la douleur dans tout mon corps. Pour la première fois, ma mère me protège contre Yana. Cette dernière n'aura pas le dernier mot sur moi. Ma haine contre elle est plus forte que la douleur de mon corps. Je ne peux pas oublier ce qu'elle a fait à ma mère, je l'ai encore sur le cœur. Je me lève et je la frappe avec tout ce qui est à ma portée.

Enfin, Yana pleure à son tour et j'en suis très satisfaite. Yana crie :

« Va-t'en, je ne veux plus te voir chez moi. Tu es un monstre. Je fais tout pour aider ta famille et voilà ce que je reçois. »

Son mari monte l'escalier en courant et voit la scène, il est très en colère contre moi. Il me dit :

— Tu n'es qu'une enfant et tu oses frapper ta demi-belle-sœur. Tu dois t'en aller.

— Elle n'est pas ma demi-belle-sœur ; de toute façon, je vous déteste tous et je n'ai pas de peine à vous quitter.

Je crache sur le plancher, je prends mes affaires et je sors comme une grande. Ma peine est grande, car j'aurais préféré apporter le piano avec moi. Dans cette maison, le piano a ma préférence sur la famille de Yana.

Ma mère me réprimande pour mon comportement inacceptable pour elle. Elle me dit :

— Je n'ai jamais vu une enfant aussi entêtée. Tu as osé frapper une adulte, elle aurait pu te tuer.

— Je ne veux pas que Yana te fasse du mal. Je déteste cette femme. Je t'aime, maman, et je veux prendre soin de toi, même quand je serai grande.

— Ta grande sœur disait la même chose, mais toi, vas-tu m'abandonner comme elle l'a fait ?

— Jamais, maman. Je t'aime et je serai prête à donner ma vie pour toi, maman.

Ma mère et moi prenons l'autobus et allons chez mes grands-parents.

En route, je pleure, j'ai mal... Ma mère, curieuse, enlève mon chandail et elle voit avec surprise des bleus sur mon corps et sur ma bouche qui saigne. Elle essaie de me consoler en me caressant délicatement. Je me contente de m'appuyer affectueusement sur elle. Elle ne dit pas un mot, mais son silence me révèle son grand amour pour moi. Comme il est bon d'avoir une mère près de soi !

En quittant l'autobus, nous arrivons chez mes grands-parents. Quel accueil ! Cependant, ils sont surpris de nous voir toutes les deux. En les voyant, je me sens comme figée et je tiens la main de ma mère pour me sécuriser, car ce sont des inconnus pour moi. J'observe surtout ma grand-mère avec ses cheveux blancs et sa bouche creuse : elle a si peu de dents. Elle est toute menue et elle marche à petits pas. Elle a le dos courbé comme celui de mon grand-père. Elle n'est pas très jolie pour être la mère de ma mère. Elle s'avance vers moi et elle me donne des bonbons. Je regarde ma mère et elle me donne son accord. Je déguste les bonbons.

À ma surprise, leur maison est remplie de nourriture, de vêtements, de jouets, comme dans une épicerie.

Ces moments passés chez mes grands-parents me font oublier mes chicanes avec Yana.

Je remarque la longue conversation de ma mère avec sa mère. Tout à coup, je me souviens de l'histoire racontée par ma mère à son sujet. Elle a été vendue à une famille riche, et elle fut battue et privée de nourriture durant toute son enfance. Un jour, elle s'est sauvée et a quitté la Chine. Cette histoire me met en garde contre ma grand-mère et m'empêche de lui donner mon affection. J'attire ma mère à l'écart et lui dis : « Maman, je ne veux pas rester ici avec grand-mère, elle a été méchante avec toi, tu te souviens ? »

À ces paroles, ma mère se dépêche de me faire taire, car ma grand-mère risque de m'entendre. Sur ce, ma mère m'explique qu'on doit rester chez grand-mère, car on n'a pas d'autre endroit où demeurer. Elle me dit que je dois être sage, polie et obéissante avec grand-mère. Pas encore obéissante et polie ! Je déteste ces mots ! Ma mère m'apprend que je dois être courageuse comme elle, quoi qu'il m'arrive. Elle était très courageuse quand elle avait mon âge et elle veut que je le sois aussi. Elle ajoute :

— Tu ne dois voler personne, même si tu as très faim. Tu ne peux pas faire tout ce que tu veux dans la vie.

Quoi ? Ma mère devinerait-elle que j'ai volé de l'argent à Yana ? Quelle intuition ! Je me contente de lui répondre :

— Je déteste la vie, maman.

— Ne dis jamais ça !

— Pourquoi n'as-tu jamais une maison à toi, maman ? Pourquoi faut-il que tu vives avec les autres qui sont méchants avec nous ?

— Je n'ai pas d'argent pour avoir une maison à nous.

— Tu dis toujours ça. Pourquoi ton mari...

— Père, c'est ce que je veux t'entendre dire. Ne sois pas impolie comme ça. Tu n'es qu'une enfant et déjà tu n'écoutes ni moi et personne d'autre.

— Je déteste mon père, parce qu'il nous laisse dans la misère alors que Yana m'a dit qu'il a beaucoup d'argent.

— Je t'interdis de parler ainsi de ton père.

— Il n'est pas mon père, je ne le connais même pas.

Sur cette parole, je vois pleurer ma mère.

Je suis fatiguée de déménager d'un lieu à un autre. On dirait que je commence à être consciente de certaines choses de la vie, et j'en ai assez.

7

Pour toujours !...

Tous les jours, des adultes parlent de la guerre. Parfois, j'entends les bombes sauter et les coups de fusil détonner. Je ne me sens pas en sécurité et je demande à ma mère :
— Pourquoi les bombes explosent-elles, maman ?
— C'est la guerre, mon enfant.
— C'est quoi, la guerre ?
— Les hommes s'entre-tuent.
— Pourquoi, maman ?
— Arrête de poser tant de questions ! Tu es trop petite pour comprendre tout cela.
— Quand est-ce que je serai grande, moi ?
— Plus tard.
— C'est quand plus tard ?
— Va jouer dehors, je vais aider grand-mère.
— Oui, maman.

Soudain, je vois les gens qui arrivent chez mes grands-parents pour chercher des provisions au cas où la guerre les empêcherait de sortir de chez eux. Encore une fois, ces personnes ne parlent que de la guerre. Elles semblent très inquiètes. Elles ont peur pour leur vie.

Tout en écoutant ces adultes, j'ai besoin d'être rassurée par ma mère. J'ai peur que ma mère meure et qu'elle m'abandonne comme mon père nous a abandonnés. Ma mère me rassure. En cette même occasion, elle en profite pour me parler de sa prochaine visite au cimetière au jour de l'an cambodgien, c'est là que se trouve le tombeau de mon père. C'est dans quelques jours :

— Dis-moi, maman, vas-tu m'amener avec toi quand tu vas sortir ?

— Oui.

— Pourquoi aimes-tu encore mon père ? Il t'a abandonnée.

— Ne dis jamais ça, tu as compris ?

— Oui, maman. Mais pourquoi ?

— Pourquoi faut-il que tu aies tant de questions dans ta tête ?

— Je ne sais pas, maman. Je ne comprends pas, c'est tout.

C'est aujourd'hui le Nouvel An cambodgien. Je suis toute contente. Je m'habille et j'attends ma mère. Soudain, ma mère arrive et elle me dit :

— Écoute, ma chérie, l'endroit où je vais n'est pas pour des enfants. Tu restes ici sagement avec grand-mère, grand-père et ton oncle.

— Non, maman, tu m'as promis. Je ne veux pas rester ici. Je veux partir avec toi.

Je pleure et je m'accroche fortement à ma mère. Ma grand-mère essaie de m'empêcher de suivre ma mère et je la repousse. En voyant cela, ma mère me rassure :

— *MAMAN VIENDRA TE CHERCHER !* Je te le promets ! Tu m'attends ici.

— Tu m'as déjà promis que je partirais avec toi et tu m'as menti. Je veux partir avec toi, maman ! Ne me laisse pas ici toute seule.

Elle part quand même. Je crie de toutes mes forces pour qu'elle ne parte pas. Furieusement, aux étreintes de ma grand-mère, je me débats pour m'échapper, mais c'est sans succès. Pendant ce temps, je vois ma petite maman s'éloigner de moi.

Elle monte dans l'autobus. Elle me regarde longuement. Je crie et je me débats de plus belle jusqu'à ce que je réussisse à me libérer et je cours. Je cours comme une folle pour rattraper l'autobus. Je lui crie : « Maman, attends-moi ! Maman, maman, ne m'abandonne pas !... »

Comprend-elle, cette chère mère, que je ne peux pas vivre sans elle ? Pourquoi est-elle partie sans moi ? Mon cœur se déchire à la seule pensée qu'elle ne revienne pas.

« Oh ! ma maman chérie, reviens me chercher. Je vais mourir sans toi ! J'ai tellement besoin de toi, *MAMAN !* *MAMAN !* »

Hélas, elle a disparu ! Quelque chose me dit que je ne la verrai plus *JAMAIS*. Je ne pourrai jamais supporter cela.

La panique me saisit tout à coup. Je cours en vain pour rejoindre l'autobus porteur de mon trésor. J'ai l'impression de mourir tellement mon cœur me fait mal.

Pendant un moment, je me sens écrasée par mon chagrin, avant de retourner chez ma grand-mère. J'ai le cœur brisé, blessé, trahi...

Depuis ce jour, toutes les occasions de fêtes ne sont pour moi *QUE* de mauvais souvenirs. C'est à cause de la fête cambodgienne que ma mère est obligée d'aller au cimetière où mon père est enterré. Dans ma tête d'enfant, je rends mon père coupable de cette séparation brutale. C'est ridicule, mon père mort vient chercher ma mère encore vivante.

La fête du Nouvel An cambodgien est assombrie par les hommes qui en profitent pour faire la guerre, alors que tout le monde est pris à l'improviste. Je déteste les hommes qui font la guerre !

Je me laisse envahir par la détresse et le chagrin et grand-mère observe mon découragement ; elle me console en m'offrant des bonbons, comme si une friandise pouvait combler le vide de mon cœur... Je supplie ma grand-mère :

— Je veux voir ma mère !

— Arrête de pleurer, ta mère va revenir.

— Je la veux tout de suite, grand-mère !

Ma grand-mère est responsable de moi et elle a peur que je me sauve. Elle essaie de me distraire en me donnant à manger, car elle sait que j'aime manger. Mais aujourd'hui, je n'arrive à avaler aucune nourriture ; je suis trop angoissée. Je vomis tout ce que j'avale. Les pleurs me nourrissent. J'ai peur de ne plus revoir ma mère et je ne peux pas supporter cette perte.

Le vide m'envahit plus intensément lorsqu'il fait noir. Les ténèbres rendent ma situation encore plus angoissante ; mon anxiété est si intense que tout mon être en tremble ! J'attends ma mère désespérément à chaque seconde. Je n'arrive plus à survivre à un tel vide : il m'envahit et tout mon être en est prisonnier.

Tout en pleurant, j'appelle à l'aide :

— Gabu, *IL FAUT QUE JE VOIS MA MÈRE TOUT DE SUITE !* Tu dois tout faire pour que je la voie.

— Ma princesse, nous sommes poursuivis par les monstres et ils bloquent tous les chemins.

— Tue-les tous, Gabu !

— Je ne peux pas, princesse, ils sont trop puissants.

— Appelle tous mes amis : Arc-en-ciel, Sébal, piano magique et les fleurs... Il faut se battre pour se sauver et fais-moi un chemin. Je dois traverser et aller voir ma mère, c'est un ordre !

— Oui, princesse !

Je me perds dans mon royaume imaginaire, quand tout à coup ma grand-mère arrive :

— Avec qui parles-tu ?

— Avec Gabu, mon cheval volant.

— Je ne vois aucun cheval dans cette maison.

— Les adultes ne le voient pas, grand-mère.

— Tu dois être malade pour parler seule comme ça.

— Non, je ne suis pas malade et je ne veux pas être malade, grand-mère ; je dois retrouver ma mère. Elle est prisonnière des monstres. Gabu et tous mes amis m'aident à la libérer.

Grand-mère ne dit pas un mot et elle se contente de toucher mon front. Elle déclare à mon grand-père, qui est dans une autre pièce :

— Vieux, l'enfant est malade ! Elle fait beaucoup de fièvre.

— J'arrive !

— Tu restes ici avec elle, je vais chercher de la glace et un médicament.

Lorsque j'entends que je suis malade, je sanglote. J'ai besoin de ma mère quand je suis malade. Elle est toujours là.

Grand-mère me donne le médicament chinois, qui a vraiment très mauvais goût ; ce médicament a le don de faire baisser la fièvre.

À ce moment, mon seul désir, c'est de voir ma mère et je supplie encore grand-mère :

— J'ai mal ! Je veux ma mère.

— Ta maman va bientôt arriver. Pour le moment, tu dois dormir.

— Non, je veux que ma mère prenne soin de moi. Je veux qu'elle soit là avec moi !

— Dors, ma petite, ta maman reviendra vers toi !

Alors, je pleure, pleure et pleure jusqu'à ce que la fatigue me plonge dans un sommeil profond.

Dans la nuit, je fais un cauchemar et je crie tellement fort que ma grand-mère vient me voir et je suis inconsolable. Elle frotte encore des huiles chinoises sur mon corps et elle me donne une pilule à avaler. Je souffre de la soif ! Elle me donne à boire et elle met un sac de glace sur mon front. Ouf ! Je grelotte.

J'ignore combien de temps je suis restée couchée malade. Lorsque je me sens mieux, un matin, je me lève avec beaucoup de difficulté car je me sens faible. Cette faiblesse ne m'empêche pas de penser à ma mère, pensée qui est ancrée dans la profondeur de mon cœur et *JAMAIS JE NE L'OUBLIERAI.*

Grand-mère me donne du potage au riz. Aussitôt dégusté, je vais dehors attendre ma mère. Je suis obsédée par elle. Soudain, je vois grand-mère qui avance vers moi et me dit :

— Ta maman ne peut plus revenir te chercher, toutes les routes sont barrées partout dans la ville, c'est la guerre.

— Non, tu me mens : ma mère viendra me chercher, elle me l'a promis.

— Tous les chemins sont bloqués et il n'existe aucun transport ; c'est inutile d'espérer son retour.

— Non, grand-mère, tu me dis cela parce que tu veux me vendre comme tu avais fait à ma mère.

Je me rends compte que je viens de dévoiler un secret que ma mère m'avait interdit de faire connaître à grand-mère. C'est trop tard, grand-mère connaît la vérité maintenant.

Elle se contente d'incliner la tête et elle retourne à l'intérieur de la maison. Je regrette sincèrement mes paroles spontanées, mais pour le moment, c'est ma mère qui me préoccupe.

———

Chaque jour, je vais attendre ma mère dehors à l'endroit où elle me demandait de l'attendre.

Tout à coup, je vois arriver plusieurs soldats. Ils se dirigent vers la maison. Je sens la peur monter.

J'appelle ma grand-mère : « Grand-mère, les soldats sont là ! ». Elle sort en courant et les soldats sont déjà à la porte et lui crient :

« Sortez immédiatement de cette maison. Faites vite ! Vite ! »

J'observe la scène comme si elle ne me concernait pas. Je vois grand-mère ramasser ses effets personnels quand un soldat lui dit :

— Il est inutile d'apporter vos affaires. Vous ne sortez que pour quelques minutes.

— Bien, monsieur ! répond grand-mère énervée.

Grand-mère saisit vite quelques effets et me dit :

— Viens, nous devons partir, vite !

— Jamais ! Je veux rester ici. Si je partais, ma mère pourrait arriver et je ne serais pas là.

Grand-mère hausse le ton pour me faire peur et elle m'emmène de force. Les soldats s'impatientent face à ma résistance. Pendant ce temps, mon oncle et mon grand-père arrivent.

Nous partons sans savoir où nous allons. Je n'ai pas l'intention de partir sans la présence de ma mère. *NON ! JAMAIS JE NE PARTIRAI SANS MA MÈRE !* Je suis quand même forcée de le faire malgré moi.

Nous quittons la maison et marchons avec une foule de gens sous une chaleur accablante. Puis la fatigue nous saisit et nous prenons une pause au bord de la route, avec difficulté, à cause de la bousculade des gens apeurés comme nous. Pour la première fois, j'entends résonner le bruit infernal des bombes meurtrières.

En entendant ces bombes aussi proches, la panique m'envahit à l'idée ne plus revoir ma mère si je meurs.

De peine et de misère, nous avons réussi à nous asseoir au bord du chemin. Mes grands-parents et mon oncle sont préoccupés par la guerre et ils ne discutent que de cela.

Je saisis l'instant pour retourner à la maison de mes grands-parents dans le but d'attendre ma mère. Une fois à la maison, je crie désespérément : « Maman, es-tu là ? Maman, c'est moi. » Aucune voix ne me répond. Je pleure son absence, son silence...

Je reste dans la maison toute seule. Je me contente de manger et de boire tout ce qui est interdit par grand-mère : bonbons, liqueurs, biscuits, etc.

Le soir arrive et ma mère ne fait pas encore son apparition. Je perds un peu l'espoir et en plus, j'ai peur. La noirceur est désormais ma pire ennemie.

Je m'adresse à mon ami :

— Gabu, j'ai peur toute seule dans la noirceur.

— Je suis là, ma princesse.

— Pourquoi ne peux-tu pas sauver ma mère, Gabu ?

— Les monstres sont trop puissants.

— Piano magique, fais-moi rire !

— Oui, ma princesse !

— Je ne trouve plus drôle ce que tu fais, mon piano magique ; je m'ennuie de ma mère.

Alors, Sébal fait son apparition et elle m'enveloppe de douceur. Elle me berce en chantant.

Elle me dit doucement et tendrement :

— Ma princesse est très fatiguée, ma princesse va fermer les yeux.

Je bâille et je m'endors paisiblement.

8

Seule dans la peur !

Le lendemain, je me lève en sursaut lorsque j'entends quelqu'un frapper fortement à la porte. Une voix d'homme se fait entendre :

« Sortez immédiatement, sinon je tire ! »

Je tremble de tout mon corps, je me trouve toute seule. Je ne peux pas pleurer, cet homme peut m'entendre. J'ordonne à Gabu de rester là pour me protéger. Il me suit et il me dit d'aller me cacher dans un coin.

Les soldats perdent patience. Ils entrent dans la maison et ils ordonnent :

« Je sais que vous êtes là. Sortez immédiatement, sinon je tire ! »

Je reste figée et ne bouge pas. Je pleure en silence tellement j'ai peur. Gabu me dit de rester cachée. Je ne sais pas si je suis capable de rester longtemps dans cet état. Mon corps tremble tellement que je n'arrive plus à rester tranquille.

Par un trou, je vois des soldats qui fouillent la maison ; l'un d'entre eux est proche de moi. Je n'ose pas respirer de crainte qu'il ne me découvre. Je mets la main devant ma bouche pour m'empêcher de crier. Gabu me rassure :

— N'aie pas peur, princesse, je suis là !

— J'ai peur, Gabu, fais vite quelque chose !

Pendant que je parle avec Gabu, un soldat ouvre la porte, mais je reste cachée au fond de cette pièce ; il ne me voit pas. Je tremble de tous mes membres. Je suis par terre, mais j'ai l'impression de sauter sur place tellement mon corps refuse de m'obéir. Je vois le méchant avec son fusil et je crois que mon heure est arrivée. Soudain, il me trouve et me saisit :

« Où sont tes parents ? » me demande-t-il.

J'ai tellement peur qu'aucune parole ne sort de ma bouche ; même si je me force à prononcer un mot, rien à faire. Ma bouche et tous mes muscles sont aussi paralysés que mon cœur, ils ne m'obéissent guère. Je suis toute seule à me débrouiller. Je reste figée devant le soldat. Gabu dit :

— Princesse, dis-lui que tu cherches ta maman !

— Je ne peux pas lui parler.

— Oui, princesse, tu peux. Vas-y, je suis là.

— C'est facile à dire quand ce n'est pas toi.

Gabu me parle encore quand j'entends l'homme adresser la parole à ses confrères :

« J'ai trouvé une gosse et ses parents ne sont pas loin. Fouillez partout ! »

Lorsque je réussis à prononcer des mots en pleurant, je leur parle en chinois en oubliant qu'ils sont des Khmers :

« Messieurs, je cherche ma maman, elle est partie voir mon père et elle n'est pas revenue me chercher. »

Ces soldats ne me comprennent pas. Je leur parle en khmer en faisant la même demande et ils trouvent très drôle que je leur demande où est ma mère. Ils sont convaincus que mes parents se cachent quelque part dans la maison. Ils me font asseoir en attendant. Je remarque que tous ces soldats portent des vêtements noirs et des bandeaux rouges. J'apprends plus tard que ces hommes sont les Khmers rouges : les Communistes.

Après avoir tout fouillé, ils ne trouvent personne ; ils m'envoient dehors. Je me dépêche de prendre les vêtements de ma mère et un livre d'images. Les soldats m'emmènent dans la rue et ils me disent de suivre tout le monde. Je les supplie :

— Messieurs, je veux retrouver ma mère. S'il vous plaît, aidez-moi !

— On s'en fiche bien de ta mère.

— Je ne peux pas partir, elle m'a dit qu'elle viendrait me chercher ici. Si je partais, elle ne me trouverait pas. Je ne peux pas vivre sans elle. Je suis encore trop jeune.

— Va-t-en avant que je me fâche ! me dit l'un d'entre eux.

— Non, je ne veux pas partir !

Ces soldats rient de moi. Je suis tellement fâchée. Devant une telle colère, j'oublie ma peur. Je donne un coup de pied au soldat qui rit de moi. En revanche, il veut me frapper, mais l'autre lui dit : « C'est une gosse, laisse faire. On a des choses plus importantes à faire. »

Enfin, les voilà partis ! Dans ma tête, je rends ces hommes méchants coupables de la disparition de ma mère. Je commence à les détester à mort.

9

La foule...

Jusqu'à maintenant, je n'ai jamais vu autant de personnes dans la rue. C'est une foule énorme pour moi. Elle m'effraye tellement que je reste figée sur place.

Pendant un bon moment, j'observe tout ce qui se passe autour de moi sans vraiment comprendre. Je ne réalise pas encore que c'est la guerre et que je dois me sauver. Je ne suis pas tout à fait consciente que je suis seule au monde, que je dois me débrouiller sans ma mère. Ma peur est si grande que cela me paralyse. Au lieu de me sauver comme toute personne, j'ai l'impression d'être une spectatrice qui regarde la scène qui se déroule sous mes yeux. Je vois tantôt des gens qui courent sans savoir où ils vont et sans se préoccuper de personne, tantôt je vois des personnes qui pleurent, sans cesse. Pourquoi pleurent-elles ? Ça, je l'ignore complètement.

À un autre moment, je constate la présence de certaines personnes qui cherchent leurs enfants perdus dans la foule ou bien l'inverse, les enfants cherchent leurs parents. Parfois, dans la rue, je vois des enfants par terre et des personnes âgées également qui se font écraser par la foule sans que personne ne se préoccupe d'eux. C'est la réalité où chacun vit pour soi. C'est la guerre.

Tout à coup, je constate la présence des bruits de fusil, des avions qui volent constamment et des bombes qui explosent. Les faits les plus effrayants que je puisse voir, ce sont les maisons, les édifices qui tombent et s'enflamment. La pire chose dans tout cela, ce sont les personnes qui se blessent et qui meurent dans la rue comme des bêtes abandonnées.

Tout se passe sous mes yeux comme si j'assistais à un film. Je n'arrive pas à comprendre que tout cela soit vraiment réel. Je me souviens des explications de ma mère à ce sujet : la guerre, ce sont des hommes qui s'entre-tuent ; cependant, elle ne m'a pas dit que les enfants peuvent être des victimes de la méchanceté de la part des hommes de guerre. Que veulent-ils exactement en faisant souffrir des innocents ? Qu'ils sont imbéciles, ces hommes !

Mes yeux voient, pour la première fois, des cadavres. Une personne morte est la pire chose que je puisse voir.

Sans trop comprendre, je sens monter en moi la crainte de mourir et surtout celle de ne plus revoir ma mère. Est-ce que je vis *UNIQUEMENT POUR ELLE ?* Je crois que oui. Je dois survivre pour ma mère. Je reviens à nouveau à mon meilleur ami :

— Gabu, viens m'aider !

— Cours, ma princesse, cours !...

— Mais où ? Je dois aller libérer ma mère.

— Pas tout de suite, il faut que tu coures, princesse.

— Non, Gabu, je dois retrouver ma mère, elle me manque tellement.

— Pas maintenant, ma princesse, ta vie est en danger. Viens, suis-moi !

— Non, Gabu, tu sais que ma mère n'est pas partie dans cette direction. J'y vais toute seule si tu ne viens pas.

— Non, princesse, c'est trop dangereux. Les personnes peuvent t'écraser.

Je me sens tiraillée : d'une part, j'ai si peur, mais d'autre part, il faut retrouver ma mère. Que vais-je faire sans elle ? C'est trop me demander de vivre sans ma mère ; elle est *TOUT* pour moi.

Je décide finalement de courir en sens contraire des autres, dans la direction où ma mère était partie. Si je pouvais la revoir ! Mon cœur est assoiffé de son amour. Je cours, je cours sans cesse en espérant que ma mère me voie et me prenne dans ses bras. Si je pouvais à nouveau entendre sa douce voix qui savait toujours me consoler, toujours...

Ma course se termine finalement à cause de la grosse chaleur accablante. Mon corps ne suit plus ; je me sens tellement fatiguée. Je tombe à genoux tout en pleurant de rage : je suis désespérée, déchirée de peur de perdre une mère que j'aime tant et voilà que des hommes de guerre viennent me l'arracher sans ma permission. Je souffre terriblement de cette séparation. Je suis folle de rage contre ce monde d'hommes cruels.

Je reprends mes forces et je continue de courir. Cette course m'aide à libérer mon agressivité. J'ai besoin de me concentrer sur la recherche de ma mère. Je crie partout sur le chemin, mais mon cri se perd à travers cette énorme foule. Dans cette foule, les gens gémissent de détresse ; ce sont des pleurs, des bombes, des avions, des coups de fusil... Tout devient tellement angoissant pour moi.

Parfois, j'arrête pour demander à celui ou celle que je croise dans ma course folle : « S'il vous plaît, aide-moi à trouver ma mère. Je ne peux pas vivre sans elle. » Bien sûr, personne ne prête attention à ma demande suppliante.

Où se trouve-t-elle, cette chère maman ?

Un moment donné, les soldats khmers rouges m'arrêtent et ils me disent : « Tu ne dois pas partir par là, il faut suivre tout le monde. » En voyant ces hommes, j'ai la rage au cœur ; c'est à cause d'eux si je suis séparée de ma mère. Si j'étais capable, je les tuerais *TOUS*. Comme ils sont bêtes, ces hommes, de faire ainsi la guerre !

La foule me rend malade et je la déteste depuis ce jour. Les cris me proviennent de partout et mon âme est profondément affligée. Une chance que Gabu soit là, mais je ne sais pas comment survivre toute seule. Soudain, j'éprouve de la difficulté à respirer ; on dirait que l'air ne pénètre plus en moi. Je me sens bloquée et mon cœur bat si vite. Mon anxiété saisit tout mon être.

Et la nuit revient : je sens que je vais mourir de peur et j'ai besoin de parler à ma mère :

« Maman, je ne supporte plus cet état de vie, cette séparation de toi, au secours ! Au secours, maman, je t'en supplie. Je me sens tellement seule, maman, au secours ! »

Je continue de marcher tout en pleurant. Il fait si noir que je vois difficilement les gens. En plus, la fatigue, la faim, la soif s'ajoutent.

Je gémis et je pleure sans cesse ; je me confie à Gabu et il me dit :

— Princesse, je suis là. Couche-toi par terre et regarde attentivement les étoiles.

— Gabu, penses-tu que ma mère est parmi ces étoiles ?

— Oui, princesse !

— Alors, je veux la voir.

Je regarde les étoiles et tout à coup, elles dansent dans le ciel. Je désire tellement que ces étoiles prennent la forme du visage souriant de ma mère. Je pleure en silence. Elle me manque tellement. Je désire la voir dans le ciel en train de danser. Soudain, une voix se fait entendre :

— Je viendrai te chercher, mon enfant.

— Ma petite maman, tu me manques énormément. Viens me chercher vite ! J'ai peur toute seule !

— Maman est là. Ne pleure pas, maman est là !

Après cette phrase, je ne l'entends plus. Je crie pour qu'elle ne me quitte *JAMAIS*. Je pleure désespérément et une présence se fait sentir, c'est Gabu qui me touche. Il me couvre sous son aile pour me protéger.

— Tu sais, Gabu ?

— Oui, princesse.

— Chez grand-mère, ma mère couche toujours à côté de moi. Je sens son odeur et la chaleur de son corps. Je me sens en sécurité auprès d'elle.

— Ma princesse, sors les vêtements de ta maman et tu pourras sentir sa présence.

— C'est vrai, Gabu.

Je sors ses vêtements et les serre contre moi. Je sens son odeur comme si elle était avec moi. Cette odeur me calme un instant. Je me donne l'impression que ma mère est à mes côtés. C'est ma sécurité, mais j'ai besoin quand même de mes amis et je fais une demande à Gabu :

— Gabu, va chercher Sébal pour moi. Je veux qu'elle m'endorme.

— Tout de suite, princesse.

Je vois arriver Sébal et Arc-en-ciel. Ils m'endorment paisiblement.

Le lendemain, c'est le soleil qui se charge de me réveiller. Je sens la chaleur qui réchauffe mon visage tout triste. C'est le matin. Je me dépêche de me lever. Pendant un moment, je me demande si je vais continuer à chercher ma mère à travers cette foule. Je décide finalement de suivre tout le monde. « Comme je déteste la foule, Gabu ! » ai-je confié à mon ami. Je me demande où ils vont, ces gens-là. Les soldats khmers rouges ne cessent de nous dire : « Continuez tout droit et vous verrez. »

Tout à coup, les avions volent au-dessus de notre tête et ils tirent sur nous. Les gens se couchent par terre ; je fais la même chose sans savoir pourquoi. Gabu me dit : « Rien ne t'arrivera, princesse, je suis là ». Ce cher Gabu est mon protecteur, bien sûr. Je dois survivre pour ma mère.

Depuis ce jour, je me crois invincible et j'ai confiance que rien ne peut m'arriver. On dirait que je me crois toute-puissante. Je ne peux pas me permettre de me sentir seule sans ma mère. Lorsque la solitude me pèse, je vais voir tous mes amis : mon piano magique, mon Arc-en-ciel, Sébal et Gabu. Ils m'adorent comme leur déesse. Ils me disent qu'ils ne peuvent pas survivre sans moi.

La séparation si brutale d'avec ma mère me devient quasi insupportable. De plus, le fait d'entendre toutes les minutes ou presque les coups de fusil, les cris des gens dans la rue, les hurlements, les blessés, les bombes qui explosent à tout moment, les maisons qui s'écroulent sous les flammes dans un fracas angoissant, tout cela devient l'*ENFER* pour moi. Je ne peux résister et vivre dans un monde aussi angoissant.

Je me perds dans mon royaume imaginaire, quand tout à coup, les gens me bousculent et je tombe. Je cache ma tête pour ne pas me faire écraser par les autres. Je supplie :

— Gabu, je suis tombée, il faut que tu me protèges. Les gens vont m'écraser.

— Princesse, je suis là et Sébal aussi.

Je demande à mon Arc-en-ciel de me couvrir de son manteau de couleurs.

— N'aie pas peur, princesse, tes amis sont là !

Soudain, je sens mon corps qui se soulève. Oh ! Que se passe-t-il ? Je croyais que c'était mon Arc-en-ciel ; à ma grande surprise, c'est un homme. Il me dit : « On dirait que je te connais, toi. Je crois que tes grands-parents et ton oncle te cherchent. Tu viens avec moi, je te conduis à eux. »

Dans la foule, cette personne me soulève de terre. C'est quasi incroyable, car j'ai vu des enfants se faire écraser sans que personne ne les aperçoive. Moi, une petite de rien, quelqu'un m'a vue. Je suis encore sous le choc. Je me demande comment il a pu me reconnaître ? Comment a-t-il connu mes grands-parents ? Avec toutes les questions, cela me rend méfiante envers cet homme qui prétend connaître mes grands-parents. Je refuse de le suivre, mais la foule nous bouscule tellement que nous avançons malgré nous. Cet inconnu me dit : « Tu n'as pas besoin d'avoir peur de moi, je te conduirai à tes grands-parents. »

Il ne m'a pas menti, je vais à la rencontre de mes grands-parents. Je suis soulagée de les voir et surtout de voir mon oncle. Je me sens moins seule. Ma grand-mère me dispute pour mes gestes d'imprudence. Je n'ose pas lui répliquer, car je sais que j'ai tort. Nous nous installons dans un endroit où nous pouvons trouver quelque chose à manger, à boire et où nous pourrons dormir.

Tous les jours, je vais au bord de la rue pour observer et chercher ma mère. Serait-elle là ? Il y a tant de gens qui marchent et d'autres qui courent ; ai-je assez de deux yeux pour apercevoir ma mère ?

Quand il se fait tard, je reviens auprès de mes grands-parents, toujours en pleurant. Ma mère me manque tellement que je ne réussis pas à faire autre chose que de penser à elle partout où je suis. À chaque fois, je me sens déchirée par l'échec : elle n'est pas là. Je me sens coupable d'être partie avec mes grands-parents et de ne pas l'avoir attendue, comme elle me l'avait demandé. Peut-être ma mère est-elle venue pour me chercher et je n'étais pas là.

Tous les soirs, lorsqu'il fait noir, je suis envahie par l'angoisse et le vide qui me « tuent » à chaque seconde. Je pleure si souvent que mes grands-parents me trouvent très fatigante. Ils me supportent difficilement. Ils m'interdisent de pleurer, ils ignorent tout ce que je vis. Je souffre en silence sans que personne me comprenne. Mon cœur est lourd et si douloureux que j'ai l'impression d'avoir un couteau planté directement dans le cœur.

Et chaque jour, je m'encourage à retourner au bord de la rue en gardant toujours l'espoir de retrouver ma mère. Malgré ma peur de me faire écraser par la foule, je tiens à être là. De toute façon, ma vie n'a aucun sens sans ma mère. J'ai tellement besoin d'elle !

10

Sauva

Comme tous les jours, je suis fidèle à la recherche de ma mère. Ce matin, je me rends à ma place habituelle, quand soudain, j'entends mon nom ; c'est une voix familière. Qui cela pourrait-il être ? Cette voix m'intrigue beaucoup. Par contre, je n'ose pas me tourner vers elle de peur d'être déçue. Cet appel me donne un court instant de « bonheur ». Lentement, je décide de me diriger vers la voix et, à ma surprise, je vois mon frère, Sauva.

Ma joie est tellement grande de le voir que j'ai l'impression de rester muette pendant un moment. Ce dernier se dirige vers moi, mais la foule le bouscule et il s'éloigne peu à peu. Je ne peux pas accepter en plus de perdre mon frère : nous venons tout juste de nous retrouver. Il est la seule personne qui me reste actuellement. Au rythme de la foule, je suis Sauva sans pouvoir le rejoindre. Soudain, mon frère réussit à sortir de cette énorme foule que je déteste tant.

Sauva s'en écarte. Aussitôt, je lui demande :

— As-tu vu maman, mon frère ?

— J'étais avec elle quand nous sommes sortis de Phnom-Penh, mais lorsque je suis allé chercher mes affaires à l'usine de notre demi-frère, je ne l'ai plus vue en sortant. Je lui ai pourtant demandé de m'attendre, mais j'ignore ce qui s'est passé, elle a disparu. Notre petite sœur, notre demi-sœur, Yana et toute sa famille sont avec maman.

En entendant Sauva, je suis vraiment peinée de perdre ma mère de cette manière. Ma soif de la revoir est si intense que j'ai l'impression de perdre conscience. J'espérais tant la retrouver en voyant mon frère. J'ai vraiment besoin de ma mère et cela crée un vide qui s'installe dans mon âme et je ressens un sentiment tenace de manque. C'est creux dans ma vie comme si ma mère était la seule personne qui donne raison à mon existence. Cette brûlure intérieure enflamme le cœur de mon être et je suis « morte vivante » chaque fois que je la crois disparue pour toujours. Pourquoi est-ce que j'existe si ma mère n'est plus ou ne fait plus partie de ma vie ? À quoi bon vivre sans l'être que j'ai tant aimé et que mon cœur réclame à chaque seconde ? C'est trop dur de vivre son enfance avec un manque d'amour maternel. C'est vrai, mais je dois tout de même survivre pour ma mère, et un jour je la reverrai. Suis-je trop naïve pour croire à l'impossible ? Oui, mais je préfère être naïve et croire à l'impossible pour me permettre de survivre.

Pendant un long moment, je me perds tellement dans ma détresse que j'oublie Sauva, mon frère. Je reviens à moi et je lui dis :

— Viens, grand frère, je t'amène voir grand-père, grand-mère et notre oncle.

— Ils sont ici ? me demande Sauva avec un large sourire.

Je suis contente pour lui de voir qu'il est heureux de rencontrer nos grands-parents et notre oncle. Il ne s'attache pas à ma mère comme moi. Il est parti jeune et il subvient lui-même à ses besoins. Il ne connaît pas beaucoup ma mère. Sauva travaille pour mon demi-frère. Il a dirigé la compagnie de mon demi-frère à l'âge de 17 ans, je crois. Il est un jeune homme surdoué. Il réussit tout ce qu'il entreprend. Il a de la facilité à apprendre tout ce qu'il veut. C'est peut-être pour cela qu'il a tendance à être un peu prétentieux. Je n'ai pas la chance d'être surdouée comme lui.

En présence de Sauva, je me sens vraiment moins seule, même si je préférerais la présence de ma mère. Je marche avec Sauva sans dire un mot, je suis accablée par la détresse, mais je me défends de pleurer, car lui, il déteste quand je pleure. Je le rends furieux, mais je n'ai pas la force de me battre contre mon cœur qui déborde de chagrin.

En arrivant à l'endroit où sont mes grands-parents, je vois des soldats qui semblent bousculer, voire menacer, les gens pour qu'ils partent. Mes grands-parents ramassent leurs affaires presque en larmes. Lorsqu'ils rencontrent mon frère, tous sont heureux. Ce moment de joie ne dure qu'un très court instant. Immédiatement, nous devons quitter cet endroit.

Nous partons avec beaucoup de chagrin, car nous ne savons pas où nous allons. Je traîne toujours avec moi, partout où je vais, les vêtements de ma mère et un livre d'images. L'inconnu rend chacun anxieux.

Lorsque nous ne marchons pas assez vite, les soldats khmers rouges nous poussent et nous bousculent avec leur fusil : « Allez, marchez plus vite ! » Comme ils sont bêtes, ces hommes ! Je me demande pourquoi ces gens existent ? Et pourquoi le monde doit exister ?

Nous marchons sur une route qui ne nous mène nulle part jusqu'à maintenant. J'ose demander à grand-mère :

— Grand-mère, où est-ce qu'on va ?

— Je ne sais pas.

— Pourquoi les soldats sont-ils si méchants avec nous ?

— Tais-toi !

— Pourquoi dois-je me taire, grand-mère ?

— Tu parles trop et c'est dangereux. S'ils t'entendent, ils peuvent nous tuer.

— Je ne peux pas être tuée, Gabu m'a promis que rien ne peut m'arriver.

— Comme tu es bornée ! Ton Gabu n'existe pas.

— Pourquoi ? Il existe vraiment, il est toujours avec moi.

Je ne comprends cependant pas pourquoi grand-mère me dit : « tu es bornée ». Je ne vois pas le lien entre mon histoire avec Gabu et le mot « borné ». Finalement, les adultes ont toujours raison même si je pense qu'ils ont tort.

Nous marchons sous la chaleur, l'humidité ; nous sentons la soif, la faim, la fatigue, la douleur dans les pieds, les jambes et dans tout le corps entier. Cela fait des semaines, sinon des mois, que nous sommes sur la route et nous ne savons toujours pas où cette route nous mènera. Combien de temps encore

dois-je ainsi souffrir de la faim, de la soif, et de la fatigue ?
Mes pieds sont nus et l'asphalte est tellement chaud que je ne
me supporte presque plus. Des ampoules se forment et me font
si mal que j'en fais souvent des crises. Je suis morte de fatigue
et je ne veux plus marcher. Les soldats nous obligent à avancer
continuellement. Je hurle pour qu'on me donne le droit d'arrêter.

Finalement, nous faisons une halte bienfaisante. Pendant ce
temps, Sauva et mon oncle marchent un peu plus loin pour
demander aux gens de nous permettre de passer une nuit chez
eux. Ils reviennent avec une bonne nouvelle :

— Grand-mère, une famille est prête à nous accueillir pour
ce soir.

— Comme je suis contente !

J'apprends que certaines familles ne sont pas expulsées
comme nous, qui sommes venus de Phnom-Penh. J'ignore
pourquoi.

Nous nous dépêchons d'aller nous installer chez cette
famille pour la nuit. Nous y sommes bien accueillis. Une dame
nommée Rola me sourit ; cela me fait beaucoup de bien. Rola
nous sert même un repas chaud. Comme elle est généreuse
avec nous ! Les membres de ma famille et moi sommes vraiment affamés. Après le repas, Rola nous offre un endroit pour
dormir. La fatigue est tellement grande que mon frère et mon
oncle dorment aussitôt « tombés » dans le lit. Je les regarde
dormir. Malgré la fatigue que je ressens dans tout mon être, je
n'arrive pas à dormir. La nuit me rend anxieuse, parce que ma
mère me manque terriblement. L'ennui me rend malade. Mes

larmes seules peuvent traduire ma réalité intérieure. Voyant que je suis en pleurs, Rola s'approche de moi et me demande :

— Pourquoi pleures-tu, petite ?

— J'ai besoin de ma mère. Elle est partie sans moi. Elle m'a abandonnée. Vous pouvez m'aider à la retrouver ?

— Je veux bien, petite, mais je ne sais pas dans quelle direction elle est partie. Maintenant, il faut que tu dormes. Demain, tu dois marcher encore.

— Elle me manque tellement !

Rola reste un peu avec moi et cela m'aide à m'abandonner à un sommeil profond. Rola me serre contre elle. J'ai le sentiment qu'elle me comprend. Je me couche avec les vêtements de ma mère. J'aime sentir son odeur, car j'ai l'impression de sentir sa présence.

Le lendemain, il faut que nous repartions. J'ai mal aux jambes et aux pieds. Je déteste marcher, je déteste la foule, je déteste *TOUT* de ce monde, sauf ma mère ! Je suis fatiguée de vivre dans cet état. Je « pique » une bonne crise, quand soudain Gabu m'appelle :

— Viens, princesse, monte sur mon dos !

— Oh oui, Gabu ! Je veux monter sur toi. Je veux m'envoler loin d'ici. Vole plus vite, Gabu !

— Oui, ma princesse.

— Gabu, je touche les nuages. Laisse-moi me coucher sur eux.

— Oui, princesse.

— Comme ils sont doux, Gabu. Viens jouer avec moi ! Gabu, est-ce que je peux rester ici avec toi ?

— Non, ma princesse.

— Pourquoi ?

— Tu dois rester avec ta famille, sinon elle sera inquiète pour toi.

— Je déteste marcher avec tant de personnes.

— Je suis là, ma princesse.

J'ai vraiment l'impression de voler avec Gabu. Je me promène avec mes amis. Pendant ce temps, j'oublie ma misère. Je vois mon Arc-en-ciel. Je m'amuse en jouant à cache-cache, en sautant à la corde, etc. Ce sont mes jeux que j'aime bien. Je gagne toujours, peu importe le jeu. Je saute et mes nuages aussi. On dirait que je n'ai jamais eu mal aux jambes lorsque je suis dans mon royaume. Je vois des fleurs de toutes les couleurs, mon piano magique qui joue de la musique et j'aime beaucoup entendre ses sons. Je me sens si bien dans mon royaume que je n'ai guère envie de revenir à la guerre. Je veux me perdre à tout jamais dans ce royaume pour ne plus sentir la peur, la faim, la fatigue et surtout je ne veux plus sentir l'absence de ma mère. Pourquoi est-ce si douloureux de perdre sa mère ? Je suis dépendante d'elle. Je ne vis et n'existe qu'à travers elle. C'est la raison pour laquelle j'ai tant besoin d'elle.

Je joue encore avec mes amis quand soudain j'entends un bruit tellement fort que je me « réveille ».

« Une bombe vient d'exploser, » s'écrie mon frère. La bombe a fait beaucoup de morts. Je ne veux pas les regarder. Le sang me rend malade.

11

« Du jamais vu ! »

Pendant un ou deux mois, ma famille et moi marchons sans cesse. Nous dormons lorsque la fatigue a le dernier mot et partout où il y a un espace pour nous. Nous avons le ciel pour toile et la terre pour lit.

Dans la nuit, les moustiques nous accompagnent et c'est très désagréable, mais notre corps est tellement épuisé que même les moustiques les plus acharnés ne nous empêchent pas de dormir. Nous entendons également des coups de fusil, les bombes, le tonnerre et les éclairs, qui nous servent de musique de fond pour nous « endormir ». C'est cela, la musique moderne de la guerre. J'avoue que ce n'est facile ni pour mon esprit ni pour mon âme de demeurer tranquille.

Je vis constamment dans la peur et j'entre dans mon royaume imaginaire pour que mes amis me rassurent, sinon je ne pourrais pas survivre. Je suis trop jeune pour assumer seule les besoins affectifs et psychologiques. N'est-ce pas trop demander à une enfant ?

Pendant des mois, nous n'avons pas d'eau pour nous laver. La chaleur est si intense et si humide. La transpiration dégage une odeur infecte. Nous avons de la chance d'avoir un peu d'eau pour boire de temps en temps. Parfois, nous avons de la pluie qui se charge de nous laver lorsqu'elle en a envie et le soleil se charge de sécher notre corps et nos vêtements qui, depuis deux mois environ, n'ont pas été changés. Je n'ai pas d'autres vêtements que ceux que je porte actuellement.

Lorsque je regarde toutes les misères que nous subissons à cause de la guerre, et cela uniquement pour satisfaire des hommes qui ont une soif du pouvoir, je ne peux pas faire autrement que de *DÉTESTER CES HOMMES*. Je laisse grandir dans mon âme la haine et je la nourris chaque jour avec la rage au cœur. Je souhaite avoir le pouvoir de tout *DÉTRUIRE*. Alors, je mettrai fin à la souffrance du monde. Comment peut-on croire que l'être humain ait cette envie de richesse et de pouvoir qui ne comble même pas son cœur ?

POURQUOI L'ÊTRE HUMAIN A-T-IL DANS SON CŒUR CE DÉSIR DESTRUCTEUR ? AVONS-NOUS ÉTÉ CRÉÉS CRUELS À CE POINT ? SUIS-JE AINSI CRÉÉE MOI AUSSI À CETTE IMAGE DE CRUAUTÉ ? JE N'AI PAS CHOISI DE VIVRE DANS CE MONDE OÙ L'AMOUR N'EXISTE PAS !

Nous suivons toujours la foule et à un moment donné, des soldats khmers rouges nous indiquent une direction à prendre. Où nous conduira-t-elle, cette nouvelle destination ? À ma grande surprise, certaines personnes prennent la même direction que nous, tandis que d'autres partent ailleurs et ainsi de suite. Je me demande s'il n'y a pas 10 directions, sinon davantage pour tout le monde. Alors, il n'existe plus de foule, mais plutôt des gens dispersés.

À mesure que nous avançons, nous voyons des villages et soudain, les habitants font leur apparition. Ces gens ne sont pas tout à fait comme nous : ils ont la peau plus foncée et ils s'habillent tous en noir, comme les soldats khmers rouges. Ce sont des Khmers rouges. Ils ont une allure bien bizarre. Leur attitude me fait peur. Ils ne nous adressent pas la parole, mais ils nous regardent comme si nous étions leurs ennemis ou peut-être, comme si nous étions des extraterrestres. D'une certaine façon, ces gens ont raison, nous venons d'une autre planète qu'eux. Nous ne leur ressemblons pas.

Je n'aime pas beaucoup les regarder dans les yeux, car on dirait qu'ils ont des yeux pour tuer. Vont-ils tous nous manger ? Je sais que je suis fragile face à quelqu'un qui me regarde avec des yeux féroces.

Nous marchons lentement vers l'entrée d'un vrai camp de concentration. L'enfer commence-t-il maintenant ? Je ressens quelque chose qui ne me plaît pas, mais j'ignore quoi. Pourquoi les Khmers rouges veulent-ils nous regrouper ici dans leur village où il n'y a ni électricité ni eau ?

Les maisons sont minables, lamentables, et les habitants sont pitoyables. Que nous veulent-ils, ces gens ? Je ne vois rien qui soit agréable à mes yeux. Je ne comprends absolument rien : pourquoi notre présence parmi ces gens misérables ? Tout dépasse ma compréhension.

Dans ma tête, je ne veux pas croire que ma famille et moi allons demeurer ici :

— *JE NE VEUX PAS RESTER ICI, GABU. AMÈNE-MOI LOIN. J'AI PEUR !*

— Je suis là, ma princesse.

— Gabu, je dois retrouver ma mère.

Sur cette phrase, je me lamente pour qu'on me sorte d'ici. Je sens la mort dans ce village. Lorsque je marchais avec la foule, j'espérais retrouver ma mère à travers ces personnes dans la rue, mais dans ce village, j'ai l'impression d'être prisonnière sans aucune accusation.

En entrant un peu plus dans le village, je constate la présence de ces Khmers rouges qui sont en train de manger avec leurs mains. Quelques pas plus loin, je remarque qu'il y a un puits pour plusieurs maisons. Je remarque également que ces gens ne cessent de nous regarder depuis notre arrivée. Que pensent-ils de nous ?

Soudain, j'entends une voix, un homme parle le khmer, mais je ne saisis pas, il a un accent bien spécial. Par contre, mon frère comprend le langage de cet homme. Il veut voir la montre de Sauva. Je constate avec étonnement que ces gens ne savent pas ce qu'est un bijou. Lorsqu'ils voient la montre de mon frère, ils le regardent longuement. Ils se demandent peut-être ce que c'est. Ces gens-là pensent que nous sommes des gens riches, paresseux, car nous venons de la ville. Ces personnes ne connaissent pas la ville. Elles ne savent même pas que l'électricité et les réfrigérateurs existent. Dans la maison de Yana, à Phnom-Penh, il y avait un réfrigérateur et je sais ce que c'est.

Je poursuis ma découverte face à ces gens qui ne vivent probablement pas dans le même siècle que nous, car il y a beaucoup de choses dont ils ignorent l'existence. Presque tous, sinon tous, ne savent ni lire ni écrire. Lorsque ces Khmers rouges regardent une lettre, ils la mettent à l'envers et ils ne savent même pas qu'elle est à l'envers. Pire encore, ils font semblant de la lire.

Nous sommes plusieurs familles à venir de Phnom-Penh. Nous demeurerons maintenant dans ce petit village vraiment lamentable.

Le pire, ces Khmers rouges nous appellent « les paresseux ». Voilà notre nouvelle identité. Nous sommes pour eux des paresseux parce que nous vivions dans la ville et que nous ne travaillions pas dans les champs comme eux. On dirait que le travail des champs est l'unique moyen de gagner sa vie.

J'apprends ce jour-là que nous devons obéir aveuglément à tout ce que les Khmers rouges nous demandent, car notre vie en dépend. Du jour au lendemain, nous devenons des esclaves sans le savoir. Que deviendrons-nous ?

Soudain, je vois arriver le chef khmer rouge de ce village. Il désigne à notre famille un endroit où habiter. Nous avons une cabane pas plus grande que la grandeur d'un lit et nous sommes cinq. Imaginez comme nous sommes « coincés », et collés dans un espace aussi restreint ; nous étouffons lorsque nous y entrons. Par contre, c'est mieux que de coucher par terre. De plus, cette cabane est collée à la « maison » d'une famille khmer rouge. Dans cette famille, une dame appelée Kaliap a quatre enfants. Le dernier bébé est né avec deux dents et dans leur culture, ça porte malheur.

Nous venons tout juste d'arriver et déjà le chef vient chercher Sauva et mon oncle Doua, pour travailler dans des champs. Ce chef a le devoir de nous entraîner à n'être pas paresseux et il veut dès aujourd'hui que nous soyons son peuple, qu'il qualifie de « gens travaillants ». Nous ne devons lui répliquer sur rien. Il faut endurer tout ce qu'il dit même s'il a tort, car il peut tous nous tuer. Kaliap nous donne un peu de riz.

Le midi, mon frère et mon oncle arrivent avec des patates et quelques légumes pour le dîner. Grand-mère fait cuire le riz avec les patates parce qu'on n'a pas assez de riz. Je n'aime pas les patates ! Je mange quand même, c'est tout ce que nous avons.

Quelques jours plus tard, certains enfants khmers rouges viennent me chercher et parmi eux, certains sont nus. Je reste tellement surprise du phénomène.

Ces enfants m'emmènent dans les champs. Ils ne me parlent pas, mais ils font beaucoup de gestes pour se faire comprendre. Je suis quand même attentive lorsqu'ils parlent, car je veux apprendre à saisir leur langage et surtout leur accent. C'est drôle : j'habite dans ce village depuis seulement quelques semaines et je commence à parler comme les Khmers rouges, avec leur accent. Lorsque Sauva m'entend parler avec l'accent khmer rouge, il devient tellement frustré qu'il me regarde avec ses yeux féroces. Mais il n'ose pas me chicaner de peur que je le dénonce, car dans ce « pays primitif », les enfants ont certains pouvoir que les adultes n'ont pas.

Sauva ne me fait jamais confiance. Il dit que je deviens trop vite comme les Khmers rouges et cela, il ne le supporte pas. Je m'adapte trop vite à leur vie, à leur accent, et à leur mentalité... Il dit que je ne suis pas comme ma petite sœur, elle, qui est intelligente. Faire comme les enfants khmers rouges, pour lui, c'est un signe que je suis bornée. Par contre, Sauva et Doua sont très polis, respectueux et humbles devant le chef et les Khmers rouges en général. Nous sommes obligés d'être ainsi, car notre vie en dépend. Ce n'est pas le style de mon frère d'être humble, il est plutôt très prétentieux, mais ici, il n'a pas le choix. Mon frère et mon oncle ont appris comment se faire aimer de ces gens par leur expérience. Ils sont presque les « chouchous » du chef.

———

Aujourd'hui, les enfants et moi allons dans l'eau et là, ils m'apprennent à attraper les poissons à mains nues. Ils en attrapent beaucoup. Moi, j'essaie et les poissons se sauvent toujours. Tout à coup, quelque chose me mord et je crie comme une folle. Ces enfants rient de moi. Lorsque je regarde mes jambes, elles sont remplies de sangsues. Mes jambes sont noires tellement qu'il y a en. J'ai failli perdre connaissance en les voyant.

Je déteste aller dans l'eau car j'ai peur des sangsues, mais je veux attraper du poisson pour prouver à mon frère que je ne suis pas si bornée que ça. Je n'ai pas réussi en avoir un seul. Les petites filles de ce village m'apprennent comment attraper des crabes et quand j'essaie, je manque d'y laisser mes doigts.

Ce sont eux qui m'attrapent ! Je pleure à chaudes larmes. Ça va mal pour moi.

Un autre apprentissage : on m'apprend à aller chercher les poissons dans les trous. Je n'aime pas ça les surprises ! Ces enfants mettent leur main dans le trou et ils attrapent les poissons. Ils m'incitent à les imiter, mais je n'aime pas ça. Je le fais quand même, j'ai besoin de prouver ma capacité. Je mets la main dans le trou, je touche quelque chose de mou. Je tire ma main, c'est un serpent d'eau. Je crie au diable. C'est fini pour moi pour aujourd'hui. Je ne veux plus apprendre leurs trucs.

Chaque fois que je mets les pieds dans l'eau, des sangsues me suivent partout. Elles sont plus affamées que moi. J'observe ces enfants qui enlèvent les sangsues et ça a l'air si facile. J'essaie de toucher à ces petites répugnances noires et j'ai la chair de poule. Elles boivent le peu de sang que j'ai.

Chaque jour, j'apprends de nouvelles choses : comment semer du maïs, du riz, ce que je n'ai jamais vu auparavant.

———

Plus le temps passe, plus les gens de Phnom-Penh meurent. Ils meurent en raison de leur difficulté d'adaptation à la vie actuelle si misérable. À Phnom-Penh, ils vivaient dans le confort et dans l'abondance. Moi, je suis un peu « entraînée ». J'ai connu la misère dès l'âge de trois ans. Je trouve difficile de vivre dans le village khmer rouge, mais je peux m'adapter peut-être plus « facilement » que certaines personnes. L'eau est très polluée ; ce n'est pas surprenant, cette pollution, car toutes les personnes de ce village font leur besoin dans les chemins, dans les bois, bref, presque partout où il y a de l'espace. Les morts également polluent le sol sous l'effet des pluies et des intempéries, ce qui dégage des odeurs nauséabondes. Les Khmers rouges, quant à eux, sont habitués à ce genre de vie et leur corps s'adapte. Mais les gens comme nous n'ont aucune protection dans leur système immunitaire.

Les fruits et les plantes qui environnent les cadavres se nourrissent d'un sol fortement engraissé et deviennent géants. Les gens affamés qui en mangent, meurent à leur tour. *TOUS LES JOURS*, des gens meurent et tous les jours, des trous sont creusés pour les enterrer. Conséquence : la population diminue a un tel rythme que le terrain pour les morts devient de plus en plus restreint.

Ma voisine a vu sa famille de dix enfants réduite à trois membres seulement. J'ai follement peur de voir les cadavres exposés à la surface de la terre. Je ne suis plus capable d'en voir davantage. Je déteste les morts et j'en fais des cauchemars.

J'apprends que les personnes instruites sont tuées par les Khmers rouges. Ceux-ci viennent les chercher dans la nuit lorsqu'ils savent que ce sont des médecins, des étudiants, des professeurs, etc.

Quand les soldats khmers rouges viennent chercher des gens dans la nuit, nous ne les revoyons plus. Les savants sont menaçants pour les Khmers rouges, car ils savent trop de choses ; alors, ils cherchent à les faire périr. Les fous seulement survivront. Mon frère et mon oncle n'avouent jamais qu'ils étaient étudiants. Ils seront tués s'ils le leur disent. Ils font semblant de ne savoir ni lire ni écrire, mais ces rusées personnes rouges ont quand même des doutes face à mon frère : il est doué et cela paraît dans sa façon d'agir. Ce qui le sauve, c'est qu'il est aimé par le chef, du moins, je le crois.

12

Des vrais esclaves !

Depuis quelques mois, nous vivons au village des Khmers rouges et nous avons vraiment une vie misérable. Ils ne nous épargnent pas. Nous vivons comme de vrais esclaves et peut-être pire encore. Nous subissons toutes les méprises et les fausses accusations d'eux sans jamais oser leur répliquer, pour garder notre vie sauve. Que nous veulent-ils, ces gens si cruels ? Notre vie bien sûr ! Mais, ils ne veulent pas nous tuer avant de nous avoir torturés en nous privant de nourriture, en nous faisant travailler sept jours sur sept des heures innombrables par jour. Et le manque de sommeil qui s'ajoute à tout cela.

Nous travaillons sous une chaleur accablante et nous manquons souvent d'eau pour étancher notre soif. Nous travaillons dans l'eau à la journée longue, mais sans pouvoir la consommer, car elle est la « demeure » des sangsues. Celles-ci sont plus nombreuses que nous. En avalant cette eau, nous risquons d'avaler aussi les sangsues qui détruisent notre organisme. Elles envahissent tous les territoires « marins ».

De plus, l'eau du champ est remplie de produit « naturel » qui fortifie les jeunes pousses de riz, mais elle n'est pas potable. Ce produit naturel est pollué et en le buvant les gens tombent gravement malades. Par conséquent, cela entraîne la mort.

La mort est causée aussi par la faim, la fatigue extrême, mais le pire c'est la mort par les Khmers rouges. Dans le village où je suis, je compte trente personnes environ. Alors qu'auparavant, il y avait deux à trois cents personnes qui sont arrivées en même temps que nous. Ma famille est chanceuse, nous restons encore unis. Toutefois, mon frère a frôlé la mort, il a été gravement malade. Il a eu la chance d'être soigné, parce qu'il est aimé par les chefs khmers rouges.

Tous les jours, très tôt le matin, nous nous levons pour aller travailler, sans rien dans le ventre. Le travail devient notre préalable pour avoir droit à un peu de « nourriture ». Tout le monde travaille même les personnes âgées et si elles ne sont plus capables, elles sont appelées à la mort. Une personne « inutile » au travail n'est bonne à rien. Je crois que les chiens sont mieux traités que nous.

Mes grands-parents travaillent dans le village. Grand-mère garde les enfants en bas âge et grand-père aiguise les couteaux pour les travailleurs dans les champs.

Notre travail consiste à planter sans cesse du riz, du maïs, des patates, etc. Le soir, à notre retour du champ, les Khmers rouges nous donnent à manger de la « soupe » claire. Auparavant, nous avions un peu de riz et un peu de viande à manger, mais plus le temps passe, plus nous pouvons compter les grains de riz dans la « soupe » et ne parlons pas de la viande. Parfois, dans mon bol de « soupe », je vois trois grains de riz et le reste, c'est de l'eau. Nous ne pouvons pas nous plaindre, car nous risquons de ne plus rien avoir. Nous sommes des esclaves et nous devons nous soumettre. Malheur à celui qui refuse d'accepter ce que les Khmers rouges ordonnent, car il ne reverra plus jamais le jour. Comment tuent-ils ces gens lorsqu'ils disparaissent dans la nuit ? Personne ne le sait.

À chaque « repas », je regarde mon bol de trois ou quatre grains de riz et de gros sel qu'on me donne : mes larmes réclament la justice. Pour quelle raison nous traitent-ils ainsi, ces Khmers rouges ? Qu'est-ce que nous leur avons fait pour qu'aujourd'hui notre vie soit si misérable ?

Auparavant, la vie chez les Khmers rouges était très différente. Nous pouvions cuisiner chez nous et on nous donnait du riz et des patates. Nous pouvions faire un peu ce que nous voulions et du jour au lendemain, les Khmers rouges ont décidé que nous devions tout mettre en commun, quoique nous n'eussions pas grand-chose à donner. Je ne veux pas donner les vêtements de ma mère et mon livre d'images. Je les cache.

———

Nous devrons désormais manger tous ensemble. Ces gens nous construiront une sorte de cabane avec une toile en feuilles et des bancs en long. Les conséquences de tous ces changements, c'est que les gens malades ne peuvent venir jusqu'à la salle à manger, ils n'auront donc rien. Personne n'a le droit de leur apporter quoi que ce soit. Dans ce genre de vie, les Khmers rouges ont davantage le contrôle et le pouvoir sur nous. Ils nous possèdent entièrement. Nous n'échappons pas à leur malice volontaire. Ils nous manipulent à l'extrême, car nous ne pouvons rien contre eux. Ils ont le pouvoir de décider si nous devons vivre ou mourir. Notre seul pouvoir, c'est de *DÉCIDER* de subir volontairement « notre condition d'esclavage ».

De toute manière, si nous continuons de vivre notre vie de cette façon, nous ne tiendrons pas longtemps. Je crois que c'est le but que visent ces Khmers rouges. Ils veulent un jour nous éliminer tous, mais progressivement. Nous détestent-ils à ce point ? Comment l'être humain peut-il traiter et tuer de manière aussi gratuite un autre être qui est semblable à lui et cela sans raison ? C'est impensable dans ma logique.

Le matin, il fait froid et nous travaillons souvent dans l'eau et ce froid, je le ressens jusqu'aux entrailles. Cette sensation me rend malade. J'ignore pourquoi. Le pire, c'est que nous n'avons pas d'autres vêtements pour nous changer lorsque nous nous mouillons. Une chance que le soleil nous sèche même s'il nous accable dans la journée. Chaque matin, lorsque je touche l'eau froide, je sens monter en moi l'anxiété. Quelle association ai-je faite entre le froid et mon anxiété ? Je ne sais pas, mais une chose est certaine, c'est très douloureux quand je le vis.

Le midi, nous arrêtons un peu pour prendre notre soupe claire avec de gros grains de sel noir. Rien qu'à les voir, j'en ai mal au cœur. Nous qu'on appelle « les paresseux », nous périssons peu à peu chaque jour. Le manque de nourriture nous entraîne à lutter contre une faiblesse extrême. Certaines personnes tombent d'un rien car leurs jambes supportent difficilement leur corps.

Le soir, nous avons encore et encore notre « soupe maudite ». Nous sommes si faibles que personne ne parle en buvant sa soupe claire. Je crois que c'est mieux ainsi : être « muette » ; de cette manière, nous ne risquons pas de dire quelque chose qui peut se retourner contre nous.

Les Khmers rouges surveillent tous nos gestes, nos paroles, etc. Ils ont le plaisir de nous prendre en défaut et ils ont surtout le plaisir de nous tuer *GRATUITEMENT* ! Lorsque je vois les Khmers rouges venir chercher quelqu'un dans la nuit, je suis particulièrement angoissée. Je me demande quand notre tour viendra. Mon insécurité face à ma vie actuelle me pousse à chercher ma mère constamment et elle occupe tout le temps mon esprit. La noirceur pèse si lourdement que le souffle me manque par moment. Je ressens un nœud qui bloque dans ma poitrine, tellement qu'à chaque mouvement respiratoire une douleur me perce l'âme. J'ai besoin de ma mère ! Mes larmes qui coulent abondamment expriment mon manque profond. Je cherche alors les vêtements de ma mère pour me réconforter, mais je ne les trouve pas.

Je réveille grand-mère :

— Grand-mère, où sont les vêtements de ma mère ?

— Je ne sais pas.

— Grand-mère, j'en ai besoin, il faut que tu me les donnes.

Ma grand-mère ne me répond plus. Je pleure désespérément. Je cherche mes amis :

— Arc-en-ciel, éclaire-moi avec tes couleurs !

— Oui, ma princesse.

— Ma mère me manque, Arc-en-ciel !

— Je suis là, ma princesse. Il faut que tu dormes maintenant.

J'essaie de m'endormir avec la musique que joue mon piano magique.

Le lendemain, je demande encore avec insistance à ma grand-mère et elle m'avoue finalement :

— J'ai besoin des vêtements de ta mère pour échanger de la nourriture.

— Comment oses-tu prendre mes affaires sans ma permission ?

— Comment oses-tu parler à ta grand-mère de manière si impolie ?

— Je n'ai pas envie d'être polie avec toi, tu voles les objets qui me tiennent à cœur.

— C'est pour nous nourrir que je fais ça et tu n'es pas contente ?

— Je préfère mourir que de vendre les choses de ma mère. Elle est tout pour moi. Sais-tu cela ?

— C'est ton péché qui te fait vivre séparée de ta mère. Tu n'es qu'une enfant et tu n'as aucun respect pour les adultes. Dieu te punit pour ça.

— Tu n'es pas digne d'être la mère de ma mère !

Sur cette parole, je m'éloigne d'elle.

Je hurle tellement de rage que je serais capable de la faire disparaître. Je deviens inconsolable quand je pense que je n'ai plus rien de ma mère. Son odeur m'était si précieuse, elle me rassurait de sa présence. Que les adultes sont cruels ! Je déteste grand-mère et tous les adultes, sauf ma mère bien sûr. Je ne serai jamais capable de détester ma mère, même si j'avais envie de le faire parfois parce qu'elle m'a abandonnée.

Quelques jours plus tard, je cherche mon livre d'images que je regarde en cachette quand je m'ennuie trop de ma mère. Je ne le trouve pas, lui non plus. Peut-être les Khmers rouges sont-ils venus le prendre pendant que j'étais au champs. Je cherche et je ne le trouve vraiment pas. C'est alors que mon oncle me dit :

— J'ai pris ton livre. J'ai besoin de papier pour rouler mes cigarettes.

— Pourquoi ne le demandes-tu pas à moi d'abord ?

— Parce que je sais que tu n'accepterais jamais.

— Tu es vraiment méchant et je te déteste ! Grand-mère a pris les vêtements de ma mère et toi, tu prends mon livre. Comme je vous déteste !

Ma colère est si intense que je deviens insupportable, même la mort ne me ferait rien.

Le lendemain, je vois arriver le chef khmer rouge. Il dit :

« Je prends tous les enfants du village, car ils ne peuvent pas vivre avec leurs parents. Les adultes doivent vivre d'un côté et les jeunes de l'autre. »

J'ai environ 12 ou 13 ans à ce moment-là.

Cela me plaît de partir, car je ne pardonne pas à ma grand-mère et à mon oncle d'avoir pris mes affaires. Par contre, j'ai peur de me séparer pour toujours de mon frère et j'ignore si je le reverrai un jour. Chaque séparation blesse désormais plus profondément mon cœur. Cette blessure me fait si mal et elle est si douloureuse, qu'elle est ancrée à jamais en moi. Cette blessure se plaît à ne faire qu'un avec moi.

Quelques Khmers rouges rassemblent tous les enfants et ils nous amènent bien loin du village. Nous marchons et marchons encore. Nous sommes arrivés dans un endroit qui ressemble à un désert : je ne vois aucune maison ni rien d'autre. Dès notre arrivée, nous nous préparons déjà à aller travailler.

Après une journée de travail, je me rends compte que ces Khmers rouges nous entraînent à des travaux d'endurance en nous faisant creuser des rigoles. C'est un travail très dur. Cependant, nous ne travaillons pas aussi fort que les adultes, et après notre travail, nous avons droit au riz, aux poissons et parfois à de la viande, alors que les adultes n'ont peut-être pas tout cela. Je suis très chanceuse.

Il faut comprendre que dans le « pays » des Khmers rouges, les enfants sont un peu « privilégiés » et cela dans le but de les entraîner à la guerre et à la violence. Ils sont malléables et les Khmers rouges peuvent obtenir ce qu'ils veulent d'eux. Un simple encouragement à tuer leurs parents et ces jeunes le feront. Ils sont naïfs.

Tous les jours, nous arrêtons à midi pour le repas. Je vois que la nourriture est exposée à l'air libre et un jour, je m'étonne de voir les nombreuses mouches qui se déposent sur le riz et sur la viande. Soudain, je remarque qu'il y a beaucoup d'œufs de mouches dans mon assiette de riz lorsque je vais me servir. Je les ramasse pour savoir à quoi ils ressembleront plus tard. Je mange mon riz et ma viande quand je vois moins d'œufs. Je suis chanceuse de n'être pas malade. Plusieurs enfants sont malades, certains sont morts.

Les œufs que je gardais, il y a quelques jours, se transforment aujourd'hui en vers blancs. J'en ai la chair de poule en les voyant. La faim est trop intense pour refuser de manger même si je sais que ce sont de futurs vers que je mange.

Les mouches aiment les déchets que nous produisons. Nous faisons nos besoins un peu partout où il y a un espace libre. Nous n'avons pas de toilettes à notre disposition. Ces œufs se transforment très rapidement avec ce nombre incalculable de mouches. Ces mêmes mouches se promènent dans les déchets et elles viennent dans le riz et la viande que nous mangeons au quotidien. Il faut croire que notre corps développe une sorte de mécanisme de défense pour que nous soyons encore en vie même après avoir mangé ces nombreux microbes. Nous vivons dans une pollution inexprimable.

Un soir, on nous a fait travailler si tard que lorsque nous sommes rentrés, nous ne voyions presque plus rien, mais à travers la noirceur, je voyais une assiette blanche ; je la touche et je me rends compte qu'il y a de la nourriture dedans. Sans poser aucune question, je mange, mais j'ignore ce que je mange.

Le lendemain, l'assiette blanche est encore là et à ma grande surprise, je vois certains petits vers morts dans la nourriture qui restait hier soir. Il est trop tard, j'ai tout avalé. Il faut croire que ces vers existent pour me nourrir.

13

« Ils sont rois ! »

Les enfants des Khmers rouges sont très importants, car ce sont eux qui prendront la relève de leur père, ou de leur oncle comme guerrier. Ils sont tellement importants qu'ils peuvent tuer quiconque les contrarient et inventent même de fausses accusations seulement pour avoir le plaisir de tuer. Ils sont rois dans leur village.

Parfois, ce sont eux qui nous surveillent dans les travaux, au champ. Lorsque ces jeunes voient quelqu'un qu'ils n'aiment pas, ils l'accusent d'être paresseux et ils le tuent en mettant un sac de plastique sur sa tête. Il meurt étouffé par manque d'air.

Ces enfants sont entraînés par les adultes à la cruauté. Par contre, ils sont privés de toute affection de leurs parents et de tout contact avec eux. Ce sont les Khmers rouges qui les prennent en charge et ils les instruisent en leur apprenant que leurs parents sont leurs ennemis et qu'ils ne doivent pas les écouter. Pire encore, si leurs parents osent les disputer pour quoi que ce soit, ces enfants ont la permission de les tuer. C'est presque impensable comme les humains sont empoisonnants et je dirais que c'est pire que le poison des serpents. Je crois que les animaux n'ont pas de notion de la méchanceté, seuls les *ÊTRES HUMAINS* ont cette *CAPACITÉ* de détruire *LEURS SEMBLABLES*.

Les Khmers rouges, que j'appelle « Sauvages », sont très intéressés par les enfants qui viennent de Phnom-Penh, non pas que ces Sauvages aient de l'intérêt pour ces enfants, mais parce qu'ils peuvent obtenir des informations sur leurs parents et savoir ce qu'ils faisaient avant d'arriver dans leur village. Ces Sauvages désirent identifier les savants pour ensuite les faire périr.

Plusieurs personnes sont mortes à cause de leurs enfants qui ont tout déclaré pour obtenir de la nourriture ou d'autres récompenses. Je peux comprendre mon frère, il n'ose jamais parler de rien devant moi de peur que je le dénonce. Je suis jeune et très spontanée. Je sais que mon frère était étudiant et mon oncle également.

« L'héritage » que je reçois un peu des Sauvages, c'est l'apprentissage de la révolte, de la violence et de l'abus du pouvoir. Les filles et les garçons ont douze et treize ans, c'est l'âge idéal pour faire la guerre selon les Sauvages. C'est l'âge idéal également pour obéir aux règlements ridicules. Les Khmers rouges peuvent faire tout ce qu'ils veulent avec les enfants qui ne comprennent pas vraiment ce qu'ils font, et ils les encouragent à tuer les gens à leur place.

14

Je n'ai rien d'autre...

Les enfants sont rois, c'est vrai. Mais lorsque je regarde au niveau du travail et de la misère que vivent ces enfants, c'est vraiment affreux. Ces Sauvages rouges les entraînent à travailler très dur : est-ce pour former leurs caractères ? Probablement.

Certains soirs, nous, les enfants, nous nous endormons très tard et les matins, nous nous levons très tôt. Ce que je trouve très difficile, c'est quand il pleut, car je n'ai pas de rechange et je couche par terre. Avant que le soleil ne vienne pour nous réchauffer, j'ai le temps de trembler à en être malade. Je porte ces vêtements depuis mon arrivée au village. Ce qui veut dire depuis plus de trois ou quatre mois. Mon linge ne fait qu'un avec moi. Je travaille, je me lave, je me couche, je me lève, toujours dans les mêmes vêtements.

Parfois, mon linge est tellement mouillé que cela m'empêche de dormir. J'ai froid lorsque la nuit tombe. Ce froid me rend anxieuse. À force de porter du linge mouillé, mon corps développe une sorte de « pou » blanc, bien vivant. Un matin,

je me gratte autour de la taille parce que ça me pique beaucoup. Avec surprise, je vois cet insecte ; je hurle comme une
folle. Je ne peux concevoir que mon organisme développe des
corps étrangers.

J'ai également les pieds qui me piquent beaucoup à force de
les mettre dans l'eau et dans la boue. Je me gratte de plus en
plus et à la longue mes pieds sont gravement infectés. Le pus
s'installe, ça fait mal, et en plus cela sent très mauvais. Je
marche difficilement et je dois tout de même travailler comme
les autres. Je me plains beaucoup, car la douleur devient de
plus en plus insupportable. À la longue, mon corps ne peut
plus résister. Je suis malade et malgré tout, je tiens à tout faire
comme les autres enfants. Puis mon corps refuse de m'obéir,
je n'arrive pas à me lever. Je tremble de froid. Je grelotte
jusqu'à en claquer des dents. Je pleure malgré moi et je
souffre. Finalement, on me permet d'aller me coucher
lorsqu'on voit dans quel état je suis. La responsable me donne
une couverture tellement elle a piété de moi. Je me souviens
qu'elle est restée avec moi un moment, ensuite, je n'ai plus
connaissance de rien. On aurait pu me tuer à ce moment-là, je
n'en aurais pas été consciente, tellement je suis malade.

Une autre fois, je me réveille en sursaut dans la nuit parce
que mon corps est mouillé. Il pleut. Je couche par terre, j'ai
froid. Je me sens si malade. *COMME JE DÉTESTE LA SENSA-
TION DU FROID !* J'ai l'impression de baigner dans l'anxiété
jusque dans mon être profond. Je pleure en silence sans que

personne ne vienne à mon secours. Je me sens tellement seule dans ma petite cabane en feuilles. Il fait si noir dehors ! Je ne me supporte plus, j'ai mal ! Je cherche de l'aide :

— Sébal, aide-moi ! Emmène-moi loin de cette cabane !

— Je suis là, ma princesse. N'aie pas peur !

— Je ne peux pas rester seule, Sébal ; j'ai peur et je n'aime pas les ténèbres.

— Ma princesse, je vais chercher Arc-en-ciel.

— Vite ! Vite !

Pendant ce temps, je cours en ne sachant pas où aller. Je tombe. Je dois me relever. Je sens tout à coup mes jambes si faibles. Les pieds me font mal, je hurle quand soudain, je vois la lumière de mon Arc-en-ciel :

— Viens, ma princesse, je te conduis à ta cabane.

— Non, Arc-en-ciel, j'ai peur.

— Tu ne peux pas rester par terre. Viens, ma princesse.

— Arc-en-ciel, reste avec moi !

— Je suis toujours là pour toi, ma petite princesse.

— J'ai froid Arc-en-ciel.

— Regarde, princesse, les nuages sont là pour te couvrir et te réchauffer.

— Oh ! oui, j'ai besoin d'une couverture, la pluie est si froide, je n'ai rien pour me changer et j'ai trop froid pour rester mouillée. Dis-moi, pourquoi faut-il que je sois malade ? *JE DÉTESTE ÊTRE MALADE PARCE QUE JE SUIS ANGOISSÉE.* Est-ce que tu comprends, Arc-en-ciel ? Je me sens si seule.

— Tes amis sont-là à tes côtés, ma petite princesse. Ne pleure pas, sinon tu vas te sentir encore plus faible.

Je pleure quand même, car je souffre et je n'arrive plus à rester tranquille. Je supplie ma mère pour qu'elle vienne me chercher. C'est l'enfer ! Même Gabu ne peut plus me calmer. Je panique. C'est alors qu'une voix douce me parvient :

— Mon enfant, maman est là. N'aie pas peur. Maman est là !

— Cette voix est familière, est-ce que c'est vraiment toi, maman ?

— C'est moi, mon enfant. Je suis à côté de toi.

— Maman, j'ai peur de rester seule dans la cabane avec la pluie, la noirceur et le froid.

— Maman est là, je te réchauffe.

— Maman, pourquoi m'as-tu abandonnée ? Viens me chercher !

— Je ne t'ai jamais abandonnée, mon enfant. Maintenant, maman veut que tu dormes.

— Ne m'abandonne pas, maman, j'ai besoin de toi...

Peu à peu, je me calme et je réussis à m'endormir.

Le lendemain, le soleil me réveille, je suis toute seule et je cherche quelqu'un, mais je ne le trouve pas. Les enfants sont tous au travail et moi, on me garde dans la cabane. Je suis encore trop malade. Plus tard, je vois une dame arriver et elle me donne quelque chose à manger.

J'accepte et je me trouve gâtée, quelqu'un s'occupe de moi, alors que les Khmers rouges cherchent à nous éliminer. Lorsque j'ai terminé de manger, la dame me demande :

— Est-ce que tu sais ce que tu viens de manger ?

— Non, madame.

— Quelques vers de terre que j'ai pris pour faire des médicaments pour toi. Tu guériras plus rapidement et tu pourras aller travailler avec les autres.

Je suis tellement malade que mon goût change et change *TELLEMENT* que je ne me suis même pas rendu compte que j'ai mangé des vers de terre. De toute façon, je ne connais pas la « saveur » d'un ver de terre.

Depuis combien de temps suis-je malade ? Mes jambes ne portent même plus mon petit corps. Je dois attendre patiemment mon heure. Je ne peux rien faire d'autre que de dormir et d'attendre. Je déteste *ATTENDRE*. J'ai tellement attendu ma mère que le mot « attendre » vient chercher en moi de la colère.

J'avoue que j'ai vraiment de la chance qu'on me garde en vie malgré mon inutilité. Les Sauvages tuent ou bien ils laissent mourir les gens malades et inutiles. Je ne travaille pas et je peux quand même manger. Sauf que je ne peux rien avaler.

Le lendemain, les chefs khmers rouges nous rassemblent et nous disent : « Vous allez retourner au village aujourd'hui. »

Je suis contente, mais je ne peux pas marcher beaucoup, je n'ai pas de force. Ils vont peut-être me laisser mourir ici et ils partiront. À ma grande surprise, on me conduit au village. Je ne comprends pas pourquoi les Sauvages tiennent à m'emmener avec eux, car je ne suis vraiment bonne à rien et en plus, je peux difficilement suivre les autres.

Nous marchons et je fais tout mon possible pour avancer. Comme j'ai de la difficulté, je m'adresse à mon ami :

— Gabu, aide-moi ! Porte-moi sur ton dos !

— Viens, ma princesse !

Je m'envole avec Gabu. Je vois mon Arc-en-ciel, mon piano magique, mes nuages, Sébal, mes fleurs qui s'ouvrent lors de mon passage. Je me dirige lentement sur ma chaise royale. Tout me semble si beau dans mon royaume !

Je me réveille tout à coup et nous approchons du village. Je me sens soulagée d'avoir réussi à marcher et cela je le fais avec mes amis.

15

La cité des serpents

J'arrive à « mon village » où je vais retrouver ma famille. Je suis de retour du désert où nous, les enfants, avons travaillé si fort.

Lors de mon arrivée, je constate qu'il y a une grosse cabane non loin de l'endroit où ma famille vit actuellement. On m'apprend que c'est notre « demeure » désormais. Je suis contente ; c'est mon oncle et mon frère qui l'ont construite. Les Khmers rouges nous donnent un peu de terre pour cette construction et pour faire un petit jardin. Notre demeure est faite à partir des bambous et des feuilles de palmier. Elle est construite en dessous d'un arbre énorme.

Or, un après-midi, nous avons « congé » pour un court instant dans notre « petite maison ». Ce jour-là, il fait chaud et c'est tellement humide que j'éprouve même de la difficulté à respirer. On dirait que l'air me bloque les voies respiratoires. Toute ma famille est présente dans la cabane quand soudain, nous entendons un bruit sur la toile. Sans nous en préoccuper, nous continuons à nous reposer. Tout à coup, un serpent tombe à l'intérieur de notre cabane. Il est de couleur verte. C'est ma couleur préférée, mais... Aussitôt, chacun sort aussi vite qu'il peut. Moi, j'ai tellement peur en voyant ce serpent vert que cela me paralyse. Mon frère crie fort pour que je me sauve, mais rien à faire. Je suis figée par cette bête. Elle m'effraie terriblement. Finalement mon frère et mon oncle risquent leur vie pour essayer de le tuer. Ils ont réussi ! Comme je suis soulagée !

Les serpents verts sont très dangereux, nous avertissent les Sauvages rouges. Ils ont la couleur des feuilles et c'est la raison pour laquelle ils sont très difficiles à différencier.

J'ai tellement peur que je refuse de rester dans la cabane. Si c'était la nuit, nous serions peut-être tous morts à l'heure actuelle. Je suis encore sous le choc lorsque des Khmers rouges viennent nous bousculer pour aller travailler.

Cette fois-ci, le travail consiste à couper tous les arbres, dans le but d'élargir les terrains pour pouvoir planter davantage de maïs. Je ne comprends pas pourquoi nous plantons autant de riz, de maïs, et de patates, alors que nous manquons de nourriture ? Que font-ils, ces Sauvages rouges, des fruits de notre sang ?

Nous arrivons sur le terrain où nous devons couper tous les arbres. Lorsque je vois les terrains à perte de vue, je suis découragée. Je manque de force. Pour couper autant d'arbres, ça demande tellement d'efforts et nous continuons à boire de l'eau avec quelques grains de riz pour le « dîner » et le « souper ». Au désert, lorsque j'étais avec les enfants, nous avons eu du riz, de la viande, et depuis mon arrivée au village, je retrouve cette soupe qui me donne mal au cœur chaque fois que je la vois. Vraiment, nous sommes au sommet de nos misères ! Selon les Sauvages rouges, nous sommes encore trop « paresseux », il faut nous faire travailler encore plus fort. Sommes-nous des robots ? Comme j'aurais aimé être un robot, car à ce moment-là je n'aurais plus senti la douleur de mon âme et la faim qui me torturent.

Les enfants comme les grands travaillent dans une chaleur écrasante et l'eau est si rare, non parce qu'il n'y en a pas, mais parce que des Khmers rouges veulent ainsi nous martyriser comme si nous méritions ce sort !

Le travail commence et à mesure que nous coupons des arbres, certaines personnes crient. D'après ce que je peux saisir, car ils sont loin d'où je suis, ils disent qu'il y a des serpents, mais je ne *VEUX* pas les croire. Je *VEUX* volontairement ignorer l'existence de ces reptiles féroces. Je continue de travailler avec les autres et soudain j'entends : « Les serpents, au secours, au secours !... »

Certaines personnes s'enfuient à une vitesse folle. Moi, je ne bouge pas de peur que les serpents me sautent dessus.

En travaillant dans ce boisé, nous venons de « réveiller », voire de déranger, ces serpents qui vivaient en « paix ». Aujourd'hui, ils sont menacés par les humains ; pour se « venger », ils nous attaquent et cela sans pitié.

À force d'entendre les cris des autres, je tremble de peur. J'ai froid même par une grosse chaleur. On dirait que lorsque j'ai peur, mon corps tremble comme si j'avais très froid. Comme c'est étrange la manière dont mon corps réagit !

Tout le monde semble si terrifié par ces reptiles mouvants que personne ne veut travailler. On dirait que ces serpents nous arrivent de partout. Ils sont de couleurs et de formes différentes. Certains sont verts comme les feuilles, d'autres possèdent trois couleurs : rouge, jaune et noir, ce sont des serpents de terre ; il y a aussi les boas et les cobras, ces derniers sont les plus dangereux serpents qui existent, d'après ce qu'on m'explique. Il y en a d'autres dont j'ignore les noms.

Je reste à l'écart des autres en demandant à mon Arc-en-ciel de me protéger. Je surveille partout de peur que des serpents ne sautent sur moi. Or, je vois un garçon s'amuser en ramassant des vers. Sans que je l'aperçoive, il en met dans mon chandail. Je sens bouger quelque chose dans mon dos, je crie au diable, je saute, je cours, je touche mon dos, c'est mou !... Je suis convaincue que c'est un serpent. Dans ma peur, je hurle pour finalement constater que c'est un ver. Je veux tuer ce garçon espiègle. Je suis en colère contre lui de m'avoir fait si peur. Lorsque je l'attrape, je lui donne des coups de pieds, il tombe et il pleure. Là, je me sens satisfaite de me venger de lui. À ce moment-là, je possède en moi un esprit extrêmement ouvert à la vengeance. Je dois toujours remettre ce qu'on m'a fait et parfois, je fais pire que ce que je reçois. Je suis entraînée à la haine dans le monde où je vis.

Depuis que le garçon a mis sur moi un ver, je déteste tout ce qui est mou : vers de toutes sortes, serpents, sangsues noires et dégueulasses, etc.

Tout à coup, d'autres cris proviennent de très loin, certains hommes portent secours à ces personnes. C'est silence pendant un bon moment, ensuite, je vois arriver environ vingt hommes autour d'un seul serpent, c'est le vieux boa. Cette bête énorme peut elle seule avaler un être humain tout entier. C'est incroyable. Si je ne l'avais pas vu de mes propres yeux, je ne l'aurais jamais cru.

Et que font ces gens avec cet énorme serpent ? Les Sauvages rouges préparent un festin pour tous les villageois. Ce serpent peut nous nourrir tous. C'est très apprécié d'avoir un peu de viande à manger, surtout que nous n'avons droit qu'à un peu de riz. Comme c'est bon ! Par contre, notre estomac est tellement habitué à se priver de nourriture, et surtout de nourriture solide comme de la viande, qu'il nous joue un tour et tout le monde ou presque a mal au ventre.

Malgré ce malaise, nous devons aller travailler quand même dans « la cité des serpents ». Nous avons la peur dans l'âme, mais nous devons subir l'ordre des Khmers rouges. N'oublions pas que nous sommes volontairement traités comme des esclaves ! En plus d'être des esclaves maltraités, nous n'avons pas de voix pour dénoncer l'injustice. Nous suivons ou nous mourons, il n'existe pas d'autre alternative que celle-là.

Pour ma part, je travaille dans la peur constamment. Je vois les serpents partout et je les vois même dans mon esprit. Je crains surtout de mourir avant de pouvoir revoir pour la dernière fois ma petite maman adorée. Si je mourais, je lui ferais beaucoup de peine. En fait, c'est ce que je me fais croire. J'ignore si cela ferait vraiment quelque chose à ma mère de me voir mourir. J'ai besoin de me sentir importante pour elle, pour survivre... Je dois me convaincre de rester en vie pour elle et, de cette manière, je trouve une raison pour lutter pour ma survie.

Nous coupons de gros arbres et cela demande beaucoup d'efforts. Étant donné que personne ne mange à sa faim, la force diminue à mesure que la journée avance.

Chaque fois que je coupe un arbre, j'observe longuement si je ne vois pas de serpents. C'est une vraie terreur d'avoir ces horribles bêtes dans ce territoire. Quand j'ai besoin d'uriner, je n'ose pas me déshabiller. Je me retiens longtemps. Lorsque je n'en suis plus capable, je nettoie le terrain comme il faut avant de me laisser aller.

Ces serpents nous font perdre beaucoup de temps. Nous ne pouvons pas travailler comme nous le voudrions, la peur nous paralyse très souvent. Il faut toujours faire attention partout où nous mettons nos pieds.

Enfin, les chefs nous permettent d'aller « manger ». Le village est loin. Déjà, la force nous manque, il faut marcher si loin. Une fois à la table, nous avons encore droit à du riz et à un peu de viande. C'est le boa qui restait d'hier, je crois. C'est une vraie fête ! Nous avons tous oublié que nous avions eu mal au ventre hier à cause de cette viande, tout le monde dévore le plat quand même. Depuis deux jours, nous avons eu du riz et de la viande. Il y a si longtemps que nous n'avions pas mangé de viande que j'avais presque oublié comment elle était faite. Comme il est bon de savourer ce que mon corps réclame depuis si longtemps !

À peine le repas terminé, des Khmers rouges nous poussent comme des chiens pour que nous allions travailler. J'ai tellement peur d'y retourner ! En chemin, le chef m'appelle, je sens monter en moi la peur. Il est rare que nous nous fassions appeler par les Khmers rouges. Que m'arrive-t-il ? On dirait que chaque fois que quelqu'un m'appelle, j'ai toujours l'impression qu'il m'en veut. Je me fais souvent des idées à ce sujet.

Je retourne la tête vers le chef et je réponds :

— Oui, monsieur !

— J'ai besoin des enfants pour travailler avec moi dans le village. J'en ai choisi cinq et il en manque un. Tu vas rester ici avec les autres.

— Oui, monsieur !

Je suis contente de pouvoir rester dans le village, même si je déteste travailler dans l'eau « avec des sangsues ». Je crois que je les « aime mieux » que les serpents.

Nous, les jeunes, nous ramassons des tiges de riz coupées dans les champs et les mettons dans la voiture tirée par des bœufs. Nous travaillons très tard le soir. Je ne me plains pas, car je ne désire pas aller couper des arbres et voir des serpents. Avec ces bêtes horribles, j'expose ma vie. Tandis que les sangsues, elles ne me tuent pas.

Après le travail, le chef nous emmène chez lui. Nous le suivons sagement avec la fatigue dans le corps. Finalement, nous entrons chez lui et je vois une femme nous servir de la nourriture. On dirait que je n'aime pas voir les femmes au service des hommes. Cela me révolte. Cette image d'une femme au service des autres réveille une vive blessure et je revois ma mère au service de Yana et de ses invités. J'étais profondément blessée de voir ainsi ma mère comme une esclave...

Lorsque la nourriture est sur la table, je peux remarquer les yeux des enfants, ils sont plus brillants que les étoiles tellement ils sont heureux de voir un repas aussi copieux. Nous avons l'impression d'être à des noces. Nous mangeons sans nous demander ce que nous mettons dans la bouche, car j'ai déjà entendu dire que les Sauvages rouges mangent parfois de la CHAIR HUMAINE. J'ignore cependant si cela est vrai. Je n'ai pas été témoin de cette cruauté.

Je crois que personne n'est gêné en voyant autant de nourriture. Lorsque mon ventre est plein, je me pose des questions. Je me demande comment il se fait que des Khmers rouges mangent du riz et beaucoup de viande, alors que nous, « les paresseux », nous comptons le nombre de grains de riz dans l'eau ? Je saisis ce soir-là qu'on nous prive de nourriture volontairement. Les Khmers rouges, eux, ne manquent de rien. La colère monte en moi sans que je puisse l'exprimer. Je suis chanceuse de pouvoir savourer ce repas, mais mon frère et les autres n'ont rien de ce que ces Sauvages rouges ont. Nous travaillons comme des bêtes, sans pitié. Comme c'est révoltant ! Comme ce n'est pas juste de vivre dans le monde des hommes !

Je saisis également que le chef nous « flatte » avec ses belles paroles et il nous charme avec de la nourriture dans le but de connaître ce que faisaient nos parents auparavant. Il veut savoir ce que mon frère et mon oncle étaient et faisaient. Il trouve mon frère très intelligent et il a raison. Si nous avouons toute la vérité, nous mériterons davantage de nourriture. Lorsqu'on parle de la nourriture, je suis toujours prête, mais là, je sens qu'il y a quelque chose qui n'est pas normal. Je peux faire la différence entre les belles paroles et les choses non dites. Je me contente de rester silencieuse et j'écoute les autres enfants parler de leurs parents. Je vois combien ils sont valorisés et « aimés » par ce chef. Je sens le besoin moi aussi d'être aimée par lui en voulant avouer que mon oncle était étudiant. Je veux également me venger de lui, car il a volé mon livre d'images que j'aimais beaucoup. Tout cela me pousse à trahir mon oncle, mais ma conscience, elle, ne se laisse pas abattre par les apparences. Elle veut conserver la vie de mon oncle malgré la colère qui me domine parfois. J'ai tout à coup saisi que je ne devais pas dévoiler la vérité, car la vie de mon frère et de mon oncle est entre mes mains. Je peux les tuer par mes paroles en voulant être trop reconnue par ce chef trompeur et hypocrite.

Il insiste pour connaître la vérité sur mon frère. Il veut savoir s'il sait lire et écrire. Je fais mon ignorante. Oui, mon frère sait lire et écrire. De toute manière, mon frère a arrêté d'aller à l'école très jeune. À 17 ans, il remplaçait mon demi-frère en devenant patron de plusieurs employés dans une usine de meubles.

Je comprends également que les fous présentent moins de menaces pour les Khmers rouges que les savants. Ainsi va la vie du « peuple sauvage ».

16

Une famine provoquée...

Plus le temps passe, plus les gens qui viennent de Phnom-Penh comme moi, sont amaigris par une « famine provoquée ». L'être humain ne peut pas vivre avec si peu de nourriture pendant des mois et travailler sans repos comme des robots. Les animaux ne travaillent pas autant que nous et ils ont tout ce qu'il leur faut. Les Khmers rouges nous laissent mourir de faim progressivement pour éviter de nous tuer de leurs propres mains à froid, par exemple en nous enterrant vivants et en nous faisant subir d'autres tortures.

Les gens sont si maigres, à peine peuvent-ils marcher comme il faut. Parfois, j'ai l'impression de voir un bébé qui fait ses premiers pas. Ces gens-là tombent en marchant et une fois par terre, souvent, ils ne peuvent plus se relever. Certains réussissent à résister à cette famine. Ils sont plus « forts ». Les plus faibles meurent pires que les chiens. Les Khmers rouges n'ont aucun respect pour ces personnes. Au contraire, ils sont heureux de nous voir mourir comme les animaux, car c'est ce qu'ils veulent. Lorsque ces personnes sont malades, il n'y aura ni nourriture ni médicaments pour les soigner, parce qu'elles ne sont plus productives. Malgré leur grande faiblesse, ces gens sont tout de même obligés d'aller travailler, car c'est le seul moyen pour avoir de quoi manger un peu. Lorsqu'ils ne peuvent pas manger à leur faim, le travail ralentit considérablement, mais les Khmers rouges n'acceptent pas ce ralentissement. Ils les bousculent et souvent ils donnent ce pouvoir aux enfants sauvages rouges pour faire cela. Ils les jettent par terre, leur donnent des coups de pieds... Les enfants khmers rouges sont rois et dominent le peuple des « Paresseux ». Ils seront un jour les pires Khmers rouges, je crois. Ils peuvent tuer qui ils veulent, quand ça leur dit.

Lorsque je travaille avec les grands dans le champ, je vois parfois certaines personnes tomber dans la boue sans pouvoir se relever seules et personne n'ose les aider, car notre propre vie serait menacée. Alors, souvent, lorsqu'une personne tombe, elle peut mourir étouffée par la boue et les sangsues se chargent de l'envahir en entrant par les oreilles par exemple.

Nous sommes au camp de concentration par « excellence ». Un monde cruel incomparable. En plus de la cruauté des Khmers rouges, il reste aussi la famine qui devient menaçante pour tout le monde, sauf pour les Khmers rouges, bien sûr.

Les gens manquent de tout pour survivre chaque jour. Dame nature ne nous fournit plus de feuilles, d'insectes, de bêtes, etc. Par contre, il nous reste des sangsues que personne n'ose toucher. Même les vers de terre sont menacés.

Mon estomac devient insupportable par ce manque de nourriture. La sensation d'avoir faim et la douleur que cela provoque sont pires que la mort elle-même. J'ai mal dans tout mon être tellement j'ai faim, sensation très désagréable à vivre et à subir. Je crois que la mort ne fait pas aussi souffrir que de vivre la faim. Mon estomac me torture tant que je me roule par terre. Je hurle de douleur. Je suis au bout de mes limites actuellement. Je vois mon heure arriver quand soudain, mon Arc-en-ciel descend pour me prendre avec lui. Sébal me met sur elle et je m'imagine m'envoler avec elle. J'entends une douce voix éloignée qui m'appelle :

— Princesse, lève-toi ! Princesse, écoute ma voix, il faut que tu te lèves. Tu dois survivre !

— Je ne peux pas, j'ai trop mal.

— Princesse, c'est Gabu, il faut que tu vives ! Il faut que *TU VIVES* !

— Gabu, j'ai mal !

— Je suis là, ouvre ta bouche et bois cette eau !

— Je ne peux pas, laisse-moi partir, Gabu. C'est trop dur pour moi de vivre.

— Ouvre ta bouche, ma petite princesse ! J'ai besoin de toi. Tes amis ne peuvent pas vivre sans toi.

— Ah ! J'ai mal !

— Calme-toi, ma princesse, je suis là.

Gabu me nourrit comme si j'étais un bébé et je sens encore la douleur dans mon ventre. Je crie, mais Gabu est là, il me console et il me soulage.

Lorsque je reviens à moi-même, je vois que je ne suis plus dans le champ, comment me suis-je rendue chez moi ? Je ne me souviens pas.

J'ignore ce qui s'est passé. Tout ce que je sais c'est que je ne sens plus la douleur dans mon ventre lors de mon réveil. Je me lève et je marche dans le village en cherchant mon frère. Mes jambes sont vraiment faibles. Je continue à marcher quand tout à coup, je vois une dame. Je me dirige vers elle et à mon grand étonnement, je vois les vers flotter sur le dessus de son chaudron. Elle me regarde et me sourit. Ensuite, elle me présente ces vers et elle me demande de les manger. Pour un moment, j'hésite et je réfléchis... j'ai besoin de me nourrir pour survivre. Comme ils sont cuits, je les mange et je les trouve très bons ; mais je n'en reprends pas une deuxième fois.

Par la suite, je me rends au champ et je vois des enfants. Je vais les rejoindre. Ils attrapent les poissons. Je vais essayer d'en faire autant. Il faut que je sache comment attraper les poissons comme les Khmers rouges si je veux garder ma vie sauve jusqu'au jour où je reverrai ma mère. C'est toujours cette idée qui me tient en vie.

Je réussis plus ou moins bien qu'eux, mais...

Par contre, je suis bonne pour attraper les grenouilles. Lorsque je les ai et pour ne pas qu'elles se sauvent, je leur casse les jambes. J'entends un bruit de craquement qui me fait mal au cœur. Je me sens obligée de torturer ces bêtes innocentes ; je n'ai pas le choix, j'ai faim. Même des têtards, à peine nés, je les mange et les autres aussi. Les feuilles, c'est la même chose, à peine sont-elles poussées, qu'elles n'existent déjà plus. Les arbres ne voient jamais leurs bourgeons, mais seulement leurs branches : on se croirait en pleine saison de sécheresse. La nature ne pousse pas assez vite pour nourrir ou pour fournir les humains affamés que nous sommes. Tous les jours, les gens meurent de faim, de maladie ou par les soldats khmers rouges. À l'heure actuelle, dans ce village, il ne reste que trois ou quatre familles incluant la mienne.

Quand la faim devient insupportable, des gens cherchent des serpents dangereux, des rats, des tortues, des vers de toutes sortes, des reptiles de toutes sortes également, des feuilles, des fruits inconnus, etc. Il vaut mieux mourir par des fruits empoisonnés que de sentir la faim. Il faut souffrir de la faim pour savoir ce que c'est. La faim peut rendre une personne hors d'elle-même. Elle peut conduire une personne à tuer ou à voir les choses qui n'existent pas. Pour les affamés, les sangsues, c'est comme du poulet.

Un soir, en entrant dans notre cabane, je vois mon frère en train de faire cuire du serpent en cachette. Il me dit :

— Mange ça !

— Non, je n'ai pas faim.

— Mange immédiatement si tu ne veux pas mourir de faim.

Il crie tellement fort que je prends le serpent, en morceau, et je l'avale presque tout rond. Je ne veux pas savoir ce qu'il goûte. Je déteste les serpents !

Le lendemain, mon frère fait cuire des rats, là aussi, il faut que je les mange. Mon frère est vraiment bon pour attraper les poissons, les rats, les serpents ou d'autres choses pour nous nourrir. Nous n'avons pas le droit de faire cuire quoi que ce soit, mais nous l'avons fait en cachette. Si les Sauvages rouges nous surprennent, ils nous puniront. Combien de temps encore nous reste-t-il à vivre sur cette terre des Khmers rouges ? La mort domine la vie, mais l'instinct de survie est si fort que nous nous battons jusqu'à la dernière heure.

17

« Elle m'a trahie... »

Un jour, les Sauvages rouges me confient un troupeau de vaches à garder dans le champ. Je les emmène dans un endroit où il y a de l'eau. Elles peuvent se « laver ». Lorsque je m'approche de l'eau, je vois les sangsues si grosses que je n'ose pas descendre. J'ai vraiment peur. J'entends tout à coup une voix qui me dit : «Tu es peureuse. Les sangsues ne te mangeront pas. »

Je cherche d'où provient la voix, quand soudain, je vois un garçon, un peu plus vieux que moi. Il a probablement treize ans et moi, j'ai environ onze ou douze ans. Il descend d'un arbre et vient à ma rencontre. Il se moque de moi. Je ne dis rien, car je ne le connais pas, mais je me demande pourquoi il m'insulte ainsi gratuitement.

Je veux lui prouver que je suis brave, moi aussi. Il est vrai que je réponds facilement au défi. Il suffit que quelqu'un me dise que je suis incapable de faire telle chose pour que je relève le défi jusqu'à ce que je gagne. C'est un bon truc pour donner du pouvoir à l'autre.

Je descends dans l'eau. Tout mon corps tremble quand je vois les sangsues. Elles sont plus grosses que mon orteil et plus longues que ma main. Elles sont nombreuses, je me vois avalée par elles, mais je *DOIS* vaincre ma peur. Je mets mes pieds dans l'eau et aussitôt, je me sens envahie par les sangsues en quelques secondes. J'ai besoin d'aide :

— Gabu, Arc-en-ciel, Piano magique, restez avec moi !

— Nous sommes là, ma princesse.

Mon Arc-en-ciel transforme ces sangsues en petits insectes de couleur verte. Ma peur devient moins intense et je peux rester dans l'eau pour vaincre ma peur. Suis-je vraiment capable ou suis-je vaincue par ma peur ?...

En voyant que je suis capable de rester dans l'eau pendant un moment, ce même garçon cherche d'autres moyens pour me faire fâcher. Chose surprenante, il me dit :

— Tu es l'enfant du bois. Tu es sortie du bois, car tes parents sont mangés par les chiens et ils te laissent seule avec tes grands-parents.

— Comment sais-tu que je n'ai pas de parents ?

— Mon père est le chef de ce village et il sait tout.

— Je comprends que tu es le fils du chef et tu te permets de faire fâcher tout le monde, c'est ça ? Je vais te dire une chose : désormais, je ne veux plus t'entendre parler de mes parents et surtout de ma mère. As-tu compris ?

— Tu ne me fais pas peur. Tu es plus petite que moi. De toute façon, si tu oses me toucher, je le dis à mon père et lui, il te tuera.

— Je n'ai pas peur de ton père, si tu veux savoir.

Ce garçon continue de parler de ma mère, car je viens de lui donner ce pouvoir en le lui interdisant. Je veux tout de même l'avertir :

— Si tu n'arrêtes pas de parler d'elle, je te tue !

— Ha, ha ! Tu oserais me tuer ?

— Je te le répète : si tu n'arrêtes pas, je te tue et je suis très sérieuse.

Je répète trois fois et je passe à l'action. Je lui fais vraiment mal. Il saigne beaucoup. Il part en pleurant et dit :

« Je vais le dire à mon père et il te tuera. »

À mon retour à la « maison », je n'ose pas dire à mon frère ou à personne d'autre que je me suis battue avec le garçon du chef. Je garde tout en moi. De toute façon, personne de ma famille ne m'écoute ni ne croit ce que je dis. Elle me croit toujours aussi bornée, et incapable de penser et de comprendre des choses.

Sur le coup, je ne tiens pas compte de ce qu'a dit le garçon au sujet de son père. C'est vrai qu'il a le « pouvoir » de me tuer, mais je m'en fous, car je ne puis entendre parler en mal de ma mère. Elle est sacrée pour moi. Je l'aime plus qu'un dieu... même si je ne sais pas ce qu'est un dieu.

Une fois le garçon parti, je vais rejoindre les autres enfants. Ils se baignent et ils ont l'air de bien s'amuser. Je saute dans l'eau moi aussi. Je viens d'oublier les sangsues et la chicane. J'ai vaincu ma peur, je crois. Je nage avec les autres et je m'amuse avec eux. Je ris et cela me fait du bien. Soudain, je sens quelque chose qui me pique au fond de mon pantalon, je sors de l'eau et je baisse mon pantalon, je vois une grosse sangsue sur mon « secret », je hurle. Y a-t-il des sangsues à l'intérieur de mon corps ? Les autres viennent me trouver et ils en ont sur leur corps aussi. Tous les enfants se déshabillent et certains pleurent comme moi. Je laisse les bœufs seuls dans le champ, je cours au village en pleurant. Je pense que je vais mourir. J'imagine les sangsues qui font plein de petits bébés dans mon ventre et ils mangent tout ce que j'ai dans mon organisme. Plus j'y pense, plus je crie. Je pleure encore plus fort lorsque j'entre au village quand soudain, une vieille dame m'arrête :

— Pourquoi pleures-tu comme ça ?

— Les sangsues vont faire des bébés dans mon ventre et je vais mourir. Je ne veux pas mourir, je veux revoir ma mère.

— Arrête de pleurer ! Je ne comprends pas ce que tu dis.

— Je ne peux pas, j'ai trop peur.

— Raconte-moi ce qui s'est passé.

Je lui raconte tout. Elle me dit :

— Tu ne dois jamais te baigner dans l'eau sale, car des sangsues peuvent entrer dans tes oreilles et en plus dans ton « secret », comme tu dis.

Elle me console et elle m'assure qu'il n'y a pas de danger que je meure.

Ce qui est surprenant au sujet des sangsues, c'est que même si elles me font très peur, elles sont « bienfaisantes » pour les blessures de mes jambes. Elles les guérissent en buvant le mauvais sang. Après une semaine, je constate une différence sur mes jambes : je n'ai plus de douleur et les plaies se ferment rapidement.

———

Il y a de cela quelques semaines que je me suis chicanée avec le garçon du chef, mais j'ai tout à coup eu peur que son père s'en prenne à moi un jour ou l'autre. Lorsque j'ai peur, j'ai mal dans mon être au plus profond. J'ai besoin de me confier, mais je ne sais pas à qui parler, mon frère ne me parle que très rarement. Lorsqu'il m'adresse la parole, il crie. C'est son langage avec moi comme si je ne méritais pas que quelqu'un me parle en douceur, du moins pour une fois. Je ne peux jamais compter sur mon frère pour avoir un peu d'affection. Il est froid et distant, mais je l'admire quand même : il est grand, il excelle en tout, il se débrouille tellement bien pour survivre et pour faire vivre également les autres personnes dans ma famille.

Un soir, je m'assois dehors en regardant les étoiles et je m'imagine voir ma mère dans le ciel. Une nuit si calme, peut-être trop calme pour moi... Je regarde les étoiles et j'espère voir ma mère danser avec elles. J'ai les larmes aux yeux lorsque je pense à elle. Comme il est difficile de vivre sans une mère quand on est encore enfant ! Je n'ose pas pleurer trop fort de peur de réveiller mon frère qui dort à côté de moi. Je parle avec mes amis et je réussis à m'endormir finalement.

Soudain, j'entends quelqu'un parler. Avec étonnement, je vois des hommes. Je n'ai pas le temps de vraiment me réveiller et de réaliser ce qui se passe, que des hommes khmers rouges me saisissent. Ils m'enlèvent de force. Je ne comprends rien, ni ma famille d'ailleurs. Je regarde mon frère et il a l'air impuissant. Il reste muet pendant qu'il regarde la scène qui se déroule devant lui, comme au cinéma. Je regarde mon frère comme si c'était la dernière fois que je le voyais. Des Sauvages rouges me poussent comme si j'étais une criminelle dangereuse et ils me disent :

— Viens avec nous, toi !

— Non, laisse-moi tranquille !

— Tu viens avec nous immédiatement !

— Qu'est-ce que j'ai fait ?

— Ne pose pas de question. Tu viens et c'est tout.

Je ne reste plus tranquille. Je panique. Je me souviens qu'à chaque fois qu'une personne part avec ces soldats, elle ne revient plus. Moi, je n'ai pas envie de mourir par ces soldats sadiques, je veux revoir ma mère : « Au secours, maman ! » Je suis seule avec ces hommes malhonnêtes et cruels.

Voyant que je suis résistante, ces Sauvages rouges me bousculent et m'entraînent hors de ma cabane. Ils me poussent pour que je marche plus vite. Je viens de saisir la gravité de mon cas et je tremble de tout mon être.

Gabu me parle :

—Princesse, n'aie pas peur, je suis avec toi. Sébal, les nuages et Arc-en-ciel et ton piano magique sont tous ici avec toi. Nous te protégerons.

— Ma mère, est-elle là ?

—Oui, princesse.

—Gabu, j'ai peur.

— Je suis là, princesse. Tu dois surtout rester calme.

—C'est facile à dire. Ce n'est pas toi qui te fais arrêter.

— Je suis là, moi, ma petite princesse.

Avec tous mes amis, j'ai tout à coup moins peur de ce qui peut m'arriver. Je me sens soudain invincible, et je pense que jamais je ne mourrai. À ce moment précis, j'ai besoin de sentir la présence de ma mère et je veux croire qu'elle est avec moi. Gabu m'a promis qu'elle est vivante.

Je parle avec Gabu et mon Arc-en-ciel m'éclaire avec ses couleurs. Je me perds en lui. Je me laisse flotter dans ces merveilleuses couleurs qui réjouissent mes yeux et mon cœur. Pendant ce temps, je garde le silence. Soudainement, je me sens en confiance, Je vis dans un monde magique où rien ne peut m'arriver. Je suis en train de m'envoler avec Sébal quand tout à coup j'entends : « Dépose-la ici. Je vais l'enterrer vivante. »

On me fait avancer et j'avance lentement en toute confiance. Je garde toujours le silence. Le chef me regarde et dit :

— Tu n'as pas l'air d'avoir peur de moi ni de mourir. Tu vas tout de même mourir ce soir.

— Pourquoi vais-je mourir ?

— Tu as frappé mon fils et en plus, tu as dit à Bia que les Khmers rouges sont des fous.

— Je ne me souviens pas d'avoir dit cela.

— Tu oses me contredire ?

— Non, monsieur. Je te dis la vérité, je n'ai jamais dit ce genre de chose.

— D'accord, je te crois, mais je veux savoir pourquoi tu as frappé mon fils ?

— Il m'a provoqué. Je lui interdisais de parler de ma mère et il continuait de me défier. Alors, je l'ai frappé ; lui aussi, il m'a frappée très fort et en plus, il est plus grand que moi.

— Je ne veux plus que tu touches à mon fils !

— Qu'il ne vienne pas me provoquer encore en parlant de ma mère. Elle est sacrée pour moi.

— Tu as de la chance d'être une enfant. Si tu étais une adulte, je te tuerais immédiatement.

Je le regarde avec mépris et ne lui dis pas merci de m'avoir laisser la vie. Je le déteste de m'avoir dérangée dans la nuit et de m'avoir fait si peur à cause de son fils ridicule et de Bia. Cette dernière était ma meilleure amie à ce moment-là. Je n'ai jamais pensé qu'elle pouvait me trahir ainsi. Depuis ce jour, je n'ai plus voulu lui adresser la parole. Je n'ai plus jamais voulu faire confiance à quiconque.

Des soldats me ramènent chez moi. En arrivant, je vais chercher mon Pigi, mon poussin, et je le serre contre moi. Mon frère en me voyant, me demande : « Qu'est-ce qui s'est passé ? Pourquoi toi ?... alors que personne ne revient une fois parti ? »

Je ne lui réponds pas, je garde le silence. Alors, il ajoute : « Je sais pourquoi tu es partie, tu parles toujours trop sans réfléchir et des Khmers rouges t'accusent pour ça ». Il a raison, mais je me contente de serrer mon poussin et je vais me coucher. Mon Arc-en-ciel me berce dans ses couleurs. Mes amis sont là pour moi. Je savais que je n'allais pas mourir.

Depuis le moment où des soldats sont venus me chercher dans la nuit, cette nuit tragique a une conséquence grave dans mon monde psychologique. Je ne supporte plus la noirceur, cette dernière était déjà mon ennemie auparavant. Je revis continuellement la terreur de cette *NUIT*. Chaque fois que je vais me coucher, j'ai *TOUJOURS PEUR* que des soldats viennent me chercher encore. Je dois me perdre *CONSTAMMENT* dans mon royaume imaginaire pour survivre et pour ne plus sentir ma vie *INTÉRIEURE. CELLE-CI EST COMPARABLE AU MONSTRE QUI ME POURSUIT PARTOUT ET JE SUIS TERRIFIÉE !* Le pire dans tout cela, c'est que je suis *SEULE* avec ma peur, sans un adulte avec qui la partager.

Depuis cette nuit tragique où on m'accusait faussement, je comprends que désormais, je ne supporte plus que quelqu'un m'accuse pour un crime que je n'ai pas commis. Je ne peux plus me taire. Je me sens obligée de me défendre jusqu'à la mort s'il le faut et ça, avec n'importe qui, quand je sais que je n'ai pas tort. Lorsque ça m'arrive, je deviens hors de moi.

Je suis blessée par Bia qui m'a dénoncée faussement car cela aurait pu me mener jusqu'à la mort si j'avais été adulte. Jamais je ne lui pardonnerai. Effectivement, Bia tombe malade gravement un peu après et elle me supplie de lui tendre la main, mais mon cœur est endurci ; je la laisse mourir seule dans sa solitude extrême et sans jamais sentir la douleur de la perdre. Je saisis, à ce moment-là, que ma vie est insignifiante dans le monde où je vis actuellement. Mon cœur, mon esprit et tout mon être se développent à une vitesse folle dans la haine. Celle-ci devient ma « meilleure amie » pour détester tout ce qui est *HUMAIN*. J'en suis rendue là...

18

« Non ! Mon Pigi adoré... »

Tout ce qui nous appartient appartient aux Khmers rouges. Tout se fait ensemble : le travail, le repas, etc. Or, un beau matin, très tôt, je vois arriver, chez nous, des soldats. Ils ont avec eux quelques poulets et ils les remettent à mes grands-parents en leur disant :

— Multipliez-les.

— Bien, messieurs, répond grand-mère avec un grand sourire aux lèvres qui ne signifie pas grand-chose.

Ce n'est pas logique, pourquoi des Khmers rouges nous confient les poulets, alors que nous devons tout leur donner ? Même notre vie ne nous appartient pas. Je ne comprends pas.

Les poulets grandissent à l'air libre mais le soir, nous les rassemblons à la maison.

Un beau matin, je vois plusieurs œufs. Comme c'est tentant de les manger ! Nous n'en avons pas le droit. La vie continue et un jour ces œufs nous donnent des beaux poussins. Or, il y en a un que j'aime particulièrement. Il est plus petit et plus faible que les autres. Je le choisis et je lui donne le nom de Pigi. Il devient mon meilleur ami. Je cherche des aliments pour le nourrir et pour moi aussi.

Il devient plus fort et il se débrouille seul maintenant. Je suis très fière de lui. Le soir quand j'arrive de travailler, je le cherche et je lui fais des bises. Comme d'habitude, je le laisse boire ma salive et chaque fois, je sens dans son bec le « caca », mais je l'aime trop pour l'empêcher de boire dans ma bouche. Il me suit partout, sauf au travail ; je le protège contre les autres. Je me sens comme responsable de lui. Il est dépendant de moi, car je lui ai créé ainsi ce besoin depuis sa naissance.

Mon Pigi grandit comme les autres et il est si beau. Il est jaune, brun et blanc.

Lorsque nous avons faim et que nous possédons des poules, c'est vraiment tentant d'en manger. Or, un soir assez tard, mon oncle Doua décide d'en tuer une en cachette, mais pas mon Pigi, ça *JAMAIS*. Il coupe la tête d'une poule et, surprise, la poule part vite en courant, mais sans tête. Que c'est drôle ! Elle court plus vite que Doua et mon frère Sauva. Ils sont tous les deux à la recherche d'une poule sans tête. Toute la famille vit dans le stress au maximum : si les Sauvages rouges apprennent que nous volons une de leurs poules, ils nous tuent.

Les deux hommes reviennent quelques minutes plus tard avec la poule étêtée. Nous sommes soulagés. Grand-mère la fait cuire immédiatement. Nous mangeons à la noirceur et tout de suite, il faut enterrer les os très profondément pour éviter de nous faire prendre par les Sauvages rouges.

Nous avons de la chance d'avoir de quoi manger un peu. Cela nous donne un peu de force pour continuer à survivre. J'admire ma grand-mère même si je ne l'aime pas, elle nous fait cuire parfois quelque chose pour nous permettre d'aller travailler et de rester vivants. C'est un risque énorme de « cuisiner » en cachette. Je dois beaucoup à ma grand-mère.

Une chose qui ne me semble pas logique, c'est que les Sauvages rouges unissent des hommes et des femmes en mariage à leur façon, mais ils ne permettent pas à ces gens de demeurer ensemble. Ils ne veulent pas que les « paresseux » que nous sommes aient de descendance, mais alors pourquoi leur permettent-ils de se marier ?

La loi des Khmers rouges sur la sexualité est très stricte. Elle interdit de s'aimer en cachette. Certaines personnes le font quand même, c'est peut-être plus fort qu'eux. Les conséquences sont graves : ils sont torturés, même mutilés avec des couteaux. C'est plus grave si les gens font l'amour avant le mariage. Ce n'est même pas permis aux jeunes hommes et aux jeunes femmes de se regarder. Je me demande pourquoi les gens tiennent à se marier, alors que nous mourons de faim. Peut-être qu'à ce moment-là, je ne ressens pas les mêmes besoins que les grands, mais tout de même...

La loi nous oblige à assister tous les jours durant toute une soirée à des réunions ennuyantes et ridicules. Nous avons une journée dans le corps et les Sauvages rouges ne sont pas prêts à nous laisser tranquilles. Nous n'avons pas de quoi manger à notre faim, nous manquons de sommeil et en plus nous sommes *OBLIGÉS DE NOUS ASSEOIR PAR TERRE POUR ÉCOUTER DES HOMMES PARLER*. Et si nous n'assistons pas à toutes les réunions, ils nous tuent pour le non-respect de leurs lois ridicules. Nous nous asseyons tout le temps sur une même ligne. Les Sauvages rouges savent trop bien qu'ils parlent dans le vide et c'est pour cette raison que des soldats nous surveillent pour que nous restions éveillés. S'ils en surprennent quelques-uns endormis, ils les réveillent brusquement avec un bâton et parfois, ils les forcent à les suivre. Une fois partis, jamais nous ne reverrons ces personnes. Alors, nous devons faire semblant de les écouter sinon, nous subirons le même sort. Il en est ainsi tous les soirs.

Un soir au retour de cette ridicule réunion, deux soldats sauvages arrivent chez nous. Ils prennent toutes les poules ainsi que mon Pigi adoré. Je pleure de rage, je me vois séparée encore de « quelqu'un » que j'aime. Je ne supporte pas :

— Gabu, emmène mon Pigi avec toi dans mon royaume. Je ne veux pas qu'il meure.

— Oui, ma princesse.

— Montre-moi que mon Pigi est avec toi, Gabu !

Je vois soudain mon Pigi qui s'envole avec Gabu et tous mes amis. Je me sens soulagée et je sais qu'il ne mourra pas dans mon royaume.

19

Sans pitié

Du jour au lendemain, quelque chose se produit d'une façon mystérieuse. Des Khmers rouges se montrent tout à coup très gentils avec nous en nous donnant du riz, de la viande pour les deux repas et en plus ils parlent avec nous. Ils nous permettent de dormir plus longuement le matin et nous nous couchons plus tôt également. Nos repos sont plus fréquents. Tout cela pendant plusieurs semaines. Que se passe-t-il ? Pourquoi ce changement aussi radical ?

Quelques jours plus tard, je vois arriver d'autres sortes de Khmers rouges que je nomme « Sauvages tueurs » ; ils arrivent à notre village et ils semblent très malins. Ils ont tous des fusils sur les épaules. Ils se dirigent d'une manière décidée vers les maisons des chefs de ce village.

Une heure plus tard, dans mon grand étonnement, les familles sortent sans bagages. Les uns pleurent et les autres s'écrasent par terre avec découragement ou désespoir. Personne ne semble comprendre ce qui se passe. Soudain, le garçon, avec qui je me chicanais dans le champ, court très vite à travers le village et des soldats sont à sa poursuite. Plus tard, ces soldats reviennent sans le garçon.

Les Sauvages tueurs emmènent toutes ces familles hors du village. Nous regardons s'éloigner ces familles de chefs comme si c'était un spectacle. Les pleurs de ces gens me rendent si triste, car ils expriment leur détresse : ils savent très bien qu'ils seront tous tués.

Je ne comprends pas pour quelle raison les Khmers rouges se tuent entre eux et seulement les chefs.

Nous qui venons de Phnom-Penh, nous nous préparons au pire. Si ces Sauvages tueurs osent tuer leurs semblables, ils ne nous épargneront pas. Mon frère et toute ma famille ne se doutent pas que les choses vont changer radicalement désormais.

Le peuple tout entier reste saisi par cet événement. Soudain, le garçon du chef refait son apparition. Il pleure à chaudes larmes et dit : « Ces hommes vont tuer toute ma famille, il faut les arrêter. Je me suis sauvé parce que je ne veux pas mourir. Maintenant, je n'ai plus personne. »

J'ai pitié de ce garçon, mais mon cœur est fermé à tout jamais à lui. J'ai encore dans le cœur ce qu'il m'avait fait. Il comprendra ce que c'est de vivre sans ses parents. Je ne me permettrais pas de lui adresser la parole même s'il me parlait. On dirait que lorsque je déteste une personne, je la déteste pour toujours. Je trouve grave d'être aussi rancunière. Je me sens tellement trahie par la vie et les humains que mon cœur reste pour « toujours endurci » face à quiconque me fait du mal.

152

Finalement, une famille khmère rouge prend ce garçon chez elle. Il est orphelin maintenant, je me sens touchée par sa situation. Je comprends sa détresse de se séparer de ses parents. Comme c'est douloureux de perdre quelqu'un qu'on aime !

À cause de cet événement, nous ne travaillons pas de toute la journée. Le soir, le silence est si angoissant. Soudain, nous entendons les Sauvages tueurs arriver au village. Ils sont de retour. Que nous arrivera-t-il ?

Dès que le jour se lève, nous sommes tous bousculés pour aller travailler. Nous continuons de couper les arbres que nous abandonnions à cause des serpents. Maintenant, la terreur revient. Cette fois, c'est sans pitié. Nous marchons à notre travail dans un silence quasi horrifiant. Nous savons que nous serons désormais maltraités encore pire que nous l'étions auparavant. Or, la journée avance et nous ne pouvons pas nous arrêter pour le dîner. Un peu d'eau et c'est tout. La fatigue surprend tout le monde. Nous coupons moins d'arbres. Nous sommes trop fatigués et trop affamés.

Nous travaillons sans arrêt et cela jusqu'au soir. Nous avons un peu de repos, mais pas de repas.

De plus, les gens mordus par des serpents sont laissés à eux-mêmes. Aucun secours !

La nuit tombe, ces tueurs nous bousculent comme des chiens pour que nous allions travailler encore. C'est tellement difficile de demeurer calmes quand nous sommes effrayés par des serpents. Nous n'avons pour tout éclairage qu'une « chandelle » pour tout le monde et nous sommes dispersés sur tout le terrain. Nous ne voyons pas assez clair. Nous risquons de nous couper avec les haches, les couteaux, etc. Moi, j'ai peur des serpents lorsque je ne vois rien et je suis très angoissée quand il fait noir. Le vent frais me rend davantage anxieuse. Ces Khmers rouges crient tout le temps :

— Travaillez plus vite, plus vite !

— Je ne vois rien, imbécile.

Je dis cela tout bas de peur qu'ils m'entendent.

Je demande à mon Arc-en-ciel de m'éclairer et je demande à mon piano magique de faire disparaître les serpents. Cela m'aide à rester « calme ».

Je commence à être très fatiguée et personne n'a le droit de s'arrêter. J'ai faim et j'ai soif. En plus je m'endors, mais je n'oserais jamais dormir par terre, j'ai trop peur des serpents. Je suis tellement mal. Mon estomac me torture encore une fois. Je deviens hors de moi. Je tremble tellement quand j'ai faim. Il faut que je trouve de quoi manger, car je ne veux pas mourir avant d'avoir revu ma mère. Mais il n'existe rien pour que je puisse vraiment me procurer de quoi manger. Je hurle parce que mon ventre me fait mal. La dame à côté de moi me fait taire. Je joue avec mon Arc-en-ciel et je cherche Gabu :

— Gabu, viens me chercher ! Je ne peux plus rester ici. J'ai mal au ventre, j'ai trop faim et en plus j'ai peur.

— Ne pleure pas, ma princesse, je suis là !

— Gabu, il faut que tu me conduises dans mon royaume.

— Oui, ma princesse !

154

Je monte sur Gabu et il vole très vite. Mon Arc-en-ciel est là pour éclairer la route. Lorsque Gabu vole près de mes nuages, je vois de l'eau :

— Va plus vite, Gabu ! Il y a de l'eau là-bas.

— Ce n'est pas de l'eau, princesse, ce sont tes nuages et plus loin, ce sont tes fleurs magiques. Elles se promènent toutes seules.

— Gabu, je veux manger de la soupe aux nouilles. Beaucoup d'eau et beaucoup de poulet.

— Tu peux tout obtenir, ma princesse, dans ton royaume.

Je regarde Gabu qui me fait des nouilles. Je vois tout à coup beaucoup de fruits, d'eau, de bonbons...

Lorsque j'arrive dans mon royaume, je mange tout ce que je veux et sans regarder personne. Pendant que je mange, j'entends un coup de fusil et je sursaute. Je reviens à moi et là, j'entends que les Tueurs rouges disent : « Si vous dormez, je vais tous vous tuer. Il faut travailler. »

Soudain, j'aperçois une dame par terre, tout endormie. Je me dépêche de la réveiller. Elle ne bouge pas. Est-elle morte ? J'entends des pas qui viennent dans ma direction. J'ai peur. La dame ne se réveille pas. Je prends de la terre et j'en mets sur ses yeux, le soldat khmer rouge me surprend et dit :

— Dort-elle ?

— Non, monsieur, j'ai jeté de la terre sur ses yeux sans faire exprès et elle ne peut plus voir.

— Laisse-moi voir !

— Non, monsieur, elle a mal, il faut que je l'aide.

Il ne me croit pas, il prend la femme. Celle-ci ne bouge toujours pas. Je pleure en silence : « Pourquoi, pourquoi ? »

Je me sens si seule. Je suis angoissée et je m'ennuie de ma mère. De temps en temps, je regarde les étoiles. Je suis au milieu du champ et je peux toutes les voir. J'aurais aimé voir ma mère et la serrer très fort contre moi. Je me demande où elle est maintenant. J'ai toujours l'espoir de la revoir un jour. Mes larmes ne peuvent résister quand je pense à elle. Je l'adore. Les étoiles me rappellent sans cesse sa présence auprès de moi.

Je me rends compte que les gens dorment quand même sous les menaces des Khmers rouges. Ils dorment un peu partout et une chance qu'il fait noir, car les Khmers rouges ne voient pas tout ce qui se passe. Ces Tueurs se remplacent pour nous surveiller et je crois que certains sont gentils. Ils savent que les gens ne peuvent résister à une telle torture.

Le jour va bientôt se lever et nous travaillons encore. Lorsqu'il fait clair, ces Sauvages nous réunissent et ils nous envoient ailleurs pour un autre genre de travail. Maintenant, nous devons ramasser du riz et le battre pour le transformer en grains blancs. Je vois pour la première fois tant de riz ; pourquoi ne mangeons-nous pas à notre faim ?

Ce jour-là, je travaille auprès de quelques grands et soudain, je les entends parler au sujet de ce riz. Si nous travaillons si fort pour planter du riz, du maïs, etc., c'est dans le but d'échanger des fusils avec la Chine communiste. Or, des Khmers rouges nous torturent en nous privant de nourriture, en nous forçant au travail, en nous faisant manquer de sommeil, de repos... dans un but unique : avoir des fusils pour tuer. Je n'en crois pas mes oreilles. Sont-ils des humains pour faire une chose pareille ? Nous versons notre sang et certains perdent leur vie pour que ces Sauvages puissent avoir des outils pour tuer. Je répète tout cela dans ma tête en ne comprenant pas pourquoi un humain peut torturer un autre humain gratuitement, pour une raison aussi banale.

Je ne veux pas croire que la Chine puisse fournir des fusils aux Sauvages pour tuer notre peuple. La plupart des gens de Phnom-Penh sont de sang chinois. Je suis de cette race, de ce sang qui vend les fusils en échange du riz, du maïs... Quelle honte ! Quelle trahison ! C'est presque impensable. La Chine est-elle à ce point pauvre ?

La misère de mon peuple est effroyable : les gens ont faim, sont faibles et au moindre mouvement brusque tombent. La chaleur du soleil est si intense qu'elle peut nous tuer également. L'eau est rare et nous avons passé la nuit à travailler. Jusqu'à maintenant, nous n'avons encore rien à manger. Certaines personnes font une sorte d'hallucination. Elles sautent sur les gens en pensant que c'est de la nourriture. Le corps supporte difficilement la faim.

Plus la journée avance, plus les gens tombent comme des mouches et meurent comme ça. Moi, lorsque je vois tout ça, je panique. Je ne supporte pas de mourir ainsi ; je veux revoir ma mère. C'est toujours mon but. Je dois survivre pour elle. Ma mère est la *SOURCE MÊME* de mon *COURAGE*. J'entre dans mon royaume imaginaire pour me permettre de survivre à ce

moment si angoissant. J'observe les soldats qui nous surveillent constamment. Soudain, j'entends Gabu qui m'appelle :

— Princesse, viens et suis-moi, je t'amène avec moi !

— Où, Gabu ?

— Viens, ma princesse !

— Gabu, fais en sorte que ces soldats ne s'aperçoivent pas
de mon absence !

— Oui, ma princesse !

Je m'envole avec Gabu et tout à coup, je vois le champ,
alors, je dis :

— Gabu, je veux que tu me conduises au champ, je dois
boire de l'eau, je ne peux plus rester comme ça.

— Non, princesse, tu dois attendre, car l'eau est sale. Tu
peux mourir de cela.

— Non, je ne mourrai pas, car tu peux faire de la magie.
Alors, tu dois me conserver en vie pour ma mère.

— Non, ma princesse, ne fais pas ça !

— Gabu, il faut que tu m'aides.

— Oui, ma princesse, vite, suis-moi !

Je suis Gabu et je cours comme je peux, mais je tombe
souvent. Mes jambes supportent difficilement mon corps.
Elles sont trop faibles. J'aperçois tout à coup quelqu'un qui me
suit, j'ignore qui :

— Gabu, quelqu'un me poursuit. Qu'est-ce que je dois faire ?

— Cache-toi, princesse, dans l'herbe et ne bouge pas !

— Je ne peux pas, j'ai peur des serpents, ils sont partout.

— Ma princesse, je suis là, n'aie pas peur. Ferme tes yeux et
tu verras ton Arc-en-ciel qui est juste en dessous de toi.

Je fais comme Gabu me dit, je vois mon Arc-en-ciel et je m'assois dessus. Soudain, j'éprouve une sensation : quelqu'un me touche, non comme Gabu ni comme mon Arc-en-ciel. Je crie et j'ouvre les yeux : j'aperçois un garçon. Je veux le battre de m'avoir fait si peur, je pensais que c'était le soldat khmer rouge. Je cours, je tombe encore et encore. Je me relève aussitôt. Mon espoir de revoir un jour ma mère me rend forte et me pousse à trouver de quoi manger pour vivre.

Je me rends au champ avec mes amis et le garçon. Une fois rendue, je bois de l'eau du champ. La force est née de l'amour que j'ai pour ma mère, elle me permet de tenir debout malgré tout. Les sangsues me font moins peur maintenant. Je vois les petites écrevisses, je les attrape et je les mange tout cru. J'avale aussi des crabes et tout ce que je trouve sauf les sangsues.

Je cache un peu des écrevisses dans mon chandail. L'eau me rafraîchit et cela me fait du bien. La chaleur est intense. Je reviens en courant et en chemin, j'aperçois des cannes à sucre, j'en casse et j'en mange avec le garçon rencontré. Par la suite, j'enterre profondément les déchets. Le garçon et moi, nous nous dépêchons avant que des Khmers rouges apprennent notre absence.

Une dame nous voit de loin. Elle se lève pour aller parler avec le soldat pour le distraire et nous permettre de reprendre notre place. La dame vient me rejoindre. Sans elle, je n'aurais pas su comment faire pour revenir sans que le soldat me voie. J'ai de la chance. Elle m'a sauvé la vie. Je lui donne les écrevisses que j'ai en signe de ma reconnaissance. Elle se dépêche de manger et soudain, ce soldat se rend dans ma direction ; j'ai vraiment la trouille, je crois que mon heure est arrivée :

— Pourquoi ton chandail est mouillé ?

— J'ai chaud, monsieur.

— Tu mens, viens ici.

— Non, monsieur, je ne mens pas.

La dame me protège et elle dit :

— Monsieur, mon chandail aussi est mouillé, car j'ai très chaud.

— Je vous interdis d'aller au champ.

— Oui, monsieur.

Il me regarde longuement avant de retourner d'où il vient. Ma peur est grande à ce moment-ci.

Mes mains me font mal à force de battre le riz. De temps en temps, je mange du riz cru. J'avale au plus vite pour que personne ne me voie. Enfin, nous pouvons arrêter et on nous permet d'aller au village. Je suis très contente. Nous pourrons peut-être manger.

Je ne comprends pas pourquoi ces « tueurs rouges » nous poussent à marcher plus vite pour nous rendre au village. Nous sommes tellement fatigués et même si nous voulons aller plus vite, nos jambes refusent de nous obéir. Elles en ont assez. Lorsque nous sommes trop lents, ces Sauvages perdent patience ; ils nous bousculent et cela provoque la chute de certaines personnes. Celles-ci ne peuvent pas se relever, comme d'habitude.

Une fois au village, les Khmers nous disent : « Vous allez rester ici en rang. »

Je pensais que nous aurions eu droit de manger et d'aller nous coucher ensuite. Il me semble que nous méritions d'avoir une nuit de sommeil.

Plus tard, nous avons droit à de la soupe claire et à du gros sel noir dégueulasse. Ensuite, on nous annonce une nouvelle : « Vous allez partir d'ici dès cette nuit pour une autre mission très importante. »

Personne n'ose demander où nous allons dans la nuit. Le chef des Khmers rouges nous dirige en chemin. Il faut marcher encore même s'il fait noir ; je suis tellement angoissée que je dois rester près de Gabu. Je suis si fatiguée que je dors presque debout, mais je me tiens réveillée pour ne pas me perdre. J'ai peur de me trouver seule dans cette noirceur. Je ne sais même pas où nous allons. Tout cela n'est pas très rassurant. J'entre dans mon royaume imaginaire où mes nuages me transportent. Je me vois sur eux et j'ai l'impression de dormir dans les bras de Sébal pendant que les autres marchent. Mon Arc-en-ciel m'éclaire pour m'empêcher d'avoir peur.

Tout à coup, j'entends vaguement le chef nous dire : « Il faut arrêter ici et travailler cette nuit. »

Je reviens à moi et je ne vois que la noirceur. Le chef nous donne des outils pour travailler. Il dit : « Vous allez creuser des trous. » Mais pour faire quoi ?

Je creuse comme les autres et il y a beaucoup de pierres. Ensuite, il faut mettre la terre dans deux paniers qui seront placés à l'extrémité d'un bâton appuyé sur notre épaule. Je n'ai que la peau et les os ; lorsque je mets ce bâton sur mon épaule avec la charge de terre en plus, cela me fait terriblement mal et je souffre. Ce n'est pas fini, une fois que je réussis à mettre cette charge sur moi, il faut marcher au moins cinq minutes pour vider la terre. Il fait noir en plus. Tout le monde fait le même travail : creuser la terre avec des pioches, grattoirs, fourches, etc.

Le tas de terre devient haut comme une montagne, et je dois tout de même grimper au sommet ; je tombe car ma charge est trop lourde et la terre est molle. Peu de gens peuvent se rendre au sommet. Souvent, ils se font enterrer vivants. C'est un moyen parmi tant d'autres des Sauvages pour nous voir mourir, mais la vie est *PLUS FORTE QUE LA MORT ELLE-MÊME*. Certaines personnes survivent quand même dans cet *ENFER*. Des gens courageux, des bons, des forts... Mon frère et mon oncle travaillent comme des fous et ils tiennent bon malgré tout.

Tout le monde travaille jusqu'au lever du jour. Je constate que ce n'est qu'un désert, une terre à perte de vue. Cette constatation me rend malade. Le découragement me prend si fort. Tout à coup, je n'ai plus de force. J'ai tout donné !...

20

« Réveille-toi, mon enfant... »

Je voudrais, à ce moment précis, me perdre à tout jamais dans mon royaume imaginaire. Ma vie est trop dure. Même si mon espoir de revoir ma mère est fort, cela ne réussit même plus à me donner le courage que j'avais en moi jusqu'ici. Je l'ai « perdu », car je ne vois plus de porte de sortie et lorsque je ne sais plus comment m'en sortir, je le vis comme un échec total et cela se répercute dans tout mon être. Que signifie vraiment pour moi l'échec à ce moment-là ? Je l'ignore, mais c'est grave, voire tragique quand je le vis.

Je continue à creuser la terre comme tout le monde, mais, à un moment donné, je sens comme si mes forces se volatilisaient au fond de moi ; une douleur terrible qui coule dans toutes mes veines et cela provoque dans mon être une profonde souffrance quasi intolérable. À chacune de mes respirations, je la ressens et je la vis dans mes « tripes ».

Je n'aime pas me laisser abattre et je n'aime surtout pas perdre courage mais même avec toute ma bonne volonté de continuer de travailler, je n'arrive plus à vivre ainsi. L'heure est venue pour moi d'abandonner le combat, mais je tiens tout de même à faire mon dernier effort et je *VEUX VAINCRE, JE VEUX GAGNER MA COURSE* pour survivre dans l'espoir de revoir ma mère. *JE SUIS NÉE GAGNANTE ! JE NE DOIS JAMAIS ME LAISSER PERDRE ! CE SERAIT UNE HONTE !*

On dirait que tous mes efforts sont inutiles ; je m'incline peu à peu devant tant de souffrances à supporter. J'ai beau me *BATTRE*, mes forces diminuent à une vitesse folle. Je souffre dans le *SILENCE* ! C'est l'enfer de ma vie sur la terre !

Je me vois étendue soudainement par terre sans que je le veuille. Tranquillement, je sens mon corps flotter dans mes nuages et peu à peu, je ne ressens plus de douleur en moi. On dirait que je viens de cesser de souffrir. Mettrai-je fin à cet enfer ? Je me perds *COMPLÈTEMENT* ! Où suis-je ? Je ne sais pas, mais là où je suis, le « bien-être » s'installe.

Je m'immerge dans un sommeil profond... Et *JAMAIS*, je ne veux me réveiller. Suis-je encore sur cette terre ? J'espère que non !

Dans ce sommeil si profond, j'entends vaguement une douce voix familière résonner au fond de mon être :

— Réveille-toi, mon enfant ! Maman est là ! Viens ! Lève-toi, viens voir, maman !

— Maman, c'est vraiment, toi ?

— Oui, maman est là, mon enfant !

— J'ai besoin de toi, maman ! Tu me manques tellement. Reste avec moi, maman !

— Maman est là !

Brusquement, je n'entends plus la voix de ma mère et je vois un soldat khmer rouge qui me saisit avec force : « Je t'interdis de dormir, tu dois travailler comme les autres. » Je suis tellement déçue de perdre ma mère. Je suis déçue également parce que je croyais mettre fin à ma vie, à cette *VIE D'ENFER* qui me tourmente constamment... Je pleure en cachette. Je ne souffre pas seulement de la torture que les Khmers rouges nous font subir, mais aussi de la séparation de ma mère, celle que j'ai tant aimée et que j'aimerai *TOUJOURS*. Je suis convaincue que c'est elle qui me parlait dans mon sommeil. Pourquoi devait-elle disparaître ainsi ?

Je me baigne pendant un bon moment dans la détresse et curieusement, je ressens comme une *FORCE* étrangère en moi, qui m'anime et par conséquent, elle me pousse à me relever pour continuer à survivre. D'où vient-elle, cette force ? Son existence m'est inconnue.

Aussitôt, je commence à creuser la terre. Je m'encourage à travailler en imaginant la présence de ma mère à côté de moi. Elle me regarde travailler et je suis tellement « inondée » par sa présence que j'oublie mon fardeau. Lorsque je prends conscience que des gens travaillent autour de moi, mon ombre ne fait qu'une avec moi, cela veut dire qu'il est déjà midi. J'apprends cela des Khmers rouges. C'est l'heure de manger.

J'ai hâte de manger et à ma très grande surprise, aujourd'hui, le chef khmer nous donne du riz. Ensuite, nous avons droit à un peu de repos, mais pas très longtemps.

Lorsque la nuit tombe, nous continuons à travailler encore comme la nuit précédente. Nous ne voyons pas grand-chose ; nous piochons et avec les grattoirs nous dégageons la terre. Chaque fois que je frappe sur des roches avec les coups de pioche, une douleur insupportable se fait sentir en moi et j'ai l'impression que tous mes os se défont en morceaux tellement la douleur est intense. Je ne suis pas la seule à vivre ainsi. Les gens d'ici n'ont *QUE* la peau et les os ; la moindre frappe, c'est comme si quelqu'un nous donnait un coup de marteau sur la tête tellement ça fait mal.

Avec la privation de plusieurs jours de sommeil, les gens sont prêts à dormir dans la poussière et cela avec le risque de se faire mordre par des serpents. Désormais, la vie n'a aucun sens pour ces gens-là. Des personnes meurent comme *RIEN. VRAIMENT COMME RIEN ! QUELLE IMPORTANCE DE VIVRE DANS CE GENRE DE VIE REMPLIE DE TORTURES ET DE SOUFFRANCES ?*

Dans ce désert, nous n'avons pas d'eau pour nous laver, mais seulement pour boire et même là encore... Je ne me souviens pas m'être lavée une fois depuis que je suis ici. Il y a des semaines sinon des mois que nous sommes dans un espace désertique. En fait, la notion du temps n'existe pas pour moi, tous les jours sont pareils. Je travaille dans la terre et mes vête-ments deviennent de cette couleur. Mes cheveux sont remplis de poux. Je me gratte au sang tellement cela me pique. Nous nous lavons lorsqu'il pleut. Seule la pluie nous fournit l'eau pour boire et nous laver.

Nous pouvons manger davantage de grenouilles. Celles-ci sortent de leurs cachettes pour trouver leurs compagnes ou compagnons. Je les vois souvent en couple. C'est vraiment agréable de les attraper, car elles ne bougent pas quand elles s'accouplent. Je constate que ces petites bêtes ont plus de liberté de faire l'amour que les humains. Elles n'ont pas de loi pour leur interdire de faire ce que leur corps réclame. Par contre, elles sont victimes des affamés que nous sommes. J'apprends que dans ce monde si cruel, les plus forts remportent toujours...

Ce que je n'aime pas lorsqu'il pleut beaucoup, c'est que j'ai froid. Or, un soir, la pluie ne cesse de tomber et voyant que tout le monde tremble de froid, le chef nous permet d'arrêter et de faire du feu. Ce repos est accueilli comme un beau cadeau. Nous avons encore de la force pour attraper des grenouilles. Ensuite, nous les jetons dans le feu pour les faire cuire. Ces pauvres bêtes noires et vertes cherchent désespérément comment sortir du feu. J'ai de la peine de les voir souffrir tragiquement à ce point. Si j'étais à leur place, ma peur serait bien plus grande. À peine sont-elles cuites que nous les mangeons. C'est très bon même si j'ai de la peine à les manger ! Ça fait tellement du bien de pouvoir mettre quelque chose dans mon ventre.

Quelques jours plus tard, des Sauvages rouges nous ramènent à notre village sans que nous sachions pourquoi. Nous les suivons comme des chiens et cela sans aucun droit à des explications. Je suis contente de retourner au village, car au désert, c'est vraiment très dur à vivre. Par contre, des sangsues m'attendent dans les champs. Elles sont énormes et en les voyant, c'est comme si je voyais des serpents. Le pire, c'est qu'elles sont « invincibles ». Seul le feu peut les détruire et même là... *ELLES SONT « INTUABLES » !*

21

Jamais sans mon frère !

Nous sommes rentrés du désert, il y a de cela quelques jours, et mon frère est tombé gravement malade. Il est entre la vie et la mort. La fièvre est trop forte. Je me sens incapable de le voir mourir ainsi. Je pleure de crainte de le perdre. Je le vois souffrir, mais je n'ai pas l'impression qu'il est conscient de ce qui lui arrive. Il gémit comme les autres mourants. Comme c'est insupportable de vivre avec un être cher qui souffre ! Je suis impuissante sur la terre. Je suis toute-puissante dans mon royaume. Dans ce village, il n'existe pas de remède pour guérir Sauva. On me répète qu'il va bientôt mourir. Je ne peux tolérer cette idée. Dans mon for intérieur, mon frère n'abandonnera *JAMAIS* le combat : il est habitué à se *BATTRE*.

Quelques jours plus tard, un chef amène Sauva à l'extérieur du village en cachette, au risque de sa propre vie pour le sauver.

« Sauva reçoit des soins, ne vous inquiétez pas », nous dit ce chef. Il aime mon frère comme son fils, même si Sauva représente pour lui une menace à cause de son intelligence ; en effet, aucun Khmer rouge n'aime voir quelqu'un plus brillant que lui. Sauva a vraiment de la chance que quelqu'un l'aime à ce point ! À ma connaissance, personne ne se fait soigner lorsqu'il est malade, car la vie n'a pas d'importance dans le monde où je vis actuellement. S'en sortira-t-il ? Oui, je crois fermement que mon frère s'en sortira.

Chaque jour, j'attends avec impatience le retour de Sauva, moi qui déteste attendre. Il est parti depuis déjà quelques semaines. J'espère que le chef ne nous trahit pas en nous disant qu'il est parti pour se faire soigner.

Malgré mon inquiétude pour mon frère, je dois tout de même aller travailler comme les autres. Je sème des graines de riz tous les jours, ces temps-ci. Lorsque nous avons terminé de semer tous les champs, les premières semences ont eu le temps de grossir et sont même prêtes à être arrachées. Les terrains sont à perte de vue, c'est donc un long travail et c'est ce qui fait que les parcelles ne sont jamais prêtes en même temps. Une chance, sinon nous ne pourrions pas y arriver ; il nous faudrait des machines, mais les machines, c'est nous. Alors...

Les plantes que nous avions arrachées sont maintenant prêtes pour être repiquées dans la terre afin qu'elles deviennent des gerbes de riz. Je préfère travailler dans les champs plutôt qu'au désert, car il est plus facile de trouver de quoi manger : poissons, crabes, graines de riz tombées dans le champ, eau pour boire... Lorsque je plante du riz, j'utilise mon pouce pour piquer le sol. À la longue, mon pouce saigne et s'infecte. Cela me donne de la misère à cause de la douleur qui est encore plus intense lorsqu'il fait un peu froid le soir et le matin tôt. C'est une autre souffrance à supporter.

Lorsqu'il pleut beaucoup, l'eau monte très haut dans les champs et c'est très difficile de planter du riz. Premièrement, je ne vois pas ce que je fais à cause de l'eau ; ensuite, chaque fois que je pique la plante, je dois me pencher beaucoup et mon visage touche la surface de l'eau. Cela veut dire que des sangsues peuvent entrer dans mes oreilles sans que je le sache. J'ai peur également que des sangsues entrent dans mon « secret », par les trous de mon pantalon usé. Par contre, il y a un avantage quand l'eau est haute : je peux y faire mes besoins sans que personne ne s'en aperçoive. Je n'ai pas le droit d'arrêter pour satisfaire mes besoins naturels : je n'ai pas le choix, je dois être productive. Je pique toute la journée des plantes de riz avec la douleur au pouce, avec ma faim et surtout avec toute ma peur des sangsues et des autres bêtes féroces, étant donné la proximité du bois.

Le soir tombe, le soleil ne nous réchauffe plus et tout de suite, le froid me saisit, car je suis mouillée. Je n'ai pas de vêtements de rechange. Je continue à travailler pour me réchauffer. Mais à la longue, ce froid devient insupportable. Une sensation très désagréable m'envahit et de plus il fait noir ; tout cela me rend vraiment anxieuse. J'ai tellement hâte qu'on me permette d'arrêter ! Lorsqu'il fait noir, j'ai l'impression que les sangsues sont plus nombreuses sur mes jambes. Je passe souvent mon temps à enlever ces petites bêtes noires dégoûtantes. À peine ai-je réussi avec une jambe que l'autre devient presque noire tellement il y en a. Une chance, nous sommes plusieurs dans le champ, les sangsues ne se centrent pas sur la même personne. Elles se « partagent » en plusieurs pour « boire » le peu de sang qu'il nous reste.

Enfin, nous pouvons retourner au village. Une fois arrivés, le chef nous permet de laver la boue sur nos vêtements avec l'eau de pluie. Je commence à me laver et mon vêtement se déchire au moindre mouvement que je fais. Une chance que je sois encore jeune, mon corps n'est pas beaucoup développé. Si j'étais adulte, je devrais me cacher par pudeur. À la vue de mes vêtements déchirés, le chef me regarde avec pitié. Dès le lendemain, il me donne un ensemble noir. Il a l'air heureux de me voir habillée en noir, comme lui, et comme tous les Khmers rouges de ce village. Veut-il que je sois une « vraie Khmer rouge ? » Pour ma part, je suis très heureuse d'avoir des vêtements pour m'habiller. Je constate que, depuis quelque temps, les gens n'ont plus le droit de porter des vêtements d'une autre couleur que le noir. Tout le monde doit avoir la même tenue vestimentaire. Ce qui nous différencie des Khmers rouges, c'est notre couleur de peau : elle est plus blanche que celle des Sauvages.

Tous les matins, je me rends au travail avec le cœur bien lourd, car Sauva n'est pas encore rentré. Il est à l'extérieur du village. Où ? Je ne sais pas. Je garde tout de même confiance qu'il me reviendra.

Aujourd'hui, nous allons travailler aux champs beaucoup plus loin que d'habitude. C'est une route difficile pour marcher, car nous rencontrons des aiguilles de bambous qui tombent un peu partout sur le sol. Nous sommes tous pieds nus. Ces plantes à tige cylindrique ligneuse ont des hauteurs de trente mètres, sinon davantage. Cela nous procure de l'ombre, mais cela n'empêche pas les aiguilles de nous torturer. Les jeunes pousses nous servent de légumes par excellence. Dans le village, il n'y en a plus, car nous les avons tous mangés, voire rasés. Aucune jeune pousse « n'ose » sortir de la terre, elle est « terrifiée » par des humains affamés.

De peine et de misère, nous avons réussi à passer à travers ce sentier tortueux, mais avec quelques blessés. Certaines personnes ont des aiguilles enfoncées dans leurs pieds et il faut faire une petite opération à froid, avec des fourches à champ. J'aime mieux fermer les yeux, car les cris de douleur de ces gens me rendent malade. Je me bouche les oreilles. Ceux qui viennent d'être opérés, doivent tout de même travailler dans l'eau. Quelle douleur ! *COMME LA VIE N'A PAS DE SENS !*

Ce soir, nous retournons au village plus tôt à cause du chemin. Comme nous arrivons à proximité du village, le chef nous demande de passer par un autre chemin, moins fréquenté. Or, je me souviens tout à coup de cet endroit : c'est le lieu où tout le monde ou presque vient faire ses besoins. L'odeur est terriblement forte. Les mouches sont nombreuses. Nous ne pouvons pas marcher sans mettre les deux pieds dans la merde. C'est vraiment dégueulasse. Il faut se consoler, car c'est mieux de marcher dans la merde que de marcher sur les aiguilles. Par contre, cette route « merdeuse » nous donne de la difficulté, car le sol devient glissant. Malgré toutes les précautions, nous tombons ; nous sommes pris par l'odeur désagréable de nos vêtements et nous n'avons pas de rechange. Nous ne pouvons pas nous laver : pas d'eau à notre disposition... Voilà notre misère en plus de toutes les autres souffrances qui nous guettent sans cesse.

Malgré l'odeur de la merde, nous mangeons notre soupe claire. La faim est trop grande. Le souper à peine terminé, des Khmers rouges nous obligent encore à assister à leur réunion ridicule. Comme d'habitude, je n'écoute jamais, j'entre dans mon royaume imaginaire, mais ce soir, il se passe quelque chose : « Écoutez-moi, vous, les paresseux : dès ce soir, vous allez quitter notre village. »

Cette nouvelle me bouleverse vraiment. Qu'arrivera-t-il à mon frère ? Il n'est pas au village. Même si je n'aime pas mon frère autant que ma mère, je n'accepte pas de le laisser seul. Que vais-je faire si tout le monde est parti ? Vais-je rester seule ? Me tuera-t-on ? Malgré ma peur, je décide de rester pour mon frère et quoi qu'il m'arrive.

Je ne comprends pas pourquoi lorsque des Khmers rouges décident quelque chose, c'est toujours tout de suite et toujours le soir que nous devons partir. À notre retour à la maison, je constate avec révolte que mes grands-parents et mon oncle se préparent à partir en hâte sans se préoccuper de mon frère. Ils sont prêts à le laisser seul. Ont-ils un cœur ou un peu d'amour pour Sauva ?

Des Sauvages tueurs nous obligent à partir sur-le-champ en bousculant mes grands-parents et mon oncle. Mes proches traînent avec eux en disant :

— Nous devons partir immédiatement sinon, ils nous tueront.

— *JAMAIS SANS MON FRÈRE ! J'AI PERDU UNE MÈRE ET JE N'AI PAS L'INTENTION DE PERDRE UN AUTRE ÊTRE CHER.*

— Ne sois pas tête dure, tu dois venir immédiatement avant que je me fâche, me dit grand-mère.

— *NON !...*

Je fais une grosse crise. Mes grands-parents et mon oncle voient que je suis vraiment décidée, ils se sentent responsables de moi. Ils décident d'attendre Sauva avec moi. Les autres familles sont toutes parties et la nuit devient si calme tout à coup.

Mon frère arrive très tard dans la nuit. Je suis tellement heureuse. Il n'est pas tout à fait bien, mais il est capable de marcher un peu. En voyant cela, les chefs nous permettent de rester encore dans leur village. Nous sommes la seule famille venant de Phnom-Penh.

Quelques jours plus tard, Kaliap, la dame khmère rouge qui nous a beaucoup aidés au début à notre arrivée, nous dit : « Vous avez de la chance de rester avec nous encore ; les familles parties l'autre soir ont toutes péri dans le trou. »

Je ne comprends pas vraiment ce qu'elle veut dire par « ces familles sont mortes dans le trou ». Mais de quel trou s'agit-il ?

Ainsi donc, les Sauvages tueurs nous cachent la vérité ; ils voulaient tous nous tuer en nous faisant croire que nous déménagions. Quoi qu'il en soit, ma famille a de la chance de survivre encore. Je suis contente d'avoir été « tête dure » en refusant de partir sans mon frère. Mais si mon frère avait été avec nous et que nous soyons partis avec les autres, nous serions déjà morts à l'heure actuelle. Quelle chance !

Mais, nous ne sommes pas épargnés pour longtemps, les jours suivants, nous sommes vraiment obligés de partir. Certains Khmers rouges qui nous aiment bien ne peuvent rien faire pour empêcher notre départ *DÉFINITIF*. Ils pleurent... Ces pleurs ne sont pas très rassurants pour nous. Où allons-nous comme ça ? Allons-nous tous périr dans le trou, nous aussi ?

Dans ma tête d'enfant, je crois sincèrement que la mort ne m'atteindra *JAMAIS*. Quelle magie j'entretiens !

22

Des camions

Nous marchons vers la mort. Elle nous attend. Quel crime si grave avons-nous commis pour mériter cette mort ? C'est le sang des innocents qui se sacrifient pour payer la folie des hommes qui ont soif du pouvoir. Tuer les autres pour se sentir forts. Comment est-il possible que l'être humain soit capable de tuer ainsi ? *POURQUOI ?*

Nous marchons péniblement, non parce que notre force ne nous le permet plus, mais parce que chacun de nos pas nous amène là où nous ne voulons pas aller, du moins pas d'une manière aussi tragique : enterrés vivants.

En chemin, l'environnement me paraît effrayant car c'est trop silencieux. C'est un silence quasi meurtrier. Nous sommes la seule famille qui marche vers l'inconnu. Allons-nous réussir à nous en sortir ? Je me sens si effrayée tout à coup. Je marche proche de mon frère, mais ce dernier me repousse, il déteste que je le touche. Je pense qu'il ignore tout l'amour que j'éprouve pour lui.

Soudain, nous voyons quelques maisons ; nous nous dirigeons vers cet endroit en ne sachant pas ce qui nous attend.
Mes grands-parents sont très préoccupés.

Cette nuit, nous nous installons dans ce nouveau village.
Nous couchons par terre.

Le lendemain, nous préparons notre départ, car nous ne
pouvons pas demeurer ici. Des Khmers rouges ne veulent pas
de nous. Avant notre départ, mon frère me dit :

— Nos grands-parents et notre oncle ne viennent pas avec
nous.

— Pourquoi ?

— Je n'aime pas quand tu poses trop de questions. Grand-
mère a trouvé une femme pour notre oncle et cette femme a le
droit de garder nos grands-parents, mais pas nous deux.

Je suis tellement en colère contre mes grands-parents et
contre mon oncle de nous avoir abandonnés ainsi. Je
comprends maintenant pourquoi mes grands-parents
semblaient si préoccupés lors de notre arrivée dans ce village.
Je ne saisis pas bien à ce moment-là pourquoi les gens ont
besoin de se marier. Mon oncle se marie peut-être pour sauver
ses parents et lui-même. Ils savent trop bien que le danger nous
guette constamment.

Je ne réalise pas toujours tous les dangers qui m'attendent.
Je réalise la gravité des événements lorsque je vois le visage de
mon frère. J'apprends à observer ses signes extérieurs, car il ne
me permet pas de lui adresser la parole. Alors, je trouve un
autre moyen pour m'aider.

Mon frère et moi devons quitter de force le village immédiatement et nous ne savons pas où aller. Nous ne partons pas seuls, il y a d'autres personnes qui sont comme nous, exclus du village. Je me sens plus en sécurité de marcher avec d'autres, même si je n'aime pas être avec une foule de gens. S'il nous arrive quelque chose, il me semble que c'est moins lourd à porter.

Il faut encore marcher longtemps et nous arrivons à un moment donné, à un endroit où il n'y a ni arbre ni maison. Je vois l'immensité des champs de riz et un vaste terrain. Je suis surprise de constater autant de gens à cet endroit ; ces gens-là paraissent « libres », mais c'est une impression... Les Khmers rouges ne nous obligent plus à travailler. Les gens font ce qu'ils veulent. Je ne comprends pas encore tout ce qui se passe aujourd'hui. On nous a dit que nous allions tous mourir et tout ce que je vois, ce sont des gens heureux. Je désire cela, mais ça me paraît irréel. Les tortures des Khmers rouges, les travaux forcés, etc., tout cela semble terminé d'un coup sec. Du jour au lendemain, tout est changé. Je n'arrive pas à suivre. Le camp de concentration et l'esclavage sont-ils terminés vraiment ? Quelque chose ne tourne pas rond à mon avis : nous passons de la privation presque totale de nourriture à la surabondance ; du travail forcé, de la privation de sommeil, de repos, etc., à une « liberté totale » de faire ou de manger tout ce que nous voulons. Pour mieux comprendre mon inquiétude, j'observe mon frère et celui-ci ne semble pas enthousiasmé face à la situation actuelle. Je suis certaine qu'il comprend ce qui s'en vient, mais il ne me le dira pas.

Sans perdre de temps, mon frère va chercher du riz pour nos repas. Des Khmers rouges n'interdisent pas aux gens de manger le riz. Nous mangeons à notre faim. Nous dormons tant que nous voulons et nous ne travaillons pas. Quel contraste ! Quelle belle vie ! Je l'accepte volontiers.

Les gens construisent leurs propres cabanes et ils ont l'air heureux. Mon frère ne semble pas heureux, au contraire, par son regard, il a l'air plutôt anxieux.

Nous demeurons à cet endroit pendant quelques jours. Après deux jours, je commence à aimer cette manière de vivre, libre. J'ai de quoi manger quotidiennement et je ne suis pas obligée de travailler. Je mange du riz à « plein ventre » et également de la viande. Depuis quatre ans, je n'ai jamais mangé autant et je suis malade. Mon estomac n'est pas habitué à tant de nourriture. Cependant, je ne me plains pas car j'aime manger...

Les jours passent et nous continuons cette vie de « liberté ». Or, un beau matin, tous les chefs Khmers rouges nous réunissent. Ce rassemblement ne me plaît pas du tout, cela me fait trop penser au camp de concentration où j'étais toujours obligée d'assister à des réunions ennuyeuses et ridicules. Tout le monde est là et le chef prend la parole : « Aujourd'hui, je vais vous emmener à un endroit où vous ne manquerez jamais de nourriture. Vous n'avez pas besoin d'apporter avec vous des bagages. Là où vous serez, vous n'aurez besoin de rien. Vous serez heureux. C'est comme le ciel que vous trouverez. » Moi, naïve comme je suis, je crois tout ce que ce chef a dit et j'ai hâte de partir à cet endroit : « le ciel », comme il dit.

Je suis tout excitée. Mon frère, en me voyant aussi excitée, me dit :

— Tu ne comprends rien. Tu es bornée à ce point.

— Comprendre quoi ?

— Tu es trop jeune pour saisir.

— Si tu m'expliquais, je comprendrais peut-être ?

Il ne répond rien. Je ne peux pas comprendre ce qu'il ne dit pas, c'est simple pourtant. J'ignore la raison pour laquelle mon frère n'est pas content. Tout le monde semble si heureux, pourquoi pas lui ? Des Khmers rouges nous promettent une vie meilleure désormais et je crois qu'on ne peut pas demander plus. C'est ce que je crois et ce n'est pas le cas pour mon frère.

Un matin, nous sommes en train de manger, quand soudain, je vois arriver plusieurs camions. Je suis encore plus excitée. Je dis à mon frère : « Frère, je veux embarquer. »

Il me regarde avec ses yeux féroces. J'aurais aimé pouvoir lire dans ses pensées. Il ne parle pas et il s'attend à ce que je le comprenne ; ses yeux féroces me rendent malade.

Soudain, je vois les hommes, les femmes et les enfants se bousculer pour embarquer dans des camions. Je suis vraiment excitée ; je veux embarquer moi aussi, mais je n'ai jamais encore eu la chance de m'asseoir dans un camion aussi grand. Il me paraît bien agréable d'être parmi ces gens qui sont déjà embarqués.

Je regarde mon frère pour qu'il me donne le « O.K. », mais il refuse. Il me tient pour la première fois à côté de lui, de peur que je ne me sauve sans sa permission. Je me crois tellement invincible que je ne me doute pas de ce qui pourrait m'arriver.

Plus la journée avance, plus des camions se remplissent de gens qui s'en vont. Il en reste un et c'est le dernier. Où allons-nous ? « Au ciel », nous disent des Khmers rouges. Mon frère doute, il est méfiant et il refuse radicalement de monter dans ce dernier camion. Alors, des Sauvages rouges se fâchent et nous disent : « Vous allez tous monter dans ce camion ». Mon frère laisse passer les autres en premier et il attend jusqu'à la dernière minute. Je suis impatiente. Lorsque je le vois monter, j'avance gentiment pour ne pas le rendre furieux. J'ai hâte que le camion démarre, je veux savoir quelle sensation je vais ressentir. Nous sommes environ cinquante personnes dans ce camion. Finalement nous partons. J'ai le sourire aux lèvres et je rends mon frère malade avec mon air si innocent.

Plus le camion avance, plus nous nous enfonçons dans une grande forêt. Ce sont des arbres à l'infini. Je me demande comment il se fait que le « ciel » dont parlaient des Khmers rouges, soit si loin. C'est un drôle de ciel ! Évidemment, je voudrais demander à mon frère de m'expliquer ce que c'est le ciel, mais je n'ose pas lui poser de questions. Il me trouve bornée quand je lui pose des questions et j'ai peur de lui. Il est trop autoritaire, moraliste.

Dans cette forêt, les arbres sont si hauts et si denses que même le soleil a de la difficulté à les percer. Il fait noir et je n'aime pas ça. Je revois dans ma tête des serpents dans les arbres et j'ai peur qu'ils tombent sur nous ; mais Gabu est là, il ne me quitte jamais, il est toujours prêt à me protéger. Je pense à ma mère. Comme elle me manque ! « Maman, où es-tu ? Tu me manques tellement. Je n'arrive pas à t'oublier, mais à mesure que je grandis, ton visage me revient difficilement. J'ai de la peine, maman, pour ça. Ne m'en veux pas, maman. Tu sais, je me souviendrai toujours de ce que tu m'as promis : *Maman reviendra te chercher. Maman reviendra te chercher !* »

Sur cette phrase, j'entends soudain le camion arrêter. Le chauffeur descend et mon frère lui demande :

— Monsieur, pourquoi vous arrêtez-vous ici, au milieu de la forêt ?

— Je vais voir quelque chose.

Au loin, nous entendons les gémissements des gens, mais dans cette grande forêt nous ne voyons rien. Je me retourne pour voir mon frère et je constate que mon frère pleure et également d'autres personnes du camion. Je me doute que quelque chose de grave va se produire à cette heure précise. Je ne comprends cependant pas quoi. Les gémissements sont-ils ceux des personnes enterrées vivantes dont parlaient des adultes ? Cette fois-ci, nous frôlons la mort de plus près que je ne le pensais.

C'est la première fois que je vois pleurer mon frère et ce n'est pas normal. Les gens du camion s'agitent beaucoup. La détresse se manifeste d'une façon très marquante et apeurante depuis que le chauffeur a arrêté le camion. Les pleurs semblent de plus en plus forts. Je panique moi aussi, mais sans connaître la raison de cet énervement. Je reste près de mon frère. Je ne désire pas mourir toute seule. Je pleure à mon tour. J'entends que certains veulent se sauver du camion et soudain, un soldat apparaît avec un fusil à la main. Il dit d'une voix grave et méchante à notre chauffeur, qui vient toute juste de refaire son apparition : « Les trous sont remplis ici, conduis-les ailleurs ! »

Intriguée par cette phrase, j'observe mon frère qui pleure de plus en plus et je décide de lui demander finalement :

— Pourquoi pleures-tu, grand frère ?

— Nous allons tous mourir. Nous allons être enterrés vivants dans un trou. Nous ne pourrons plus respirer dans la terre. Comme c'est terrible de mourir ainsi ! Plus d'air ! Comprends-tu, petite sœur ? Nous allons *MOURIR* !

Mon frère pleure d'une manière si lamentable que j'ai l'impression que la terre tout entière est en deuil. En le voyant souffrir, la colère monte soudainement en moi. Cette colère me fait oublier ma peur. J'utilise souvent ma colère pour cacher ma peine et ma peur, voire pour survivre. J'ai besoin de la colère pour affronter ma vie et me sentir « forte » et pourquoi pas « toute-puissante ». Je protège, sans le savoir, mon monde intérieur avec ma colère.

Mon frère est triste et tout blême. Je viens de comprendre pourquoi il refusait d'embarquer dans le camion. Je comprends également pourquoi les Khmers rouges nous ont dit que nous n'avions plus besoin de rien ; là où nous allons, il n'y aura pas de famine ni de détresse. C'est vrai, la mort mettra fin à tous nos besoins. Le ciel dont parlaient les Sauvages, c'était la mort. Il était plus facile pour les Khmers rouges de nous convaincre par leur gentillesse en nous laissant libres et en nous laissant manger tout ce que nous voulions. De cette manière, nous croyions que la vie serait vraiment meilleure. Ils sont plus intelligents que je croyais, ces Sauvages tueurs, mais pas assez pour convaincre mon frère, qui savait, lui, ce qui allait arriver. Pour ma part, je refuse de croire que nous allons mourir. J'ai confiance en Gabu : je ne mourrai pas, il me protégera. Je dois survivre pour ma mère. Je ne veux pas lui faire de la peine en mourant.

Notre camion passe d'un endroit à un autre et on nous dit que tous les trous sont remplis. Nous sommes « sauvés », nous ne serons pas enterrés pour l'instant. Je vois soudainement dans le visage de mon frère un soulagement.

Tous les trous sont pleins, alors le chauffeur nous conduit à un endroit assez bizarre. Ça ressemble à un désert, la terre à perte de vue. Nous devons attendre. Il fait presque noir, j'ai peur des serpents et des bêtes sauvages.

Tout en pensant, j'admire mon frère, il est vraiment intelligent. Il comprend des choses avant même qu'elles se produisent. Si nous avions embarqué dans les premiers camions, nous ne serions même plus vivants. Rien qu'à y penser, j'éprouve de la difficulté à respirer, j'aurais pu être enterrée vivante dans le trou.

Tout à coup, j'entends le bruit des camions. Je ne les aime plus. J'ignore ce qui nous arrivera encore cette nuit. Ce sont des camionnettes qui viennent nous chercher, des Khmers rouges d'un autre village. Cette fois, tout le monde refuse d'embarquer, mais des Sauvages nous poussent avec force. Le chef dit :

— Les femmes doivent se séparer d'avec les hommes.

— Non, je ne peux pas me séparer de mon frère ! J'ai besoin de lui, lui répondis-je.

— Non, toi et tous les enfants vont avec les femmes.

— Non ! Je ne me séparerai pas de mon frère.

Malgré toutes mes larmes, mes supplications, ces Khmers rouges ne tiennent pas compte de moi. Je sens une douleur monter en moi, cette séparation me fait mal. La guerre m'arrache à ma mère et aujourd'hui, c'est le tour de mon frère. La vie est-elle à ce point cruelle ? Je fais des crises sans que personne ne se soucie de moi. Je suis révoltée de voir partir mon frère. Je revois partir ma mère et elle ne reviendra plus jamais. Je me sens abandonnée. Je suis inconsolable. Je vis bien difficilement cette deuxième séparation. Reverrai-je un jour mon frère et ma mère ? *JE NE VEUX PAS VIVRE TOUTE SEULE. EST-CE QUE QUELQU'UN ME COMPREND ?*

Mon frère a disparu. Comme la vie est dure ! Je n'ai jamais souhaité naître... J'en ai assez de cette vie ! Je ne désire pas sentir dans mon cœur la souffrance : « C'est si douloureux ce que je ressens, maman. *POURQUOI, MAMAN ? POURQUOI ? MON COEUR EST DÉCHIRÉ, MAMAN.* Mon âme se torture de voir partir mon frère, mais c'est toi que je voyais à travers lui. »

J'entre dans mon royaume imaginaire pour ne plus éprouver ce sentiment si désagréable. Pendant quelques minutes, je suis absente en mon esprit. Une dame khmère rouge nous parle et elle nous conduit dans une grande maison. Je parle souvent avec Gabu pour me permettre de fonctionner avec les autres.

Nous couchons cette nuit dans cette maison. Les ténèbres permettent à mon cœur de se baigner dans la nostalgie. Je revois constamment ma mère qui partait sans moi. Je courais d'une force surhumaine pour la rejoindre, mais en vain. Elle est partie sans moi...

Je n'arrive plus à cacher mon chagrin, mes larmes coulent comme un torrent brusque. C'est la tempête du cœur qui évoque le déchirement, la douleur cruelle qui m'habite, qui me blesse d'une blessure si profonde. *SEULE LA MORT PEUT GUÉRIR MES PLAIES.*

Pourquoi ces élancements du cœur résistent-ils en mon être profond ? Le cœur est-il le seul lieu qu'« habitent » toutes mes douleurs cruelles et féroces ? Que m'arrivera-t-il si je n'ai plus de cœur ? Serai-je un être humain ? À quoi sert-il d'être un être humain sans valeur ? Sans un sens de la vie ?

Voyant que je plonge dans la détresse, la dame khmère rouge vient me voir et elle me parle gentiment. Je suis surprise qu'elle soit si gentille avec moi. Je n'arrive pas à fermer les yeux. Puis Sébal me berce, je réussis à dormir un peu et à peine ai-je dormi, il faut déjà me lever.

La dame Maghie nous conduit au champ pour couper du riz. Pendant que je travaille, j'entends souvent les coups de fusil. Je vois de temps en temps des Khmers rouges, surtout des hommes, courir à travers les champs. Je ne peux pas savoir ce qui se passe. Les bruits des fusils se font entendre de plus en plus fort et proche. Parfois, je n'arrive pas à garder mes questions. Maghie est très gentille avec moi, alors j'ose lui demander le pourquoi, mais elle n'ose rien me dire. Elle se contente de me répondre qu'il n'y a rien. J'en doute malgré moi. Je continue de travailler et tout à coup, Maghie me dit :

— Écoute, jeune fille, je vais te confier un secret. Tu ne dois en parler à personne.

C'est la première fois que quelqu'un veut me confier un secret.

— Je te promets.

— Ton frère a été tué par des soldats khmers rouges cette nuit.

— Non, je ne peux pas supporter ça. *JE NE PEUX PAS Y CROIRE ! NON, NON !*

Je hurle de douleur dans mon âme. Je ne peux accepter et jamais je n'accepterai cela. Maghie ajoute :

— Il faut que tu sois courageuse, comme une grande.

— Je ne veux pas être une grande. Je déteste les adultes !

Je continue de pleurer. Maghie a peur que les autres m'entendent ; elle m'emmène à l'écart et elle me console.

Les coups de fusil me rendent si anxieuse. Je ne veux plus d'autre guerre, j'en ai assez de toutes ces guerres. Je souhaite que les hommes n'existent plus, alors personne ne fera la guerre. J'ai suffisamment souffert ainsi.

Soudain, je vois Maghie me quitter. Je veux la suivre, mais elle me l'interdit. Elle me rassure qu'elle reviendra. Ma mère me disait la même chose et elle n'est jamais revenue.

Finalement Maghie n'est pas revenue. Je le savais !

Le peuple khmer rouge se sauve. Certaines personnes qui sont dans le champ se sauvent également. Je les regarde partir sans rien comprendre. Je veux me sauver aussi, mais j'ignore dans quelle direction. Je ne sais même pas où je suis. Je me trouve seule dans le champ et je ne sais pas quoi décider. J'ai peur et je cherche de l'aide :

— Gabu, viens à mon secours !

— Je suis là, princesse, n'aie pas peur !

— Je ne sais pas où aller, je ne connais pas le chemin.

— Suis-moi, princesse ! Ne pleure pas !

Je marche avec Gabu et mes amis dans le bois afin de me remémorer par quel chemin les Khmers rouges nous ont conduits dans ce village. Il fait noir dans le bois. Je marche, quand soudain, une voix se fait entendre : « Que fais-tu toute seule dans le bois ? Viens vite me rejoindre ! »

Ma peur me fait courir très vite. Je rejoins une dame, Gardia. Mon cœur est rempli de joie de la voir même si je ne la connais pas. Il faut se dépêcher, donc nous courons. Ni elle ni moi ne savons où nous allons, mais au moins je ne suis pas seule à vivre ma peur. Tout à coup, nous voyons un chemin, mais nous ignorons où il nous mène. En cours de route, j'ai faim et j'ai soif. Je mange des feuilles que je connais et elles me donnent un peu de liquide. Tout en marchant, j'ai vraiment peur des bêtes sauvages, surtout lorsqu'il fait noir.

23

Sauve qui peut !

Gardia et moi marchons beaucoup. Je me sens épuisée, car j'ai trop faim. Mes jambes tremblent parce que je manque de force. Le chemin me paraît interminable. Tout en marchant, nous entendons des coups de fusil qui nous semblent tellement proches ; cela me fait peur. Par moments, j'ai vraiment envie de me laisser abattre, mais Gabu et mon piano magique me poussent à aller de l'avant ; je comprends que je ne dois pas perdre courage maintenant, si je veux un jour retrouver mon frère et ma mère. La faim me torture, et la peur de la noirceur me paralyse souvent. Mais mon Arc-en-ciel m'éclaire pour que les ténèbres n'aient pas de prise sur moi. Je dois être courageuse au-delà de ma peur. Je n'aurais pas ce courage sans mes amis, mes seuls amis fidèles. Ils sont toujours là quand j'ai besoin d'eux et ils ne me mentent jamais.

Où sommes-nous ? Nous marchons sans aucune idée de l'endroit où nous allons. C'est très insécurisant dans ce bois. Tout à coup, j'entends quelqu'un m'appeler. C'est une voix familière :

« Mais où étais-tu ? Je t'attends depuis longtemps. Si je meurs, ce sera de ta faute, car je t'ai attendue. »

C'est la voix de mon frère qui me dit cela.

— Comment veux-tu que je sache que tu m'attendais ? Je ne savais même pas où tu étais.

— Tu es toujours aussi bornée ! Tu vois bien que tout le monde s'enfuit et pourquoi restes-tu là ?

— Je ne sais pas. Je cherche le chemin et je trouve Gardia qui m'emmène jusqu'à toi.

— Dépêche-toi, nous partons immédiatement.

— Où allons-nous ?

— Arrête de poser tes stupides questions !

Je me tais et j'ai les larmes aux yeux. J'ai mal au cœur. Je garde tout en moi, car j'ai peur que mon frère crie encore après moi. Sa voix est si menaçante. Je me réfugie dans mon royaume imaginaire, je me sens moins menacée.

Je me sens aimée par mes amis et non par mon frère. Il m'aime peut-être, mais il a une drôle de façon de me montrer son amour. Il faut le deviner quand il me parle. Lorsque je ne le comprends pas, il me dit toujours que je suis bornée. Yana me disait la même chose, ma grand-mère et presque tous les gens qui m'entouraient, me disaient que j'étais sans intelligence. Il faut croire que c'est vrai. On dirait que je me conforme à ce que disent les gens et à ce qu'ils attendent de moi : plus on me déteste, plus je deviens détestable, tête dure, entêtée...

Mon frère, d'autres personnes et moi, partons dans la nuit, de peur de nous faire prendre par des Khmers rouges. Sauva vole une vache pour transporter des provisions et cela nous permet de nous enfuir plus rapidement. Nous sommes dans des zones très à risques, car les Sauvages se cachent dans le bois.

Nous nous dépêchons ; lorsque les choses ne vont pas bien comme mon frère le voulait, il se défoule sur moi et il me répète sans cesse : « C'est de ta faute si nous mourons dans les mains des Khmers rouges. »

J'aime mieux ne pas parler ; si j'ouvre la bouche, il me fait taire aussitôt. Je me dépêche comme je peux pour le suivre. Ma peur et la noirceur me font oublier ma faim. Je dois marcher vite pour suivre les adultes. Je fais trois pas pour un pas de mon frère. Ça demande beaucoup d'effort et personne ne peut assurer ma sécurité. Je panique, je pleure, car j'imagine les choses pires qu'elles peuvent nous arriver : des Sauvages rouges, des serpents, des lions, autres bêtes sauvages vont nous dévorer vivants. Lorsque je pense à tout cela, je me fais peur davantage et je pleure plus fort. Alors, mon frère me dit : « Comment oses-tu pleurer ? Tu me fais attendre, je risque ma vie pour toi et tu oses pleurer. Tu vas arrêter immédiatement ! Si je t'entends encore, je te laisserai seule dans le bois à la noirceur. »

Lorsque j'entends cela, j'avale tout « rond » ma détresse. Je ne peux survivre seule dans cette peur qui me paralyse vraiment. J'ai besoin de mon frère. Je suis totalement dépendante de lui. Je ne peux rien sans lui. J'ai trop peur. Je tremble de tout mon être par crainte que mon frère ne m'abandonne vraiment dans ce bois et dans cette obscurité. Les ténèbres sont mes pires ennemis et mon frère le sait très bien ; alors, pour que je l'écoute, il me menace avec ma faiblesse, ma peur. Il a tout le pouvoir sur moi à ce niveau.

Je garde le silence et je me dépêche, mais j'ai de la difficulté à le suivre : il marche trop vite. Son but c'est que nous traversions le bois pour ensuite nous arrêter et nous reposer.

Tout en marchant, j'entends soudain des pas et je me dépêche d'avertir mon frère :

— Frère, quelqu'un nous suit.

— Arrête de dire des bêtises ; marche plus vite !

— Oui, frère !

Je sais que mon frère ne croit *JAMAIS* ce que je dis. Je suis trop bornée selon lui pour avoir raison sur quoi que ce soit. De plus, je n'ai pas le droit de dire le prénom de mon frère. Il est interdit dans la culture chinoise d'appeler quelqu'un plus âgé que soi par son prénom et surtout notre grande sœur ou notre grand frère, car ces aînés remplacent nos parents lorsqu'ils sont absents. Ils ont tous les droits sur les plus jeunes. Comme c'est injuste, mais c'est comme ça ; je n'y peux rien pour le moment.

Je continue à suivre mon frère et les autres. Tout à coup, j'entends une voix, un ton agressif qui s'adresse à mon frère :

— Où comptez-vous aller comme ça ?

— Je suis les autres, monsieur. Ma petite sœur et moi, nous suivons les autres.

Mon frère se montre très brave devant ces soldats khmers rouges. Ils me regardent. Je me cache derrière mon frère de peur qu'ils me fassent mal. Je ne veux pas mourir ici sans ma mère. Pendant un moment, ces soldats semblent silencieux et disent : « Dépêchez-vous de partir et laissez la vache ici ! »

Mon frère s'incline devant eux comme s'ils étaient un dieu et il leur obéit. Nous courons le plus vite possible, de peur que ces Sauvages changent d'idée. Je me sens tellement soulagée, mais mon frère ne cesse de me rappeler encore et encore : « C'est de ta faute, car je t'ai attendue. Tu vois maintenant, des Khmers rouges ont failli nous tuer et ça, à cause de toi. »

Il a un ton très agressif et des paroles plus tranchantes que des couteaux. À chacune d'elles, j'ai l'impression que mon cœur est blessé par un coup de couteau tellement cela me fait mal, mais je garde tout en moi. De toute manière, ma parole n'a aucun poids sur mon frère et en plus, je risque de me faire abandonner par lui. C'est la raison pour laquelle je dois tout endurer.

Nous continuons à marcher et de temps en temps, il faut courir. Soudain, nous voyons une cabane. Nous nous dépê-chons d'atteindre ce lieu. Nous arrivons enfin. Y serons-nous plus en sécurité ? Mon frère et les autres adultes comptent passer la nuit dans cette cabane. Je n'ose pas parler, je ne fais que suivre. Tout semble si tranquille tout à coup. Tout le monde dort d'un coup sec. Moi, je ne réussis pas à m'en-dormir, même si je suis fatiguée. Ma peur est trop grande et je tremble de froid. Je me sens tellement seule que mes larmes expriment pour moi ce que je ressens et mon frère m'entend. Il se lève très fâché, mais lorsqu'il me voit, il a l'air si calme tout à coup et à mon grand étonnement, il me touche douce-ment pour la première fois. Il me dit :

— Pourquoi ne m'as-tu pas dit que tu étais malade ?

— Je ne savais pas ; je ne veux pas être malade et j'ai peur.

— Arrête de pleurer, tu sais que je n'aime pas ça.

— Je... je m'ennuie de maman ! Je veux qu'elle soit là avec moi.

— Je suis là, moi.

— Je veux maman !

— Tu vas voir, nous la verrons un jour, maman. Nous allons la chercher à Phnom-Penh.

— C'est vrai ?

— Oui, mais d'abord, je veux que tu dormes.

— Si je dors, vas-tu m'abandonner ici, frère, comme maman m'a abandonnée ?

— Maman ne ne t'a jamais abandonnée, elle n'était pas capable de venir te chercher, car tous les transports étaient bloqués à Phnom-Penh.

— Maman m'a promis qu'elle reviendrait me chercher et elle m'a laissée seule.

— Parfois, les adultes peuvent se tromper. Tu comprendras cela plus tard ; tu es encore jeune. Maintenant, je veux que tu dormes, d'accord ?

— Non, j'ai peur de me réveiller seule.

— Je resterai avec toi, mais il faut que tu me promettes de dormir.

— Oui, frère.

Je n'ai jamais eu une conversation aussi douce avec mon frère ; ce soir, c'est un soir que je n'oublierai jamais. Pourquoi faut-il que je sois malade pour qu'il me traite aussi gentiment ?

Je me réveille lorsque le jour est déjà là. À ma grande surprise, je ne vois que mon frère. Les personnes qui étaient avec nous ne sont plus là. J'ose demander à Sauva :

— Grand frère, où sont les autres ?

— Je les ai laissés partir, car tu étais trop malade pour les suivre.

— Pourquoi ne m'as-tu pas réveillée ?

— Oui, je t'ai réveillée, mais tu étais inconsciente, alors, je t'ai laissée dormir.

— Je te demande pardon, frère, c'est de ma faute si nous nous retrouvons seuls.

— Ce n'est pas de ta faute.

Je suis si soulagée que mon frère avoue que ce n'est pas de ma faute. Je suis très surprise qu'il affirme cela.

Parfois, malgré mon jeune âge, j'ai le sentiment d'avoir honte d'exister, voire ne pas avoir le droit d'exister, car mon existence ne porte que des malheurs à tous ceux qui m'entourent, du moins c'est comme ça que je le vis. On dirait que la vie m'en veut. Depuis que je suis consciente de mon existence, c'est-à-dire à trois ans environ, je connais *SOUVENT* des malheurs.

Mon frère Sauva cherche de la nourriture : des bananes et leurs racines, des poissons, du riz et de l'eau. Il a même trouvé une tortue. Il la tue et me la donne à manger pour que j'aie un peu de force pour marcher. Je refuse, mais il réussit à me la faire manger de force. La chair de cette pauvre bête est délicieuse. Sauva fait cuire du riz et quelques poissons. Nous mangeons en silence et je n'ose pas regarder mon frère. Ses yeux me font si peur. Il me paraît trop autoritaire. Lorsque je regarde d'autres adultes, je les déteste, mais je ne déteste pas mon frère et encore moins ma mère, De toute façon, mon corps refuse de grandir. Peut-être parce que je manque trop de nourriture pour nourrir tout mon système selon son besoin. Je manque de repos, de sommeil et *FINALEMENT, JE MANQUE DE TOUT !*

Après le repas, nous reprenons la route. J'ignore où Sauva m'emmène. Je garde toutes mes interrogations dans ma tête de peur de faire fâcher mon frère. J'ai hâte de pouvoir m'exprimer librement avec lui et avec n'importe qui sans avoir peur. Mais je crois que je suis paralysée au niveau de la communication avec les gens. Je garde *TOUTE* ma colère et ma peine sans jamais pouvoir les exprimer, du moins pas verbalement. On me fait taire souvent et c'est la raison pour laquelle je m'entête beaucoup. Conséquence : je me fais détester par mon frère et par les autres. À force de ne pas parler quand j'en ressens le besoin, je perds l'usage du langage. J'agis et je réagis pour exprimer ce que je vis et ce que je tais la plupart du temps. On m'interdit de m'exprimer en toute liberté. Je me sens étouffée dans mes droits d'être une personne tout entière même si je suis jeune.

Nous traversons encore la forêt. Celle-ci me fait peur et je n'aime pas y mettre les pieds, mais je dois « garder » ma peur pour plus tard ; pour le moment, je dois marcher aussi vite que je peux afin de rejoindre mon frère. Il faut que j'y arrive.

J'admire mon frère : il me donne toujours l'impression qu'il sait où il va. C'est quelqu'un de très rassurant et confiant en lui-même, mais il est extrêmement méfiant envers les autres.

Je le vois comme un vrai héros même si je n'aime pas qu'il se fâche après moi et qu'il m'accuse pour des choses que je n'ai pas faites. Son agressivité me tue psychologiquement.

Nous marchons beaucoup depuis un bon moment. Je suis très fatiguée et je ne peux plus marcher. Mon frère me dit :

— Veux-tu que les Khmers rouges nous arrêtent encore ?

— Non.

Je pleure.

— Arrête de pleurer si tu veux que je t'emmène avec moi !

J'avale mes larmes et je continue. J'ai peur de rester toute seule.

— Gabu, j'ai peur ! Reste avec moi !

— Je suis là, ma princesse, n'aie pas peur !

— Gabu, j'ai faim et je suis fatiguée aussi.

— Monte sur mon dos, princesse. Qu'est-ce que tu veux manger ?

— Je veux avoir plusieurs cuisses de poulet avec beaucoup de riz, de la crème glacée, de l'eau glacée, des bonbons et des jus de fruits...

— Tout ce que tu veux, ma princesse.

Gabu et mes amis réalisent mes désirs et je mange avec appétit. J'ai vraiment l'impression de m'être rassasiée. Je suis encore dans mon royaume imaginaire quand une voix forte me fait revenir à moi-même : « Arrêtez ! Arrêtez ! Où allez-vous comme ça ? Je sais que vous allez dans votre pays, c'est ça ? Je déteste les gens comme vous ! »

Mon frère ne dit rien, le soldat a un fusil. J'ai peur et je pleure fort :

— S'il vous plaît, monsieur, ne tuez pas mon frère. J'ai besoin de lui.

— Tais-toi !

Je retiens mes larmes, mais elles ne m'obéissent pas en ce moment aussi tragique. Le regard de ces soldats me fait peur. Mon frère me dit d'arrêter de pleurer de crainte qu'ils ne nous tuent tous les deux. Ces Khmers rouges nous gardent prisonniers et ils ont plusieurs fusils sur eux. Ils visent mon frère sans arrêt. Ces soldats rouges ne nous lâchent pas une seconde. Ils prennent mon frère pour un criminel. Quel crime a-t-il fait ? Fuir leur monde ridicule ?

Je suis très angoissée de voir ainsi mon frère. Ma peur de le perdre est insupportable. Je ne peux pas ne pas pleurer. C'est trop me demander de rester indifférente devant la vie de mon frère qui est en jeu. Je *VEUX* croire que nous n'allons pas mourir. Nous allons nous en sortir. Je parle à Gabu pour qu'il m'aide à faire disparaître ces hommes dont le cœur est rempli de mal. Je déteste ces hommes ! Je voudrais qu'ils n'existent pas ! J'ai de la haine contre eux. La colère me fait un peu oublier ma peur. La nuit est longue lorsque notre vie est menacée !

Pourquoi nous garder prisonniers ainsi ?

Ma joie est grande lorsque je vois le soleil se lever. Enfin, je ne suis plus angoissée par la noirceur. J'ignore ce qui s'est passé mais tout à coup, les Khmers rouges décident de nous laisser partir :

— Partez très loin d'ici. Allez... Que je ne vous voie plus !

— Merci, messieurs, merci...

Mon frère s'incline encore une fois devant eux. Par la suite, nous nous dépêchons de marcher, de courir pour nous éloigner le plus possible de ce lieu risqué. Nous sommes sauvés des mains de ces hommes méprisants.

Comme la route est longue ! La faim et la soif me torturent encore une fois. Mes jambes me supportent difficilement. J'ai les larmes si faciles qu'elles coulent sans que je le veuille : « Tu pleures encore ! Tu es insupportable ! »

On dirait que chaque parole prononcée par mon frère touche directement mon cœur et demeure là pour me faire pleurer davantage. J'essaie de toutes mes forces de me retenir, mais je trouve tellement difficile de marcher si longtemps. J'ai mal partout dans mon corps. C'est trop dur pour moi. Je demande à Gabu de m'aider. Il me porte sur son dos et je me perds dans mon royaume imaginaire. J'oublie un peu ma marche dans la forêt.

Cette marche me paraît une éternité. Pendant que je suis dans mon royaume, je suis sage. Je ne me plains pas et je ne pleure pas non plus. Mes amis sont là ; ils me consolent et sont gentils avec moi. Mon piano chante et me fait rire. Lorsque j'entends la musique de mon piano, j'ai le goût de chanter. Je chante une des chansons que j'ai apprise des Khmers rouges et mon frère me dit : « Tu oses chanter ces chansons stupides ! Tu m'écœures ! »

Oh ! je viens de comprendre pourquoi mon frère est si fâché contre moi : la chanson que je chante lui rappelle les cauchemars avec les Sauvages. Je n'ai pas réalisé cela. Je vais faire plus attention à tout ce qui touche les Sauvages.

Nous continuons de marcher, de marcher encore et encore.

24

Une marche d'enfer...

Mon frère et moi, nous marchons jour et nuit afin de sortir de cette « maudite » forêt qui me rend malade rien qu'à la voir. Nous mangeons des racines, des feuilles et autres choses. Lorsque vient la nuit, il y a la lune et les étoiles qui nous éclairent le chemin. Cet éclairage suffit pour que nous puissions marcher quand même. Mon frère est si brave. Il a sûrement peur, mais il ne veut peut-être pas que ça paraisse devant moi.

Nous avançons avec courage, malgré toute la fatigue qui nous tourmente. Nous continuons quand soudain, nous entendons des voix. Cela semble si apeurant. Nous ignorons qui sont ces gens. Mon frère, très brave, me devance. Je le suis comme un petit chien de « poche ». Nous constatons que ce sont des gens qui font route comme nous. Je suis soulagée dans mon cœur. Enfin des gens ! Nous pouvons faire route ensemble. Mon frère se présente et me présente aux autres. Je suis très contente d'avoir des jeunes comme moi. Je marche plus énergiquement et je suis plus sécurisée dans la forêt lorsque d'autres personnes sont présentes. J'ignore combien de temps nous marchions dans cette forêt. Le temps n'existe plus dans ma tête. Depuis notre « exil » chez des Khmers rouges, nous ne fêtons jamais le Jour de l'An ; par conséquent, j'ignore dans quelle année nous sommes rendus.

Le jour se lève bientôt et je demande à mon frère si nous pouvons nous reposer un peu ; il refuse. Il est très déterminé ; il faut que nous arrivions à traverser cette forêt. Il a un but bien précis et il compte y arriver. À un moment donné, nous voyons quelques maisons. Alors, je regarde mon frère et celui-ci sourit pour la première fois. Je saisis que c'est une bonne nouvelle. Ses pas se font plus « féroces » et énergiques pour atteindre son but, et il a réussi. Par contre, je dois courir pour suivre ses pas géants et cela sans avoir le droit de me plaindre.

Nous nous arrêtons un peu pour manger et nous reprenons la route aussitôt. Plus nous avançons, plus nous rencontrons des gens : les survivants comme nous des mains des Sauvages.

Nous sommes sortis de la forêt, mais la marche devient plus ardue à cause de la chaleur intense et écrasante. Lorsque nous étions dans la forêt, nous avions de l'ombre. Le soleil ne nous atteignait pas vraiment, alors nous avions moins besoin de boire. Mais là, nous sommes « nus » face au soleil ; il nous aveugle, car depuis plusieurs jours, nos yeux ont été privés de lumière dans la forêt ; nos yeux doivent se réadapter à la clarté.

Ma soif s'intensifie à force de marcher vite à la chaleur. Cette soif me permet de constater qu'elle est aussi torturante que la faim, sinon pire.

Je fais route quand même, mais à un moment donné, je ne suis vraiment *PLUS* capable. Je suis même prête à rester là par terre et à laisser partir mon frère. Incapable d'avancer un pas de plus, j'ai trop soif ; je suis vidée, crevée, accablée... Voyant la gravité de mon cas, mon frère prend au sérieux ma demande. Nous retardons notre marche pendant un très long moment. Je me couche sur le sol pour reprendre mes forces quand soudain, je vois le ciel rempli de nuages ; ce sont mes nuages adorés. Ils sont nombreux. Tout à coup, des gouttes d'eau tombent du ciel. Je saute de joie. La force me revient rien qu'à penser que je vais pouvoir boire à volonté. Le ciel comprend ma détresse et ceux qui marchent avec nous. *MERCI !* Mes nuages se transforment en pluie, c'est merveilleux.

Mon frère se dépêche de recueillir de l'eau dans un tube de bambou ; les autres font de même. De cette manière, nous aurons de l'eau pour boire en chemin. J'ai un frère qui pense à tout ! J'ai de la chance de l'avoir malgré tout. Pendant que mon frère travaille fort, je me laisse rafraîchir par la pluie, car je ne peux pas aider Sauva ; il dit que je suis trop jeune, mais la vraie raison, c'est qu'il n'aime pas que je sois proche de lui. On dirait qu'il a « peur » de quelque chose, mais j'ignore de quoi... Saurais-je un jour ce qui se passe dans sa tête ? Ce sera très difficile...

Nous continuons à marcher sous la pluie. L'eau est délicieuse et douce dans ma bouche. Elle me donne de la force physique et psychologique. Je peux maintenant faire ma route avec courage. L'espoir renaît en moi !

Nous approchons d'un village. J'ai tant désiré atteindre ce lieu que je ne veux pas me plaindre malgré ma fatigue accablante. Une fois rendu, mon frère demande à quelques personnes où nous sommes. Je ne retiens pas le nom des lieux où nous passons. À ce moment-là, ma préoccupation, c'est d'avoir de la nourriture tous les jours, d'être en sécurité, de retrouver ma mère... Alors, le reste est sans importance. De toute façon, on dit tellement souvent que je suis bornée, alors, il est normal que je ne retienne rien. Mais une chose est certaine, j'ai une mémoire prodigieuse.

Le soleil commence à s'incliner peu à peu pour faire place à la nuit. Mon frère décide de demander l'hospitalité à quelqu'un. Il se dirige vers une maison à proximité du chemin. Il frappe ; nous attendons un moment et une dame lui ouvre la porte. Je reste à côté de Sauva à cause de ma méfiance des Khmers rouges. À mon grand étonnement, cette dame nous accueille chaleureusement. Elle nous dit, sans qu'on lui demande :

« Ma famille et moi ne sommes pas des Khmers rouges. Vous pouvez nous faire confiance. Nous nous sommes sauvés nous aussi de ces hommes cruels. Entrez donc ! »

Mon frère est très poli ; nous entrons. La dame dit à mon frère :

— Votre petite sœur vous ressemble beaucoup.

— C'est vrai, madame.

— Viens, petite fille, me dit-elle.

J'avance timidement vers elle et elle me conduit à la cuisine. Elle me donne à manger ; ensuite, je dors quasiment tout de suite tellement je suis épuisée. Dans la nuit, je me réveille en sursaut, tout en pleurant. J'éprouve de la difficulté à respirer. J'ai l'impression de mourir tellement je manque d'air. Je viens de faire des cauchemars. J'entends dans mon rêve : « Nous allons tous être enterrés vivants ». Je revois dans ce cauchemar tous les trous que nous avions creusés au désert. C'était pour nous enterrer. Je me vois en ce même instant, dans ce fossé. Je me débats pour m'en sortir, mais je n'y arrive pas. Je gratte la terre pour m'en sortir et respirer, mais d'autres personnes sont par-dessus moi. Je cherche désespérément à me sauver, mais toujours en vain. Mes voies respiratoires ne me fournissent plus d'air et je perds conscience. Pendant un moment, je sombre inanimée sous terre, alors, je m'accroche inconsciemment pour me « ranimer » comme si quelque chose me poussait à me battre. Comme l'instinct de survie est fort !

Après ce cauchemar, je suis inconsolable et je n'arrive pas à me calmer. Je cours voir mon frère ; celui-ci n'est pas content et je le comprends, il dormait. J'ai besoin qu'il me rassure. La dame de la maison, Raga, court vers moi et elle me prend dans ses bras pour me consoler. Mon frère lui dit :

— Ma petite sœur est insupportable quand elle fait cela.

— Chut... elle a peur.

— Je sais, mais... laissez faire !

Raga me serre fort contre elle. Lentement, je me calme et je sens la chaleur de son corps. Le battement de son cœur va au même rythme que le mien. Ce geste du corps témoigne d'une compréhension *PROFONDE* de la part de Raga à mon égard. Elle m'accompagne pendant un long moment jusqu'à ce que je me rendorme. J'ignore si elle est restée toute la nuit à mon côté. Quelle personne merveilleuse ! Je lui en suis très reconnaissante. J'ai vraiment de la chance d'avoir quelqu'un qui m'aide dans des moments aussi dramatiques.

Nous demeurons quelques jours dans la famille de Raga, ce qui permet à mon frère de construire une charrette dans le but de transporter un peu de provisions pour continuer notre route.

Mon frère est vraiment très bon ; il fabrique lui-même et seul la charrette, sans modèle. Lorsqu'il l'a terminée, Raga nous donne un peu de riz, de viande et d'eau. Je suis ravie de voir que je ne serai pas torturée par la faim et la soif pendant un temps.

Avant notre départ, mon frère me dit pour la première fois :

— Nous allons à Phnom-Penh.

— Nous allons chercher maman ?

— Oui !

Mon espoir de revoir ma mère est la source de mon courage. Je ne peux plus attendre pour la revoir et la serrer fort contre moi. J'ai hâte de lui dire : « Maman, je t'aime ». Comme c'est doux à mon cœur de pouvoir à nouveau prononcer : « *MAMAN* ».

J'espère que mon frère ne me ment pas comme il le faisait quand j'étais petite. Il me promettait d'aller au cinéma si je dormais et cela n'est jamais arrivé. D'autres promesses non réalisées n'étaient pas rares.

Nous marchons et soudain, j'entends des camions, des cris de joie et des acclamations. Pourquoi toutes ces exclamations ? Je panique lorsque je constate la présence des soldats et des camions. J'ai peur de voir des soldats khmers rouges nous emmener encore pour nous enterrer, mais mon frère m'explique :

« Ce sont les soldats vietnamiens. Ce sont eux qui chassent les Khmers rouges et ils nous délivrent de leurs griffes. »

Un grand soulagement pour moi. Ils seront sûrement gentils avec nous, alors ?

25

Survivre autrement à Phnom-Penh

Nous nous dirigeons vers Phnom-Penh. Nous devons marcher encore beaucoup avant d'atteindre notre destination. Nous marchons, mais notre marche prend un sens : elle nous mène vers une vie nouvelle.

Par la route que nous suivons, nous ne risquons pas de rencontrer les Khmers rouges. Je suis heureuse de cette nouvelle.

Nous sommes des *SURVIVANTS DES KHMERS ROUGES*, cela ne veut pas dire que notre vie soit garantie pour autant. Le danger nous guette toujours, mais autrement.

Mes pieds se sont endurcis à force de marcher pieds nus lorsque j'étais chez les Sauvages. Malgré tout, ils tolèrent difficilement la chaleur de l'asphalte. Cette chaleur ne se gêne pas pour nous réchauffer et elle s'intensifie avec la journée. Lorsque nos pieds ne supportent plus la chaleur, mon frère fait un arrêt pour faire cuire du riz. La vie est belle à comparer à celle vécue chez les Khmers rouges, alors je ne veux pas me plaindre. Je ne veux pas non plus rendre la vie de mon frère trop compliquée à cause de moi, mais parfois, c'est plus fort que moi.

Nous avançons jusqu'à la noirceur totale et nous couchons dehors pour la nuit. La nuit, nous avons de la visite ; ce sont des moustiques. Ils nous avalent presque tout rond tellement ils sont nombreux. Ils sont affamés. Ils « boivent » le peu de sang que nous avons. Notre nuit est bien courte à cause de ces petites bêtes qui ne se gênent pas de nous déranger.

Le soleil se lève déjà et il chasse ces moustiques. Il faut nous mettre en route. Mon frère et moi sommes très stimulés à avancer. Tout en marchant, je guette dans l'espoir de retrouver ma mère, car Sauva me disait que je la trouverais à Phnom-Penh et nous sommes proches. Elle est peut-être dans la foule. Comment vais-je la reconnaître ? La tristesse m'envahit tout à coup, car je ne me souviens plus de son visage ; c'est si flou dans ma tête. Pourtant, mon amour pour elle demeure enraciné si profondément en moi. Comment cela se fait-il que son visage ne me revienne pas ?

Tout en guettant ma mère, je dois regarder les gens et pour la première fois, je remarque qu'ils ont des visages blancs ou verts. Cela me fait peur. Suis-je semblable à eux ? Sûrement, je ne me vois pas. Ces personnes sont si maigres. Par contre, leur visage, leur ventre et leurs pieds gonflent comme si elles étaient très grosses. Leur corps est disproportionné. Ils ont une démarche bien bizarre. Cependant, sur leur visage se manifestent l'espoir et l'inquiétude en même temps.

À un moment donné, Sauva me dit : « Reste ici et je vais revenir. Tu ne dois pas partir, m'as-tu bien compris ? »

Je lui fais signe que oui de la tête.

Quelques heures plus tard, mon protecteur Sauva arrive avec des vêtements et il me dit :

— Va changer de vêtements et mets cet ensemble !

— Pourquoi dois-je changer de linge ; il est encore bon ?

— Ne pose pas tes stupides questions et va faire ce que je te demande.

Je le fais avec beaucoup de contrainte. Il m'a obligée à porter des vêtements que je ne veux pas et sans avoir d'explications, je dois lui obéir. Plus tard, il me dit : « Il faut changer tout ce qui appartient aux Khmers rouges. Notre linge me donne l'impression que nous sommes encore chez eux et je déteste ça. Ils sont comparables à des monstres sur la terre. Cependant, tu possèdes encore leur accent quand tu parles. Je ne comprends pas pourquoi tu prends leur accent aussi facilement ? J'ai hâte que tu t'en défasses, car je n'aime pas entendre ta voix. Ça me rend malade. »

Je l'écoute sans dire un mot. Mon accent suffit à rendre mon frère malade et il déteste entendre ma voix parce que je lui fais penser aux Sauvages.

Il me faudrait quelques semaines pour me défaire de mon accent. Lorsque j'entendrai un autre accent, j'en changerai facilement. On dirait que j'imite aisément les accents des autres. Si mon frère me parlait en chinois, cela m'aiderait beaucoup à désapprendre ce que j'ai appris chez les Sauvages. Sauva me parle en khmer. Les « rouges » nous interdisaient de parler d'autre langue que la leur. Mes grands-parents, malgré leur difficulté à parler cette langue, se sont obligés à le faire.

Quatre ans dans le camp de concentration des Khmers rouges me font constater que j'oublie ma langue, la notion du temps, bref, tout ce que j'avais appris avant la guerre. Je suis une vraie ignorante. Il est vrai que d'être une ignorante, ce n'est pas quelque chose de nouveau pour moi.

Nous approchons de plus en plus de Phnom-Penh d'après mon frère. J'ai hâte d'arriver ! Je vois que certaines personnes commencent à s'installer un peu partout dans la banlieue. Finalement, mon frère choisit de s'installer dans une maison avec les autres. Cette « maison » a une partie de son toit détruite par les bombes en 1975. Il faut faire beaucoup de ménage pour qu'elle soit habitable. Cette sale et pauvre maison dégage une odeur nauséabonde.

Aussitôt notre installation faite, Sauva me dit :

— Reste ici et tu ne sors pas sans ma permission. C'est trop dangereux ; tu es trop jeune pour te débrouiller seule.

— Où vas-tu ?

— Je vais chercher de la nourriture et je t'interdis de sortir.

— Vas-tu revenir ?

— Bien sûr que je vais revenir. Tu dois m'attendre ici.

— Oui, frère !

Plus tard, il arrive avec de la nourriture et quelques vête-ments aussi. Il est tellement débrouillard, mon frère. Je l'apprécie quoiqu'il soit sévère avec moi et difficile d'approche. Il peut passer des jours sans me dire un mot. Lorsqu'il veut communiquer avec moi, il crie parfois pour être sûr que je l'écoute.

Sauva apporte une bouteille de vin, du beurre et quelques conserves de viande. Comment mon frère fait-il pour savoir qu'il existe ces choses-là par ici ? Comme il est étonnant ! La générosité de mon frère est remarquable. Malgré sa peur de manquer de nourriture, il est prêt à partager avec d'autres, qui sont avec nous ; parmi ces gens, une dame, Mori, et ses deux garçons.

Le lendemain, Sauva sort encore et il revient avec quelques moustiquaires. Il en donne une à Mori. C'est avec ces moustiquaires que nous pouvons dormir un peu la nuit. Nous couchons par terre. Notre plancher, c'est la terre directement.

Je couche à côté de mon frère, mais il ne faut pas le toucher, car il crie. Cette nuit-là me semble tellement silencieuse, trop peut-être pour moi. Je suis anxieuse lorsque je pense à ma mère. Je n'arrive pas à dormir. Je me lève et soudain, je vois Mori. Elle allume le feu pour chasser les moustiques à l'intérieur de la moustiquaire. Je remarque qu'elle possède la bouteille de vin de mon frère.

Lorsque je vois les deux garçons de Mori qui ont leur mère, cela me rend malade d'envie.

Soudain, je vois Mori ouvrir la bouteille de vin à côté du feu. J'ignore pourquoi elle fait cela si tard dans la nuit. Dans une fraction de seconde, je vois le feu s'enflammer si rapidement que cela me paralyse. Je voudrais crier, mais rien ne sort de ma bouche. Le feu s'étend si vite que je ne sais par quoi commencer ; les deux garçons dorment encore et mon frère également. La maison est envahie par les flammes. Mori est prisonnière du feu, elle ne fait qu'un avec lui. Je cours pour la sortir, mais je n'y arrive pas, la chaleur me repousse automatiquement. Lorsque je réussis à crier, personne ne m'entend. Je cours chercher mon frère. J'aurais dû faire cela dès le début.

Je le réveille brutalement, mais il ne bouge pas :

— Frère, réveille-toi ! Le feu ! Vite ! Vite ! Les garçons et Mori sont dans le feu !

— Quoi ? Quoi ?

Réveillé, il constate par lui-même l'ampleur du danger. Il court vite dans la direction des deux garçons. Il réussit à les sortir ; ils sont brûlés un peu. Sauva tente de toutes ses forces de sauver Mori ; il est trop tard. Mori ne réagit plus. Tout son corps est presque calciné. Il ne lui reste que le squelette, mais elle encore vivante. Quelle horreur ! Je ne vois que ses dents : ses lèvres sont disparues. Elle sent vraiment la viande cuite. Elle est noire et il ne lui reste plus du tout de cheveux.

Ses deux fils sont en sanglots en voyant leur mère. Mori essaie de parler avec mon frère ; je ne vois que ces dents qui bougent lorsqu'elle parle. Elle réussit à dire : « Merci... ». Elle n'a pas pu terminer sa phrase et elle est morte. Je traduis qu'elle veut remercier mon frère d'avoir sauvé ses fils. Qu'arrivera-t-il à ces deux garçons ? C'est la première fois que je vois une personne brûlée. C'est vraiment très laid.

Désormais le feu me rend très nerveuse. Dans la nuit, je fais des cauchemars. Je vois constamment Mori brûler. Je me demande pourquoi elle n'avait pas crié lorsqu'elle brûlait. Elle ne se plaignait même pas. Elle a survécu aux Khmers rouges pour finir sa vie comme ça.

Après ce drame horrible, mon frère et moi quittons cette maison et continuons notre route vers Phnom-Penh. Nous nous arrêtons seulement pour manger et dormir. Lorsque la nuit tombe, il fait un peu froid dehors. Je déteste la sensation de ce froid. Mon souvenir des Sauvages me revient et cela me tourmente.

En chemin, Sauva rencontre deux dames : Pia et No, assez âgées toutes les deux. Pia transporte beaucoup de choses sur son épaule. En voyant cela, Sauva va l'aider. Il transporte non seulement nos affaires, mais en plus les effets de Pia. C'est très dur pour mon frère, car c'est trop lourd. Pia n'a pas l'intention de quitter mon frère, elle désire que Sauva l'aide jusqu'au bout. Elle a une belle vie : elle marche les mains vides. Cela me révolte un peu de voir mon frère marcher difficilement à cause du poids lourd. Sauva se fâche souvent contre moi et parfois pour rien. Il se défoule sur moi parce qu'il est fatigué de transporter les affaires de Pia. Il ne veut pas lui remettre parce qu'il a eu piété d'elle.

Nous marchons environ une semaine, sinon plus, avant de nous installer dans une maison. Toutes les maisons dans la banlieue ou ailleurs n'appartiennent à personne après la guerre. Certaines d'entre elles ne sont plus reconnaissables à cause de la destruction par des bombes. Tout le monde peut habiter là où il veut.

La maison choisie par mon frère est moins endommagée que la précédente, mais elle est très sale. Nous travaillons très fort pour la rendre habitable. Nous nous installons ; Pia et No expriment le désir de demeurer avec nous et mon frère n'y voit pas d'inconvénient. Au contraire, il est content, car il dit que j'ai besoin d'une mère pour m'éduquer. Il m'avoue, un peu plus tard, qu'il aidait Pia dans le but qu'elle demeure avec nous et ensuite qu'elle m'apprenne un jour à devenir une femme.

Sauva s'inquiète pour moi, car j'ai besoin, selon lui, de modèles féminins. Je n'ai que lui comme point de référence. Je crois qu'il a raison, mais je n'écoute ni Pia ni No. Alors, elles me parlent dans le vide.

—

Tous les jours, mon frère part pour Phnom-Penh et il revient toujours avec de la nourriture et des choses utiles comme des vêtements, des serviettes, des outils pour fabriquer les bicyclettes, etc.

Ces voyages dans ce lieu deviennent pour mon frère des voyages d'affaires. À ma grande surprise, je crois que Sauva semble très stimulé par ce qu'il fait ; c'est peut-être un espoir pour lui de rebâtir sa vie. Tout recommence ! Sauva est un jeune homme qui a beaucoup d'expérience de la vie. Il a déjà travaillé avant la guerre. Plus jeune, il était devenu « ma mère et mon père » à la place de mes parents. C'est à l'aîné que revient la responsabilité des plus jeunes. Très tôt, tous les matins, il vendait du pain de porte en porte avant d'aller à l'école. « Rien » n'était trop dur pour lui. Aujourd'hui, je le vois comme quelqu'un de très déterminé, courageux et il sait toujours où il va. On dirait qu'il sait toujours comment s'en sortir dans « toutes » les situations difficiles.

À Phnom-Penh, la capitale du Cambodge, il existait de nombreuses industries, des magasins et boutiques de toutes sortes avant la guerre : c'est là que Sauva va prendre les choses tous les jours. En 1975, la guerre a ravagé presque tous les bâtiments, mais certaines de ces bâtisses comme les magasins, les boutiques, etc., n'ont pas été détruites. Pendant notre exil au village des Khmers rouges, plusieurs de ces soldats demeuraient à Phnom-Penh. Ils se nourrissaient avec ce qui existait dans ces magasins. Durant quatre années, ces soldats vivaient dans la paix dans « *NOTRE CHEZ NOUS* » pendant que nous, nous étions privés de nourriture, de sommeil, etc., dans leur village d'enfer.

Lorsque les soldats vietnamiens sont entrés à Phnom-Penh, ils ont chassé tous les Khmers rouges. Alors, ce sont ces nouveaux soldats qui prennent la relève comme « gardiens » des richesses qui existent chez nous, au Cambodge. Le but de la victoire contre les Khmers rouges est-il de nous sauver vraiment ou est-il de posséder notre richesse ? Il est vrai que nous sommes sauvés des mains des Sauvages, mais notre vie sera-t-elle pour autant protégée par ces soldats vietnamiens ?

Notre seul moyen de survie dans la banlieue, c'est de nous procurer de la nourriture dans ces magasins, mais ces soldats nous en empêchent, car désormais tout ce qui existe chez nous leur appartient. De quel droit font-ils cela ? Nous sommes chez nous après tout. Malgré leur interdiction, nous sommes obligés d'aller « voler » ce qui nous appartient ; c'est ce que font Sauva et d'autres gens. Volons-nous ? Je ne crois pas. Ces soi-disant sauveurs gardent notre richesse pour la transporter dans leur pays. À ma connaissance, le Vietnam est un pays très pauvre. Est-ce cela le prix que nous leur devons pour avoir sauvé notre vie, et ainsi leur permettre de prendre possession de notre pays tout entier, voire de notre peuple ? Comme c'est insupportable de concevoir une telle idée !

26

La prière de Sauva

Tous les matins, très tôt, parfois le soir, Sauva part, mais il revient toujours. Il fait ces voyages seul ou avec des gens. Or, un matin, Sauva me dit :

— Demain, je veux que tu viennes avec moi, à Phnom-Penh.

— Moi, à Phnom-Penh avec toi, grand frère ?

— Oui, j'ai vu d'autres jeunes comme toi voyager avec nous ; cela me donne l'idée de t'emmener. Mais, il faut que tu m'écoutes et restes à côté de moi, quoi qu'il arrive.

— Souvent, tu refuses que je reste à côté de toi.

— Ce n'est pas pareil, en ville c'est dangereux et tu as besoin de moi.

— Oui, grand frère !

Le lendemain, Sauva me prépare ; je suis tout excitée. J'ignore tous les dangers qui m'attendent. Nous partons ! En chemin, j'essaie de repérer des arbres, des maisons, bref, certaines choses qui pourront me permettre de reconnaître le chemin au cas où je me perdrais. J'observe beaucoup, au point que Sauva s'impatiente : « Qu'est-ce que tu fais, pourquoi ne marches-tu pas plus vite ? » Je ne réponds rien, je le suis. Je remarque que nous ne sommes pas seuls, nous rencontrons plusieurs personnes qui vont à Phnom-Penh aussi.

Je me sens tout à coup très valorisée de me promener avec mon grand frère. Je me sens également, pour la première fois, comme une « grande », face à lui.

« Nous arrivons à Phnom-Penh », me dit mon frère.

Je regarde autour de moi et je ne reconnais pas mon pays natal. Plusieurs maisons sont détruites ; les rues, les terrains sont méconnaissables. Je ne sais même pas où se trouve la maison de Yana ni celle de mes grands-parents. J'aimerais bien me rendre chez Yana, peut-être que ma mère est déjà là-bas et qu'elle m'attend. Je sens une nouvelle flamme d'espoir qui jaillit au fond de moi : je vais revoir ma mère !

Comment vais-je faire pour retrouver la maison de Yana ? Je ne reconnais absolument rien ici. C'est le « bordel » total dans ce lieu. Tout en observant ce qui se présente devant moi, j'ai l'impression, pendant un moment, de revoir la foule de 1975 dans la rue, date marquante pour moi.

Je crois même entendre des cris qui résonnent en moi : les fusils, les avions, les bombes. Je revois également le sang partout sur l'asphalte et des cadavres flotter sur le fleuve... Mon souvenir est aussi frais qu'hier, mais cela fait quatre ans. Un vrai cauchemar qui marque ma vie à tout jamais !

AUJOURD'HUI, le Cambodge (Kampuchéa) tout entier est en deuil, *AUJOURD'HUI*. Cet endroit où je suis présentement ne fait que me rappeler ces cauchemars et jamais je ne les oublierai. Le silence est si lourd et si effrayant à supporter. Quelque chose me pèse comme si la terre tout entière s'écrasait d'une façon meurtrière au fond de mon âme. La tristesse m'envahit de plus en plus et tout mon être tremble d'une peine si longtemps refoulée. Tant de personnes sont mortes ici innocemment. Comme la vie est fragile ! Qui est l'auteur de la *VIE* et de *MA VIE* ? Qui a le droit d'enlever la vie de ces gens ? Pourquoi la mort ? Quelle est l'origine de la mort ? Pourquoi existe-t-elle dans la personne humaine ? À quoi sert-elle, la mort ? Est-elle la salvatrice de toute souffrance, incluant la mienne ?

J'y pense encore quand tout à coup, mon frère crie : « Pourquoi restes-tu là, sans bouger ? Viens vite avant que les soldats te voient ! »

Je cours rejoindre mon frère et les autres personnes qui sont avec nous dans un magasin. Il fait si noir ! Je déteste la noirceur ! Mon frère me prend par la main. Je le suis quasi pas à pas quand soudain, un bruit vient de l'extérieur ! Quelqu'un arrive ; il ne parle pas notre langue. Ce sont des soldats vietnamiens ; ils se dirigent vers nous. Tout le monde se cache comme il peut. J'ai peur et je tremble. Je n'arrive pas à rester tranquille. J'essaie, mais mon corps ne m'obéit pas. Mon frère me tient et il met sa main sur ma bouche de peur que je crie. Je ne peux plus supporter, j'étouffe. J'appelle Gabu et lentement, je me laisse envahir par les couleurs de mon Arc-en-ciel. Gabu m'amène loin, très loin, dans mon royaume imaginaire. Mon Arc-en-ciel me transporte dans le ciel. Mes nuages bien-aimés s'envolent si haut et m'enveloppent dans leur douce présence. Je vois mes fleurs adorables : elles possèdent toutes sortes de couleurs. J'adore les vertes, elles m'attirent ; je respire les parfums de ces fleurs. Mon piano magique joue de la musique et il me fait rire. Les oiseaux chantent et je revois mon poussin, Pigi. Je le serre contre moi et je le berce avec mon amie Sébal. Je veux rester dans mon royaume, je me sens en sécurité en présence de mes amis. Les couleurs de mon Arc-en-ciel me font perdre la tête tellement elles sont belles. Lorsqu'elles brillent, tout le ciel se remplit d'une beauté extraordinaire et même mes nuages tout entiers se transforment en couleur. Sa beauté devient un plaisir à mes yeux et je peux difficilement me passer de ses couleurs. Pendant que je suis avec mes amis, je ne sens rien, je n'ai peur de rien, je ne comprends rien à ce qui se passe au moment présent. Soudain une voix familière me parle, c'est mon frère :

« Ils sont partis. Il faut nous dépêcher... »

Je reviens sur terre. On dirait que je viens de me réveiller d'un profond sommeil. Je vois les autres et mon frère qui prennent des affaires, et je me dépêche de faire la même chose. Je veux suivre mon frère, mais mes jambes ne veulent pas me suivre. Soudain mon frère me crie :

« Les soldats vont revenir et je ne t'attendrai pas cette fois-ci. » Sur cette parole, je retrouve toutes mes forces et je cours assez vite pour suivre les autres.

Nous sommes rentrés à la maison le lendemain matin. Nous apportons des outils pour monter des bicyclettes. Sauva est drôlement bon ; il est intelligent et il est habile en tout avec ses mains... Ces bicyclettes vont nous servir à échanger de l'or avec des gens. Je me demande d'où provient l'or que certaines personnes possèdent, car nous avons tout donné aux Khmers rouges. Jusqu'à hier j'ignorais que mon frère risquait sa vie à chaque fois qu'il allait à Phnom-Penh. Il travaille dur. J'éprouve vraiment de la compassion pour lui, même s'il porte peu d'attention à ce que je ressens pour lui.

Sauva reste rarement une journée tranquille à la maison, il retourne seul en ville en essayant d'avoir d'autres pièces pour ses bicyclettes. Les gens en achètent beaucoup.

Je suis contente de ne pas y retourner avec Sauva cette fois. C'est trop dangereux et la route est longue.

—◦—

Lorsque mon frère part, il revient souvent une journée après, mais cette fois-ci, il ne revient pas. Je commence à m'impatienter de l'attendre et en plus, je déteste attendre. Cette attente me fait penser à mon attente de ma mère qui n'arrivait jamais. Mon frère est en retard, je déteste quelqu'un en retard, parce que je m'angoisse de peur qu'il ne revienne pas, comme ce fut le cas de ma mère. Je ne peux pas rester en place ; je pleure, car j'ai un drôle de sentiment que quelque chose lui est arrivé. Je veux partir à sa recherche, mais je ne connais pas suffisamment le chemin. Je n'y suis jamais allée seule.

Pendant plusieurs jours, je n'ai toujours pas de ses nouvelles. Mon inquiétude ne fait qu'augmenter de jour en jour, et cela me rend malade. Pia et No me rassurent, mais cela ne me suffit pas, j'ai besoin de savoir réellement ce qui lui est arrivé.

Plusieurs jours plus tard, mon frère fait son apparition. Je suis tellement heureuse de le voir. Je veux lui sauter au cou, mais je n'ose pas.

Il a l'air si fatigué, voire vidé...

Pia lui demande :

— Sauva, qu'est-ce qui s'est passé à Phnom-Penh pour que tu ne reviennes que plusieurs jours plus tard ? C'est une chose que tu ne fais jamais.

— Je suis entré dans un magasin et à ma sortie, des soldats vietnamiens m'ont capturé et ils m'ont mis en prison. Dans cette petite prison, il y a au moins une trentaine d'hommes. J'avais à peine une place pour rester debout tellement nous étions serrés, cordés. Lorsque notre besoin se faisait sentir, nous étions obligés de faire par terre à l'intérieur de la prison. L'odeur était horrible et cette prison n'avait pas de fenêtre. Je croyais mourir tellement ma vie était dure dans ce lieu. Les soldats nous maltraitaient et nous étions privés de nourriture. Certains hommes ont dû boire leur urine pour survivre. Je n'ai jamais eu aussi peur de ma vie que pendant mon séjour dans cette prison avec des soldats vietnamiens. C'était encore pire que lorsque j'étais avec les Khmers rouges. Ma peur était si grande que j'ai senti tout à coup une poussée pour prier mon père. Je lui disais : « Père, si tu m'aides à sortir de cette prison, je te promets que je ne retournerai plus jamais « voler » à Phnom-Penh. Je te promets aussi de préparer un festin à ton honneur. » Dès le lendemain, un soldat arriva près de moi et me dit : « Je ne veux plus te voir ici. Va, maintenant ! ». J'étais tellement heureux que je disais merci à mon père, car ma prière était exaucée.

— Ta petite sœur était tellement inquiète de toi.

— Je sais... Maintenant, j'aimerais préparer un repas pour prier mon père. Désormais, je ne veux plus retourner à Phnom-Penh.

— Tu ne pourras plus monter tes bicyclettes ?

— Ma petite sœur va m'aider, elle ira pour moi.

Il me regarde et il s'attend à ce que je lui dise oui. Je ne veux pas le remplacer, j'avais peur la dernière fois que j'y suis allée. Mais je dois le remplacer, c'est notre façon de survivre. En voyant que j'ai peur face à sa demande, il me rassure :

— Ne t'inquiète pas ; je ne t'enverrai pas seule, là-bas, je demanderai à certains adultes habitués d'y aller avec toi.

— J'ai trop peur.

— Je sais. Tu vas voir, ces gens vont t'aider et il y a aussi des jeunes comme toi, tu ne seras pas seule.

— Je ne les connais pas.

— Tu connais Gosi : le garçon avec qui tu joues souvent. Dia, c'est ton amie, non ? Et beaucoup d'autres.

— D'accord, je vais y aller.

— Tu es une bonne fille.

Je pars dès le soir. Il faut attendre qu'il fasse un peu noir pour éviter que des soldats nous repèrent. Avant de partir, mon frère me répète :

— Tu ne dois pas être distraite ! Il faut que tu sois rapide et tu dois toujours suivre les autres, d'accord ?

— Tu me dis toujours la même chose.

— Je sais, c'est parce que tu ne m'écoutes pas quand je parle.

— D'accord, je vais faire ce que tu me dis. Est-ce que je peux partir ?

— Oui.

J'avoue que c'est très énervant tout cela. J'ai peur rien que d'y penser.

C'est parti ! Je pars avec les autres. Je les colle presque pour être sûre que je ne serai pas seule. Ces gens sont habitués et ils marchent très vite. Je dois courir pour les suivre. Il fait noir et j'entends des bruits bien bizarres en chemin. Je vois dans ma tête les serpents qui sortent de partout et dont je n'arrive pas à m'échapper. Je cours et je cours. On dirait que plus j'ai peur, plus je suis rapide ; mais c'est curieux, parfois la peur me paralyse. Je constate que je cours beaucoup dans ma vie et si je continuais à courir ainsi, je serais peut-être une championne olympique en course.

Me voilà à nouveau à Phnom-Penh. Il fait tellement noir ! Comment vais-je faire pour prendre des objets, alors que je ne vois absolument rien ? Je suis découragée, car je ne sais pas par quoi commencer. J'entends des bruits et les gens disent : « Je prends le tapis... » Ces sont mes oreilles qui me guident cette fois au lieu de mes yeux. Je me dirige lentement vers des gens par les bruits et je tâtonne jusqu'à ce que je sente quelque chose sur la tablette. Je me dépêche de le prendre, mais j'ignore ce que j'ai dans les mains. Ensuite, j'entends : « Vite, vite ! Il faut sortir ! Des soldats arrivent. »

Je cours et je tombe. Ma jambe reste prise dans quelque chose que je ne vois pas. J'essaie de sortir, mais je n'y arrive pas. Je crie :

— Au secours ! Je suis prise ! Je ne peux pas courir !

— On ne peut pas t'aider, c'est chacun pour soi, me répond une voix.

Le silence tout à coup... Ils sont partis sans moi et en plus j'entends des pas de soldats qui courent dans ma direction. Je m'efforce de ne pas pleurer ; les soldats peuvent m'entendre. Soudain :

— Je suis là, princesse, n'aie pas peur !

— Mon Arc-en-ciel adoré, éclaire-moi avec tes couleurs, je ne vois rien.

— Lève ta jambe vers la gauche !

— C'est quoi la gauche ?

— Suis-moi, princesse, viens, suis-moi !

— Prends-moi par la main ! Je ne vois pas ! Transforme tes couleurs, Arc-en-ciel, vite !

Je vois soudainement grâce aux couleurs et je me relève.

— Vite, mon Arc-en-ciel, des soldats arrivent !

— Continue tout droit, ma princesse, je suis là !

Je trouve la sortie ; je cours, je cours ; tout à coup quelqu'un m'attrape et ferme ma bouche. Je ne peux plus crier. Une voix me dit : « Ne crie pas, nous sommes ici ; nous t'attendons. » Ouf ! Enfin je me sens soulagée de voir quelqu'un qui m'attend.

Nous retournons à la maison. Il fait presque jour ; j'ai hâte que le soleil m'éclaire et que je n'aie plus peur de la noirceur. Une fois à la maison, je donne tout ce que j'ai à mon frère et je vais me coucher. Mon frère me questionne et je lui réponds par oui ou par non. Lorsque mon frère est très content de moi, je me sens valorisée par lui. Je suis très heureuse qu'il me sourie. Je crois que je lui donnerais le ciel pour qu'il me sourie plus souvent. Il dit que je lui apporte ce qu'il désire. Je ne le savais même pas.

Je me sens tout à coup si fatiguée. Toute ma peur retombe sur mon corps et je me sens mal. Je vais me coucher. Mes yeux sont si lourds que je m'endors presque tout de suite. Le sommeil profond m'envahit lentement ; je fais un rêve, je vole très haut. On dirait que quelqu'un m'appelle de loin, mais je refuse d'y répondre. La voix me paraît si floue... Je continue de voler et soudain, je vois Gabu et mon piano magique qui se tiennent à côté de moi ; ils me réveillent et je refuse de leur obéir, car je suis bien là où je suis. Gabu insiste :

— Princesse, réveille-toi, tes amis ont besoin de toi.

— Gabu, ne vois-tu pas que je dors ?

— Oui, mais c'est assez ! Tu dors depuis quelques jours.

— Qu'est-ce que tu racontes, je viens de me coucher. Laisse-moi tranquille, Gabu.

— Non, princesse !

Mon Piano magique joue tellement fort de la musique dans mes oreilles que je me réveille. J'ouvre les yeux et à ma grande surprise, je vois mon frère qui me parle.

Je me demande pourquoi tout le monde me regarde ainsi. J'apprends que j'ai dormi longtemps sans me réveiller comme Gabu me le disait dans mon rêve. Je ne souffrais pas, j'étais tellement bien là où j'étais dans mon rêve. Mon frère me dit qu'il a dépensé beaucoup d'or pour me soigner, parce que j'étais malade. C'est drôle, je ne me souviens absolument de rien. On dirait que quand je suis malade, je suis la dernière à le savoir, ce sont les autres qui m'en informent.

Je remarque que lorsque j'ai trop peur et lorsque je n'arrive pas à m'adapter à une situation angoissante, mon corps réagit et tombe malade. Il me parle un langage que je ne suis pas encore habituée à comprendre.

27

Mon père...

Depuis que j'ai été malade, Sauva ne veut plus que je retourne à Phnom-Penh. Je reste à la maison pendant plusieurs jours. Un matin, j'exprime à mon frère le désir d'y retourner. Il m'en donne la permission. Alors, dès le lendemain, je pars avec mes amis : Gosi et Dia. Nous sommes jeunes et des adultes ne nous accompagnent pas comme les autres fois.

Je désire partir de jour, mais c'est impossible à cause des soldats vietnamiens. Ils peuvent facilement nous repérer. Malgré cela, je décide de partir quand même à la clarté car je suis fatiguée de marcher dans les ténèbres.

Nous voici à nouveau à Phnom-Penh depuis quelques heures de marche. Dans le lieu où nous voulons prendre les objets, il y a tant de soldats qui surveillent ! Ils marchent de long en large. Ils sont conscients que les gens vont « voler » de la nourriture et des outils dans ces magasins. Dia me dit :

— Nous devons nous séparer.

— Pas question que nous nous séparions, lui répondis-je.

— Alors, je ne te suis pas.

— Je n'aime pas être seule devant tant de soldats.

— Gosi est d'accord pour que nous ne soyons pas ensemble.

— Si c'est ça que vous voulez, alors séparons-nous.

Nous prenons trois chemins différents. Malgré ma peur d'affronter seule ces soldats, je dois avancer quand même.

Que dois-je faire s'ils me capturent ?

Je me souviens tout à coup de la prière que Sauva adressait à mon père. Alors, je prie un père que je ne connais même pas : « Père, fais que Gosi et Dia reviennent à moi et que nous marchions ensemble, car j'ai peur de ces soldats. »

Lorsque je parle à mon père, je vois dans ma tête quelqu'un faire de la magie et tout s'arrange pour moi.

À peine ai-je terminé ma prière que Gosi et Dia arrivent :

— Viens, nous y allons ensemble !

— Comme je suis contente de vous voir, Gosi et Dia !

Ça marche ! Qui est-il donc ce père si puissant : il exauce ma demande et celle de mon frère ? Je suis tout heureuse. Je lui dis merci.

J'entre dans un magasin avec Gosi et Dia. Je suis en train de prendre des conserves de nourriture, quand soudain des cris de soldats se font entendre. Je ne comprends pas ce qu'ils disent, mais je sais qu'ils ne sont pas très contents de nous voir à Phnom-Penh. Nous nous dépêchons de disparaître de leur vue. Une fois le danger écarté, je constate que je n'ai pas grand-chose à apporter à la maison. J'ai peur que mon frère ne soit pas content de moi. Je demande à Gosi :

— Gosi, apporte pour moi ces conserves à mon frère, s'il te plaît !

— Que vas-tu faire ?

— Je retourne seule dans ce magasin à nouveau ; je n'ai presque rien rapporté.

— Ne fais pas ça, c'est trop dangereux.

— Je sais, mais je ne me sens pas capable d'aller chez moi avec ces simples conserves pour mon frère.

— Moi non plus, je n'ai pas grand-chose pour mes parents.

— C'est facile pour toi, Gosi : tu as tes parents ; ce n'est pas la même chose d'avoir un frère comme père. Tu dois partir maintenant, Gosi.

— D'accord !...

Nous nous regardons comme si c'était la dernière fois que nous nous voyons. Nous nous quittons. Je suis déterminée à entrer dans ce magasin si dangereux. Je veux affronter ma peur. Je dois y arriver. Je me trouve quand même très audacieuse, mais j'ai peur rien que d'y penser. Moi, toute seule à Phnom-Penh ?

J'attends un moment et je cours le plus vite possible dans ce magasin. Là, je vois une sorte de tapis ou quelque chose de semblable. Je le prends ; c'est lourd pour moi, mais je l'emporte quand même. Je guette les soldats et lorsque je me sens en sécurité pour sortir, je cours, je cours sans arrêt...

Je réussis à sortir de Phnom-Penh ; je peux marcher maintenant. Je m'écarte du danger. Je retrouve mon chemin pour aller chez moi. Je marche et plus j'avance, plus je trouve que ce tapis est lourd. Il me vient à l'idée de l'abandonner, mais je dois aller jusqu'au bout. Je risque ma vie pour ça.

Je me sens fatiguée et j'espère toujours que mon frère vienne au-devant de moi pour m'aider. Mais, en vain...

Tout en marchant, je constate avec fierté que j'ai moins peur de marcher toute seule maintenant. Mon expérience, de rester seule à Phnom-Penh, me permet d'acquérir une certaine confiance en moi-même.

Je prends une pause et je tombe endormie en chemin. Quand soudain, j'entends des bruits ; je me lève en sursaut et je vois un homme devant moi : il prend mon tapis. À ce moment précis, j'ai besoin de ma colère pour affronter cet homme. On dirait que la colère me rend forte et chose surprenante, je réussis à reprendre ce qui m'appartient. Ce tapis n'est pas un simple objet, il est le symbole de ma réussite, de ma fierté d'être sortie seule saine et sauve et ça, sans l'aide de personne.

Je marche encore quand tout à coup, je vois de loin mon chez moi ; cela me donne de l'énergie pour courir plus vite. J'ai hâte de voir mon frère ; je crois qu'il sera content de moi.

J'arrive finalement à la maison, mais à moitié morte de fatigue. En me voyant, mon frère, contrairement à ce que je m'attendais, est très fâché contre moi :

— Pourquoi retournes-tu seule à Phnom-Penh ? Je t'ai pourtant demandé de ne jamais aller nulle part seule. Tu m'as désobéi.

— Je n'avais que quelques conserves de nourriture et j'avais peur que tu sois fâché contre moi à cause de ça. C'est pour ça que je suis restée seule à Phnom-Penh. Je voulais te faire plaisir en prenant les choses que tu veux.

— Savais-tu que c'est dangereux ?

— Oui, grand frère...

— Va manger maintenant et ne fais plus ça !

— D'accord, grand frère !

Il a de drôle de façon, mon frère, pour me dire qu'il s'inquiète de moi ou qu'il a peur pour moi.

Le lendemain, Sauva m'interdit de sortir, mais je réussis quand même à aller au bord du fleuve en cachette avec Sol, notre voisine. Tout en nous promenant, nous voyons quelques personnes et toutes ont sur elles un sac sur la tête. Intriguée, je cours vers une personne et je lui demande :

— Pardon, madame, j'aimerais savoir ce que vous avez sur votre tête.

— C'est un secret.

— S'il vous plaît, madame !

— Tu as une façon très charmante de demander, petite fille. Je vais t'avouer un secret, mais tu ne dois le dire à personne.

— Est-ce que je peux le dire à mon frère ?

— Tu peux le dire à tes parents.

— Je n'ai pas de parents, madame.

— D'accord, tu peux le dire à ton frère. Tu vois les trains là-bas, à l'intérieur de la clôture ? Il y a beaucoup de sacs de sel.

— Merci, madame.

Je cours vite à la maison pour rejoindre mon frère et Sol me suit. Je lui dis ce que la dame m'a révélé. Il me répond qu'on a justement besoin de sel pour manger. Mon frère invite la famille de Sol à venir avec nous. Alors, nous réunissons tous ceux et celles qui désirent partir avec nous. Nous voulons tenter notre chance. Encore une fois, il faut attendre la nuit pour y aller.

Nous partons !... Je suis en tête, car je sais où se trouve l'endroit où il y a des trains. J'arrive ! Je monte très vite dans le train. Je vois beaucoup de sacs qui contiennent du sel. J'en prends un ; je m'apprête à sauter quand mon frère arrive et me dit : « Descends deux sacs, un pour moi et un pour toi. »

Je fais ce qu'il me demande et il ajoute : « Tu dois sauter vite maintenant ! » Je saute et tout de suite, Sauva met un sac de sel sur ma tête et me dit : « Tu dois courir le plus vite possible et surtout ne t'arrête pas en chemin. Je te rejoindrai à la maison. M'as-tu bien compris ? » Je fais signe que oui.

Je cours comme je peux, mais là, les adultes me bousculent et ils me font reculer de plus en plus loin dans la file. Je ne réussis plus à avancer. La porte de sortie est trop étroite, car autour de nous ce sont des clôtures barbelées.

Je suis encore en arrière quand soudain, j'entends les bruits de fusil. Les soldats sont réveillés, nous faisons trop de bruit. Ils nous poursuivent. Je sors de la clôture finalement, mais il est trop tard pour que je puisse me rendre chez moi. Je dois me cacher immédiatement, car je risque de me faire tuer. Je descends au bord du fleuve et là, je vois une grotte assez profonde dans laquelle je me cache. C'est curieux que je n'aie jamais vu cette grotte auparavant. Pourtant, je me promenais très souvent par ici. C'est du sable qui prend une certaine forme et au moindre mouvement, elle peut s'effondrer.

J'ai tellement peur que tout mon être en tremble. Mon corps réagit de cette façon chaque fois que j'ai peur. J'ai la sensation d'avoir très froid et je grelotte, je claque parfois des dents. J'entends les pas des soldats qui marchent juste au-dessus de ma tête. Je souhaite qu'ils partent, car la grotte va s'effondrer, c'est seulement du sable. La peur me fait même oublier de respirer et que j'ai encore sur ma tête un sac de sel. C'est très lourd du sel même dans un petit sac.

Je prie encore mon père pour qu'il me protège et j'ai l'impression qu'il me gâte ; les soldats ne soupçonnent même pas que quelqu'un se cache dans la grotte et celle-ci ne s'effondre pas non plus. Je sens, pour la première fois, au plus profond de mon âme que quelqu'un veille sur moi, mais pas à la manière de Gabu. C'est un *AUTRE*. Qui est-elle, cette personne ? On dirait qu'une Présence mystérieuse dont j'ignore le nom vient de m'être révélée.

Tout de même, j'ai besoin de parler avec Gabu quand je suis en danger, car c'est le seul que je connaisse et qui peut « assurer » ma sécurité. Je cherche beaucoup à me sécuriser auprès de lui et de mes autres amis, car avec eux, j'ai l'impression d'avoir le contrôle de la situation que je vis. Je supporte difficilement l'idée qu'il me soit impossible de m'en sortir : cela devient trop menaçant pour moi.

Les soldats sont toujours au-dessus de ma tête et j'ai hâte qu'ils s'en aillent. J'ai peur que la grotte ne tienne pas le coup à la longue et en plus, j'entends des bruits de fusil. Je suppose que ces soldats tirent sur des personnes quand ils les voient se sauver. J'entends également des cris de détresse lorsque certaines personnes sont capturées. Je ne vois rien, mais j'entends tout. J'ai tellement peur que mes jambes ramollissent.

Je passe toute la nuit seule dans la grotte sans pouvoir me sauver. Le jour se lève enfin et j'ai soif. Le fleuve est là, mais je ne peux sortir. J'écoute attentivement pour savoir si j'entends encore des soldats, mais tout me paraît tellement silencieux tout à coup. Je sors un peu la tête pour voir ce qui se passe à l'extérieur et je vois des soldats s'occuper ailleurs. Je risque ou je ne risque pas ? Je me sens tiraillée. J'ai peur, mais en même, je ne peux plus rester là et attendre encore toute la journée. Je déteste attendre !

J'appelle Gabu et je cours de toutes mes forces. Tout en courant, j'entends les pas et les voix des soldats qui me poursuivent. Je ne veux pas les regarder, je dois me concentrer à courir comme je peux, mais à un moment donné, j'ai l'impression que des balles de fusil sifflent à mes oreilles tellement elles sont proches. J'ignore si je suis touchée. La peur est trop grande pour que je sente quoi que ce soit et de toute manière, je n'ai pas l'intention d'abandonner mon sac de sel pour vérifier si je suis blessée ou pas. Je dois foncer coûte que coûte. Je cours et je cours... Je cours, mais j'ai l'impression de courir sur place tellement la terreur me paralyse :

— Gabu, vite, aide-moi !

— Je suis là, ma princesse !

— Vite, il faut que je monte sur toi, car je n'arrive plus à courir, je n'avance plus.

— Viens, vite !

Je saute sur Gabu et je m'envole avec lui. Je crois que je viens de franchir le danger. Mon premier réflexe : je me touche pour savoir si je suis blessée. Je ne vois pas de sang sur moi, alors je suis OK. Suis-je immortelle ? Les coups de fusil si proches de moi sans me toucher, c'est impossible ! Suis-je

indestructible ? Je dois reconnaître malgré moi que
QUELQU'UN me protège vraiment. J'ignore pour le moment
qui est cette personne et où elle habite. Une chose est certaine,
je la sens au fond de mon âme. Lorsque je parlais à mon père,
était-il vraiment un père humain ? « Je te remercie, mon Père
inconnu, de me protéger. »

Une fois sortie saine et sauve, je cours jusqu'à mon chez
moi. Lorsque je vois mon frère, il me dit :

— Je t'avais dit de partir avant moi et comment se fait-il que
tu ne sois pas entrée ?

— J'étais poussée par des gens et je n'arrivais pas à m'en
sortir.

Il me regarde avec un air très fâché et il ajoute :

— Sol a été capturée par des soldats et je croyais que toi
aussi tu étais avec elle.

— As-tu eu peur pour moi ?

— Hu... Je n'aime pas quand tu me poses des questions.

— Pourquoi es-tu fâché contre moi ?

— Parce que tu ne m'écoutes jamais.

Mon frère est convaincu qu'il a toujours raison même s'il a
tort parfois... Je me retire et je pense à Sol. Je suis peinée
qu'elle soit capturée. Je me demande où elle est présentement.
La reverrai-je un jour ?

Quelques semaines plus tard, Sauva décide que nous allons
encore déménager. Cette fois, nous sommes dans Phnom-
Penh, mais pas au centre-ville.

28

Les retrouvailles

Dans notre nouveau milieu, Sauva fait des affaires avec les gens. Il est très habile, mais il ne m'enseigne pas : « Tu es trop jeune », me dit-il.

Tous les jours, Sauva sort et il revient le soir. J'ignore où il va pour faire des affaires. Or, un soir, à son arrivée, il n'est pas comme les autres jours : il est tout souriant. C'est très rare qu'il sourie. Il se passe quelque chose que j'ignore. Il me regarde et dit :

— Je viens de rencontrer notre belle-sœur.

— Quelle belle-sœur ?

— Tu es stupide, tu ne connais même plus notre belle-sœur ?

Ah ! Je saisis qu'il s'agit de Yana. Elle est vivante ! Je ne pensais plus à elle. Cela me fait tellement drôle au fond de moi ; je ne sais pas pourquoi, le fait qu'elle soit vivante ne me dérange pas trop et même, je suis contente qu'elle soit vivante, parce qu'elle est en mesure de me dire où se trouve ma mère.

D'après ce que mon frère m'a dit, Yana se rendait au Vietnam après la guerre, en 1979.

Pendant un long moment de silence, Sauva ajoute :

— Notre belle-sœur a besoin de moi pour retrouver son neveu, Copita. Il est prisonnier au village des Khmers rouges. Il faut aller le libérer, sinon il va demeurer là pour toujours avec les Sauvages.

— Comment vas-tu là-bas ?

— À bicyclette.

— Y vas-tu seul ?

— Non, notre belle-sœur viendra avec moi.

— Quand comptez-vous partir ?

— Dès demain matin. J'espère que tu seras gentille avec Pia pendant mon absence.

— Oui, oui !...

Mon frère est très fier de répondre à la demande de Yana.

Dès le lendemain, même avant que le jour se lève, il est prêt à partir. Il part avec sa bicyclette. Quand reviendra-t-il ? Va-t-il revenir ? Mes questions traduisent mes inquiétudes.

Depuis que Sauva est parti, je trouve le temps interminable. Comme c'est long d'attendre !

Quelques semaines plus tard, mon frère arrive ; je suis très contente de le voir, mais lui, je pense qu'il y est indifférent. Cela me rend malade. J'ai trop d'attentes envers lui, je crois, et il a sûrement senti ça. Je sens qu'il déteste mon attitude de dépendance envers lui. C'est vrai que je suis dépendante. J'ai besoin de son amour, car je ne sais pas comment m'aimer pour ce que je suis. Je suis dépendante également de lui, parce que je ne sais pas comment me débrouiller seule. En plus, mon frère me dit souvent : « Tu es bornée, stupide, tu es trop jeune pour faire telle chose... » Alors, je prends l'habitude de me fier beaucoup à lui. D'une certaine façon, mon frère crée chez moi, sans le savoir, la dépendance face à lui. Lorsqu'une personne est dépendante, on peut facilement abuser de son propre pouvoir sur elle.

C'est un succès, ce voyage, pour Sauva et pour Yana : ils ont trouvé Copita. Pendant ce voyage, mon frère a fait des découvertes primordiales : certaines personnes peuvent aller en Thaïlande faire des affaires. À son arrivée, il ne parle quasiment que de ça. Or, un matin, je ne m'attendais pas à cette nouvelle :

— Je dois partir seul aux frontières thaïlandaises pour faire des affaires.

— C'est très loin d'ici ?

— Oui, c'est très loin, mais c'est surtout très dangereux en chemin.

— Je suis capable de te suivre, tu sais.

— Non, tu ne seras pas capable ; tu es trop jeune et je ne peux pas m'occuper de toi.

— Je peux m'occuper de moi-même.

— Tu n'es qu'une enfant encore et tu ne pourras jamais t'occuper de toi-même.

— Je ne suis plus une enfant. De toute manière, qui va s'occuper de moi pendant ton absence ?

— Pia et No s'occuperont de toi.

— Ça, non ! Je ne les aime pas et je ne veux pas les écouter. Elles me disent des choses stupides.

— Je t'interdis de parler ainsi d'elles. Tu es très impolie avec les adultes.

— Je *DÉTESTE* les adultes ! Je veux partir avec toi, frère !

— Je te répète que c'est trop dangereux pour toi.

— À Phnom-Penh, c'était très dangereux, pourtant tu m'y envoyais quand même. Pourquoi ne me dis-tu pas que tu ne veux pas m'emmener avec toi, au lieu de me mentir ?

— Je viendrai te chercher plus tard.

— Oui, c'est ça, maman me disait la même chose et elle n'est jamais revenue. Les adultes ne tiennent jamais leurs promesses. Je vous déteste ! De toute façon, je suis fatiguée de t'entendre dire toujours la même chose : « Tu es trop jeune. » Je suppose que je suis trop jeune seulement pour les choses que toi, tu ne veux pas que je fasse. *JE VEUX PARTIR AVEC TOI. JE SAIS QUE TU NE REVIENDRAS PAS ME CHERCHER...*

Sur ces paroles, je pleure de rage. Alors il me dit :

— Je n'aurais pas dû te parler de mon projet. À chaque fois que je te parle de quelque chose, tu réagis toujours mal ; tu ne comprends jamais rien et tu pleures tout le temps. Tu es insupportable !

— Je ne suis qu'un fardeau pour toi, n'est-ce pas ? C'est pourquoi tu veux m'abandonner ici avec les étrangers...

Mon frère garde le silence et il sort de la maison. Je me sens rejetée, abandonnée et blessée par ses paroles non fondées. Je me sens si impuissante face à ma situation actuelle. C'est intolérable d'éprouver ce sentiment. Que vais-je faire sans mon frère ? Je désire profondément ne plus jamais avoir besoin de lui, mais je ne réussis pas à être indépendante pour le moment. On dirait qu'il n'existe rien dans mon monde intérieur, rien de solide où je pourrais m'appuyer et fonctionner par moi-même. J'ai trop soif d'un amour dont j'ignore le nom à ce moment-là. Existe-t-il sur cette terre, cet *AMOUR* ?

Ce qui me fait mal au sujet de mon frère, c'est qu'il dit souvent comprendre et savoir « tout » sur moi. Je regrette de lui dire qu'il ne sait absolument rien de moi. Il dit qu'il a *TOUJOURS* raison sur tout. J'aimerais être capable de ne plus avoir besoin de qui que ce soit sur cette terre. Je paie trop cher pour avoir besoin de quelqu'un et ça me fait souffrir. Finalement, je désire me détacher *TOTALEMENT* de tout ce qui existe sur cette planète. On dirait que je suis « allergique » à tout ce qui est vivant et particulièrement aux humains. *COMME ILS SONT CRUELS !* Aussitôt que je commence à m'attacher, je me fais du mal. La douleur du cœur est-elle le nom de l'amour ?

J'essaie de tout mon possible à convaincre mon frère de m'emmener avec lui. J'ignore que je le provoque encore davantage face à ma demande. Il décide de ne plus m'adresser la parole et ça jusqu'à son départ. Je garde tout en moi et je souffre en silence. Je pleure en cachette.

Des paroles de mon frère résonnent constamment dans ma tête : « Tu es insupportable ». Mon frère ignore peut-être que ses paroles m'affectent profondément. Jamais je ne les oublierai. Je suis blessée ! Or, la blessure est le pire virus qui détruit, non seulement mon âme, mais qui affecte *TOUT* mon être. Cette blessure porte un parasite qui empoisonne mon monde affectif. L'infection du cœur est si compliquée à guérir.

———

Ce matin, je me lève en espérant voir mon frère, mais il est parti ! Même pas un mot... Ce départ me coupe le souffle tellement cela me pèse. J'ai le cœur broyé de chagrin. Lorsque mon cœur est affecté, je peux difficilement fonctionner.

Vais-je revoir mon frère un jour ? Que vais-je faire de moi ? Je demeure avec deux dames étrangères : Pia et No.

Je me sens obligée de trouver une motivation pour survivre sans mon frère. *DÉSORMAIS, JE NE VEUX PLUS COMPTER SUR PERSONNE POUR SUBVENIR À MES BESOINS. JE NE VEUX PLUS AIMER ! L'AMOUR SEUL PEUT ME BLESSER D'UNE BLESSURE PROFONDE. L'AMOUR EST-IL LA SOURCE DE TOUTE MA SOUFFRANCE ? DITES-MOI, À QUI DE DROIT, POURQUOI L'AMOUR EST-IL BLESSÉ ?*

29

« Viens et suis-moi. »

Après le départ de mon frère, Pia se croit obligée d'être « ma mère », mais ce n'est pas ce que je désire.

Un jour, elle vient s'asseoir à côté de moi. Cette présence déclenche chez moi un malaise important. Je comprends que chaque fois où mon frère se tenait à côté de moi, j'étais plus stressée car il me faisait toujours la morale, et je déteste vraiment cela.

Pia veut me parler :

— Tu sais, dans quelques années, tu seras une femme et je dois te trouver un mari.

— Un mari ? Pourquoi ?

— Toutes les femmes doivent se marier un jour ou l'autre.

— Je ne veux pas me marier, je déteste les hommes : ils ne font que la guerre.

— Tu changeras d'idée quand tu seras un peu plus vieille. Maintenant, écoute-moi bien, jeune fille...

— Pourquoi dois-je t'écouter ? Tu n'es ni mon frère ni ma mère.

— Tu n'as que moi et No. Ton frère t'a abandonnée et tu as besoin des adultes pour t'aider.

— Je n'ai besoin de personne et je n'ai pas l'intention de t'écouter.

— Comme tu es entêtée !

— Je sais. Tout le monde me dit ça depuis ma naissance.

— Un garçon et ses parents viendront te voir aujourd'hui, car je leur ai dit que tu es ma fille ; ils sont intéressés à te rencontrer.

— Ha, ha ! Garde la visite pour toi ! Moi, je ne veux voir *PERSONNE* et je ne veux pas que tu sois ma mère ! J'ai déjà une mère et je vais la retrouver un jour.

Sur ces paroles, je sors de la maison. Je cours à l'extérieur. Je suis maîtresse de moi-même, même si je ne sais pas encore comment je vais me débrouiller seule ; j'ai environ 14 ans maintenant.

Un peu plus tard, je retourne à la maison et je vois des gens chez moi. Pia me présente le garçon et ses parents. J'éclate de rire. Comme ils sont tous ridicules ! Je ne peux pas faire autrement que de les envoyer tous promener.

Les pauvres parents sont obligés de partir, très fâchés face à un tel accueil de ma part. C'est ce que je voulais.

Pia devient rouge de colère contre moi :

— Comment est-ce possible que tu sois impolie à ce point ?

— Ça aussi, je le sais depuis longtemps. Je ne tiens à être polie avec personne et je ne veux *PAS* non plus être *OBÉISSANTE ! LAISSE-MOI TRANQUILLE !*

Pia pleure à chaudes larmes et curieusement, cela ne me touche pas tellement, je suis en colère moi aussi. La colère endurcit mon cœur et me permet de foncer malgré mes peurs.

J'AI BESOIN DE MA COLÈRE POUR REPOUSSER TOUS CEUX ET CELLES AUXQUELS MON COEUR VEUT S'ATTACHER. JE VEUX RENIER TOUT CE QUI TOUCHE À L'AMOUR, CAR J'AI CHOISI LA COLÈRE POUR « AMIE INTIME ». ELLE M'AIDE À ME GARDER À DISTANCE DU MONDE EXTÉRIEUR QUI PEUT ÊTRE TROP MENAÇANT POUR MON « MOI ».

Quelques jours plus tard, après l'histoire du mariage, je commence à travailler pour des Vietnamiens. Ces gens circulent beaucoup du Vietnam au Cambodge. Ils vendent des objets, de la nourriture, etc. et ils paient quiconque ramasse les plastiques et les bouteilles vides pour eux. Même les plastiques très sales, ils les prennent quand même. Certains Vietnamiens parlent le chinois et parfois même le khmer. Je suis motivée pour ramasser tous les plastiques et les vendre.

Depuis que des Vietnamiens sont arrivés chez nous, les magasins prennent une expansion importante au Cambodge. L'argent que je gagne en ramassant les bouteilles et les plastiques sales, je le garde pour faire des affaires moi aussi.

Certains matins, j'aime bien aller manger de la soupe au riz non loin de chez moi. La soupe cambodgienne est délicieuse à cet endroit. Ce matin, je m'y rends comme d'habitude et là, j'observe comment les gens font les affaires. Soudain, j'ai une idée... Je vais à Phnom-Penh acheter un sac de têtes d'ail.

Une fois à la maison, je les sépare en petits morceaux et je mets chaque gousse d'ail dans des petits sacs, mais je fais en sorte que mes petits sacs paraissent gros. Je veux vendre le plus cher possible. Je me place comme tout le monde par terre pour vendre mon produit et je demande à quiconque passe devant moi d'en acheter. J'apprends à charmer les gens et ça « marche à tout coup ». Certaines dames me disent : « Comme tu es charmante ! » Mon sourire ne fait qu'augmenter face à ce compliment. Je réalise que j'ai un pouvoir pour charmer et je l'utilise pour obtenir ce que je veux.

Il n'est pas rare que certaines personnes me trouvent serviable, *CHARMANTE*... Ces gens ignorent totalement de quoi je suis capable. Je ne suis pas ce que mon apparence leur fait croire. J'expose consciemment aux yeux des gens ce qu'ils veulent bien voir afin que je puisse obtenir ce que je désire... Le paraître n'est pas l'*ÊTRE* dans mon cas. Mon vrai « moi » est différent. Lorsque je suis avec Pia et No, je suis « naturelle »...

Je suis une vraie vendeuse ! J'ai tout vendu ce que j'avais, avec mon *CHARME*. Le soir, j'apprends à compter mon argent avec Pia. Je me méfie un peu d'elle, car elle croit que je suis bornée, comme le lui a dit mon frère, et elle veut profiter de moi.

Je sais compter assez bien maintenant. Je crois que je gagne plus d'argent que le coût réel de l'ail. Je suis très excitée. Je me sens stimulée. Mon frère ne m'a pas montré ce qu'il faisait, parce qu'il me trouvait trop bornée ; aujourd'hui je me débrouille seule sans son aide. Quel progrès !

Chaque jour, je fais la même chose et là, j'ai besoin d'expérimenter autre chose. Encore une fois, je vais manger de la soupe pour déjeuner ; je remarque que les gens en mangent avec du pain baguette. Oui, j'ai trouvé ! Je vais acheter du pain. Je m'informe comment je peux en obtenir et on me l'explique. Je comprends tout.

Dès le lendemain, je me lève très tôt pour être la première acheteuse. Je me rends à l'endroit où un couple vietnamien vend ses pains chauds. J'attends un peu et les voilà. J'achète tous leurs pains. Je me trouve très osée pour quelqu'un qui ne sait pas encore faire des affaires. Je prends le risque. Pourquoi j'achète tout le sac ? Parce que je ne veux pas que d'autres acheteurs en aient ; de cette façon, tout le monde viendra en acheter chez moi. J'ignore si ça va « marcher ». Je n'ai pas d'expérience. Tout de même, j'ai le sens des affaires pour la « bornée » que je suis. Comme de raison, je suis la seule à vendre du pain, je gagne beaucoup d'argent aujourd'hui.

Je me lève chaque jour très tôt comme d'habitude pour aller chercher mon pain et je gagne de plus en plus d'argent. Le soir, quand j'arrive chez moi, je mange la baguette qui me reste : c'est mon pain préféré. J'en mange tellement que Pia et No me déclarent un jour :

— Nous ne savions pas que tu es une « Blanche de sang ».

— Je ne comprends pas.

— Dans ta vie antérieure, tu as probablement été une Américaine.

Je ris aux larmes de ce qu'elles me disent :

— Qu'est-ce que c'est, une Américaine ?

— Une personne qui n'est pas de notre race et qui mange du pain comme toi.

Peut-être suis-je une exception ; c'est vrai que les Asiatiques ne mangent pas beaucoup de pain.

———

Ce matin, j'oublie de me réveiller tôt pour acheter mon pain. Je me dépêche. Soudain, quelqu'un frappe à la porte.

J'ouvre... Je vois Yana. La surprise est tellement grande que cela me coupe le souffle. Je ne respire pas pendant un moment. Je ne sais quoi dire : je reste figée là. Je croyais qu'elle était partie avec mon frère.

Elle me regarde longuement et dit : « Comme tu as grandi ! »

Un silence règne...

— Viens, je t'emmène avec moi !

— Où ?

— Viens et suis-moi.

— Pourquoi dois-je te faire confiance ?

— N'aie pas peur !

Je ne sais pas pourquoi, mais quelque chose me dit que je peux lui faire confiance. Je pars sur le champ. De toute façon, je n'ai rien à perdre en la suivant. Je commence à aimer ce que je fais à Phnom-Penh, mais ma vie ne me conduit nulle part. Alors...

Elle me conduit jusqu'au fleuve ; là, je vois sa famille et ses amis. Je reconnais son père, sa fille et son garçon. J'apprends que mon demi-frère, son mari, et un de ses fils sont morts de faim pendant la guerre avec les Khmers rouges. Dès que je suis seule avec Yana, je saute sur l'occasion pour demander des informations sur ma mère :

— Belle-Sœur, je désire savoir si tu as vu ma mère et ma petite sœur.

— Ta mère, ta petite sœur, ta demi-sœur, ses deux filles et son mari étaient tous avec moi au début, mais peu de temps après, tes deux nièces sont mortes de faim. Ta demi-sœur et son mari étaient très paresseux, alors un jour, les Khmers rouges ont décidé de ne plus leur donner à manger et les ont renvoyés dans un autre village où il y avait plus de famine. Ta mère était incapable de les laisser partir seuls de peur qu'ils meurent de faim ; elle les a suivi en cachette. Elle espérait les sauver par elle-même. En chemin, des soldats ont retrouvé ta mère et ils l'ont tuée. Tout le monde l'aimait, ta mère ; elle ne manquait jamais de nourriture, car les gens lui en donnaient. Elle rendait service à tout le monde et elle aidait quiconque avait besoin d'elle. Elle était...

— L'as-tu vue mourir ?

— Non. Tout le monde en parlait.

— Je ne te crois pas ! Tu n'as pas vu mourir ma mère. Comment as-tu pu m'expliquer sa mort alors que tu ne voyais pas ce qui se passait ?

— Tu n'as pas changé ; tu as la tête aussi dure qu'avant et tu es impolie.

— Je suis contente d'avoir une tête dure sinon je n'aurais pas survécu chez les Khmers rouges ou même pas quand j'étais avec toi.

— Ta mère est morte !

— *NON ! NON ! JAMAIS ELLE NE MOURRAIT SANS ME DIRE AU REVOIR !* Je suis son enfant et elle n'a pas le droit de me faire ça.

Sur ces paroles, je cours de toutes mes forces jusqu'au bord du fleuve pour me défouler. Je ne crois pas ce que Yana me dit, mais curieusement, je me plonge dans la nostalgie. Je me baigne dans les ténèbres totales. Au fond de moi, je ne veux pas croire que ma mère soit morte, car j'espère la revoir. Je survis *UNIQUEMENT* pour elle. Elle n'a pas le droit de m'abandonner ainsi. Ce n'est pas possible. Mon âme me fait si mal, même si je pense très fort que ma mère vivra et ça pour l'éternité. Malgré tout ce que je peux me faire croire, mon cœur se noie dans une profonde mélancolie.

Toute ma vie, je n'espérais qu'une chose, c'était de revoir ma petite maman adorée. Alors à quoi bon vivre si elle n'existe plus ?

Je suis bouleversée à un point tel que je veux détruire la terre tout entière. Je veux me venger de ceux qui ont tué ma mère. Je hurle de rage : « Pourquoi m'as-tu abandonnée, maman ? Je te cherche pendant des années et aujourd'hui, tu es partie sans me dire au revoir, comme mon frère. Mon espoir de te revoir un jour est ma seule SOURCE de survie. Je ne peux pas accepter que tu sois partie sans moi. Non ! *TU DOIS REVENIR ME CHERCHER ! JE VEUX PARTIR AVEC TOI !* Tu n'as pas le droit de m'abandonner comme ça ! Tu m'as promis de venir me chercher. Pourquoi as-tu fait ça ? Tu m'as mise au monde sans ma permission et tu oses m'abandonner. De quel droit agis-tu ainsi ? Comme tu n'es pas responsable de tes gestes ! Je te déteste, maman ! Tu n'aurais pas dû me donner la vie, car tu n'as jamais été là pour moi. Tu m'as donné la vie pour que je vive dans la misère. Est-ce cela une mère ? Je te trouve injuste, maman ! Tu es contente, maman ? Je suis seule au monde maintenant. *POURQUOI ? POURQUOI ? MAMAN ! MAMAN !* »

J'ai la *RAGE* au cœur. Je n'ai plus de mère ! À vrai dire, je n'ai jamais eu de mère ; pourtant, je l'aime plus que moi-même. Je dois me faire croire qu'elle est toujours vivante pour me permettre de continuer à vivre. Et un jour, je la reverrai. Je veux absolument la revoir un jour. *JE DÉTESTE LES HUMAINS !* Qui a osé inventer des êtres pareils ? Mon cœur est rempli de haine, de détresse, de chagrin...

— Gabu, ma mère est partie sans moi...

— Ne pleure pas, ma princesse adorée. Ta maman vit toujours dans ton cœur.

— Dans mon cœur ? Je veux la voir en personne.

Je me révolte encore quand Yana vient me trouver. Elle est triste pour moi. Elle me demande de la suivre. Je refuse. Je reste là au bord du fleuve, je me sens moins menacée ici. J'ai besoin de temps.

Elle me laisse mais revient encore me chercher un peu plus tard. Je la suis, cette fois-ci.

Nous passons la nuit non loin du fleuve. Avant d'aller nous coucher, tout le monde soupe, sauf moi. Mon chagrin me nourrit et j'ai mal au cœur. Je dois vomir dans mon corps ce que mon cœur n'arrive pas à avaler. Mon corps ne fait qu'un avec mon âme ; il réagit mal. Je deviens inconsolable.

Ma nuit est courte ; il fait déjà jour et nous devons partir. Nous marchons et il fait chaud. Nous arrivons à un endroit où il y a beaucoup de camions. Chaque fois que je vois des camions, j'ai l'impression que le souffle me manque, car j'associe les camions avec les trous dans lesquels les Khmers rouges voulaient nous enterrer vivants.

Yana et d'autres adultes se dirigent vers les camionneurs. J'ignore pour quelle raison. Quelques minutes plus tard, ils reviennent et nous devons partir. Nous devons embarquer dans un camion. Je monte la dernière et l'amie de Yana me dit :

— Tu ressembles plus à une Cambodgienne ; tu devrais rester en arrière, de cette façon, les soldats ne se douteront de rien.

— Douter de quoi ?

— Tu comprendras plus tard.

— Est-ce qu'on fait quelque chose de mal ?

— Oui, d'une certaine façon.

— Comme quoi, par exemple ?

— Je ne peux t'expliquer maintenant ; tu ne comprendrais pas.

— Comment veux-tu que je comprenne quelque chose si tu ne me l'expliques pas ? Je ne suis pas obligée de t'obéir.

— Tu n'es pas très polie avec les adultes.

— Je déteste la politesse si tu veux savoir. Les gens font semblant d'être polis, mais ils sont tous hypocrites.

Cette dame me regarde, car elle n'a pas aimé ma façon de parler. Le silence s'installe. Finalement, je demande à Yana :

— Pourquoi ton amie veut-elle que je m'asseye en arrière pour que les soldats ne se doutent de rien ? De quoi parle-t-elle ?

— Si ces gens voient des Cambodgiens, ils se douteront pas que nous voulons quitter le pays.

— Nous quittons le pays ?

— Chut... ! Ces gens peuvent t'entendre et nous ne pourrons pas partir.

Je me tais aussitôt, mais dans ma tête, j'ai tant de questions à poser. Le camion démarre. Nous arrivons à un certain endroit où des soldats nous arrêtent. Ils nous parlent en khmer. Ils veulent savoir où nous allons. Des gens qui sont dans le camion me disent :

— Réponds à leurs questions ! Tu as un accent khmer.

— Je ne sais pas parler ni quoi répondre. Je vais dire n'importe quoi.

Je décide finalement de dire n'importe quoi :

— Je vais voir ma mère, monsieur à... Je ne me souviens plus du nom de l'endroit.

Ces soldats me regardent et ils disent :

— Partez ! Partez !

Ils me parlaient avec un ton très autoritaire et j'en ai eu très peur.

Arrivés dans un autre village, d'autres soldats nous arrêtent encore. Le chauffeur de notre camion nous dit : « Je ne veux plus continuer : c'est trop dangereux pour moi. »

Sur ces paroles, tout le monde débarque du camion et marche. Le père de Yana est vieux et les hommes, le frère à

Yana et d'autres qui sont avec nous, le portent. C'est tout un travail ! Nous traversons de village en village et les gens nous regardent et ils disent : « Ils quittent leur propre pays pour aller ailleurs. »

Lorsque j'entends le mot ailleurs, je ne comprends pas. Je ne savais même pas qu'il existe d'autre pays que le Cambodge, la Chine et le Vietnam.

Des soldats vietnamiens nous arrêtent à nouveau, Yana et d'autres adultes vont leur parler :

— Nous allons faire des affaires aux frontières Thaïlandaises.

— Nous ne croyons pas que vous alliez faire des affaires avec un vieillard.

Nous sommes bloqués : les adultes continuent à discuter longuement avec ces soldats pour finalement obtenir la permission d'avancer. Lorsque nous pouvons partir, nous nous dépêchons de disparaître. La chaleur est écrasante et nous empêche de marcher rapidement. Tout le monde semble si épuisé et de plus, lorsqu'il vente, la poussière pénètre dans le nez et dans les yeux. Nous respirons de la poussière toute la journée car la terre est très sèche.

Nous venons de dépasser un village puis un autre pour finalement être arrêté à nouveau par des soldats. Lorsqu'ils voient le vieux père de Yana, ils se doutent de notre fuite et le chef dit : « Je vous interdis de quitter le pays. » Yana ne se laisse pas impressionner par ces soldats ; elle discute longue- ment avec le chef. Quelle femme courageuse ! Je crois qu'elle a vraiment le sens des affaires : c'est ce que j'aime chez elle d'ailleurs. Elle possède une force pour affronter tous les obstacles qu'elle rencontre. Ce qui est le plus merveilleux, c'est qu'elle a toujours réussi, jusqu'à maintenant, à nous faire sortir des mains de ces soldats.

Lorsque nous sommes libérés, nous partons sur le champ de peur qu'ils ne nous arrêtent une autre fois.

30

« Courez ! Plus vite ! »

Dans un village, nous nous arrêtons un peu pour manger et boire. L'eau est très chère parce qu'elle est rare là où nous sommes. Yana achète de l'eau avec son or.

La pause prend fin, il faut partir avant qu'il fasse trop noir. J'ai pitié des hommes qui transportent le père de Yana. Ils sont épuisés. À un moment donné, nous voyons une charrette de bœufs ; Yana court vite et elle demande au conducteur de nous emmener en échange de son or. J'ai le droit d'embarquer pour une courte période. C'est mieux que rien.

Nous passons de village en village. Certaines personnes nous regardent avec un air méprisant comme s'ils disaient : « Ils détestent leur propre pays et s'enfuient. »

Nous rencontrons d'autres soldats et cette fois, nous ne leur échappons pas. Ils sont tellement nombreux ; ils ont l'air déterminés à nous arrêter. Le pire, c'est que rien ne peut leur faire changer d'idée. Yana et d'autres adultes font tout leur possible, mais rien à faire. Notre situation devient très critique. Nous sommes vraiment bloqués !

Yana discute longuement avec le chef, en vietnamien. Une femme talentueuse que cette Yana, pour apprendre des langues ! Elle est audacieuse et courageuse également.

Deux heures plus tard, Yana arrive déçue : elle n'a pas réussi à nous « sauver » cette fois-ci ; les soldats n'ont pas l'intention de nous laisser partir. Y a-t-il un espoir ? Nous sommes tous enfermés dans un local un peu plus grand que ma main. Nous sommes environ une vingtaine de personnes étouffées par la chaleur intense et le manque d'air. Nous ne pouvons même pas sortir ni regarder par la fenêtre. Ces soldats nous surveillent avec leurs fusils comme de vrais criminels. Sommes-nous à ce point des criminels ? Le désir de la liberté est-il un mal ? *FUIR LE PAYS* n'est-il pas un moyen pour trouver le bonheur ?

La nuit tombe et tous ont un air désespéré. Allons-nous nous en sortir cette fois ? Sommes-nous condamnés à rester dans cette prison pour toute notre vie ? Aucun signe de la part des soldats.

Que veut dire ce silence si accablant ? Tout le monde s'écrase par terre comme si la vie prenait fin ici et maintenant.

Dans mon cœur, tout ne semble pas terminé. J'ai encore espoir de retrouver ma mère, un jour. Je ne crois pas que ma vie se termine ainsi. Ma mère m'attendra quelque part où il existe des chemins pour moi ! Je ne veux pas croire que ma mère soit morte et pourtant une douleur habite le fond de mon âme. Cette douleur persiste chaque fois que je pense à ma petite maman adorée !

Dans cette prison, tout le monde prend un air si accablé que mon espoir de survivre est difficile, mais une femme dans cet espace étouffant nourrit encore un espoir aveugle ; c'est Yana. Cette femme possède une force psychologique surhumaine ! Elle ne se laisse pas abattre ; elle est le chef du groupe. C'était son idée de quitter le pays et je suis certaine qu'elle mènera le groupe à destination. Elle fonce là où personne n'ose s'aventurer : une femme de grande richesse et de valeur. Je ne l'aime pas, mais je peux voir en elle une grande dame, une femme hors du commun.

Nous ne pouvons plus avancer ni retourner dans notre pays. Nous sommes prisonniers dans un local qui va tous nous tuer par manque d'air.

Tard dans la nuit, un bruit à la porte nous met tous en éveil. Nous apercevons certains soldats venus en cachette :

— Si vous nous donnez des paquets de cigarettes, nous vous laisserons partir, mais en secret cette nuit même. Il faut que personne ne le sache.

— Nous vous donnerons ce que vous nous demanderez, leur dit Yana avec un sourire qui en dit long.

— Lorsque nous vous ferons signe, il faudra vous dépêcher de partir avant que les autres ne s'en aperçoivent. Par malheur, si les autres soldats sont alertés, nous serons obligés de tirer sur vous.

En entendant cela, tout le monde manifeste son angoisse. Moi, je dois survivre pour ma mère, encore une fois. Elle est la source de mon espoir. Certains pleurent et d'autres veulent sortir pour faire leur besoin et c'est impossible.

Tout le monde se prépare et c'est chacun pour soi maintenant. C'est la vie ou la mort. Il faut à tout prix risquer notre vie. De toute manière, ça n'a plus de sens de demeurer prison-nière dans ce local et de plus, nous sommes comme des exclus du pays. Nous avons commis un crime en fuyant notre patrie, l'héritage que nos ancêtres nous ont laissé. Je crois que l'héritage que je possède est ancré dans mon cœur, cela n'a rien à avoir avec le lieu où je suis.

Pour moi, je dois tout risquer pour sortir du cauchemar de ma vie. Même si je dois mourir, j'avance !...

Soudain, nous entendons le signal ; chacun pour soi, nous nous écrasons presque sur ceux et celles qui ne vont pas assez vite. Ce phénomène me fait revivre la guerre de 1975. J'ai l'impression que la guerre est loin de cesser. Elle prend une autre forme, un autre visage, mais elle n'est pas mieux.

Lorsque j'entends : « Courez ! Courez ! Plus vite ! Plus vite ! » ; je me sens tellement angoissée. J'ai peur de ne plus avoir la chance de revoir ma mère. Mon instinct de survie me rend plus forte.

Tout le monde doit courir et courir. *TOUJOURS COURIR !* Nous devons nous éloigner le plus vite possible de ce village pour éviter les soldats vietnamiens. Pour la première fois, je souhaite que le jour ne se lève pas. La nuit nous permet de fuir. Mais nous faisons trop de bruit, les soldats sont réveillés ; ils nous poursuivent. Aurons-nous la chance de survivre si les soldats nous attrapent ? Je suis tout à coup très inquiète pour la famille de Yana. Elle prend du retard à cause de son vieux père. Je ne veux plus avancer, je veux les attendre, mais soudain, j'entends des coups de fusil ; je me sens obligée de me sauver. Je dois courir sans cesse.

Lorsque j'entends des cris, je comprends que certains sont touchés par les balles. Quelle tristesse ! J'ai vraiment peur. Je me cache avec d'autres ; tout à coup, quelques soldats nous surprennent ! Je crois vraiment que le moment de mourir se présente aujourd'hui. « Adieu maman ! Je vais te rejoindre bientôt ! » En regardant comme il faut, je reconnais ces soldats à qui Yana donnait des paquets de cigarettes. Ils nous font signe de nous dépêcher de fuir avant que les autres prennent connaissance de leur complot.

Comme nous avons eu de la chance ! Il faut courir encore, c'est un « travail » à plein temps. Nous atteignons finalement la grande forêt. Je crois que nous nous écartons du danger pour le moment. Cependant, lorsque je prends conscience que je suis dans la forêt, je revois automatiquement le cauchemar dans ma tête. Je revois le camion qui passait dans cette forêt. Des soldats nous disaient que les trous étaient remplis. Je frôlais la mort de très près, même intimement, mais mon heure n'était pas encore venue.

Je suis encore dans mon passé quand les autres personnes crient :

— Cours vite ! Plus vite !

— Non, je ne veux plus partir. J'ai peur de la forêt parce que les Khmers rouges nous ont déjà arrêtés, mon frère et moi. Il y a des bêtes sauvages qui peuvent nous manger.

— On est là. Vite cours !

C'est vrai que je ne suis pas seule. Je cours comme une folle. Enfin, j'aperçois Yana et sa famille ! Pour la première fois, je suis contente de la voir !

Nous nous arrêtons de courir et marchons jusqu'à ce que l'obscurité tombe. Dans cette forêt monte en moi l'anxiété ; j'ai besoin de Gabu. Je sens qu'il reste avec moi, je me calme.

La fatigue nous force à nous reposer pour la nuit dans cette immense forêt. Nous nous couchons directement sur la terre. Le sol froid et humide me rappelle constamment la présence des serpents. Je me demande pourquoi ces bêtes existent. À quoi servent-ils sur la terre ? Je les déteste ! Je déteste également les vers de toutes sortes. J'ai trop peur de dormir de crainte que des serpents me mordent. Mon anxiété est telle que tout mon corps réagit. Yana sait lire dans mes yeux ; elle se dirige vers moi :

— Je sais que tu ne te sens pas bien. Essaie quand même de dormir un peu, car tu seras trop fatiguée demain.

— Je ne peux pas dormir ; j'ai très peur et ma mère me manque beaucoup.

— Je sais. Dors, je reste avec toi.

Elle demeure un moment avec moi ; j'apprécie sa présence. Au moindre bruit bizarre, je me réveille en sursaut et je vois Yana. Sa présence ne me procure pas une sécurité totale. J'ai besoin de mes amis :

— Je suis là, princesse, n'aie pas peur ! Dors maintenant, me dit Sébal.

— Tu seras là pour moi, Sébal ?

— Oui, ma princesse !

— Sébal, je veux mon Arc-en-ciel, j'ai besoin de ses couleurs.

— Oui, princesse. Dors et n'aie pas peur. Tes amis sont là à tes côtés.

Je sens la présence de mes amis, ils sont là ! J'ai l'impression de m'envelopper dans mes nuages et je sens leur chaleur. Je me sens flotter sur mes nuages et je n'ai plus peur. Je me sécurise dans mon royaume imaginaire où la peur n'existe pas. Mais, je m'ennuie quand même de ma mère. Si je pouvais la voir juste un instant, je serais si heureuse. Cette rencontre arrivera-t-elle, un jour ? Je me souviens tout à coup, quand j'avais 3 ans, je m'assoyais sur les genoux de ma mère et elle me regardait avec un sourire merveilleux. J'essaie de garder en moi ce sourire lumineux et je m'endors avec lui.

À peine ai-je dormi que quelqu'un me réveille : c'est Yana. Il faut partir ! Nous nous mettons en route à jeun. J'aimerais pouvoir manger mon pain baguette. Malgré ma faim, ma soif et ma fatigue, je ne regrette pas de partir de Phnom-Penh.

———

Nous marchons, marchons et ça depuis des semaines, dans la grande forêt. Où arriverons-nous ? Où nous conduit ce chemin interminable ? Je ne souhaite pas voir les Khmers rouges. Ces derniers sont plus dangereux que des bêtes sauvages.

À mesure que nous entrons dans la forêt, les arbres sont de plus en plus denses et les rayons de soleil ont de la difficulté à percer. Ce peu de soleil attire les moustiques vers nous.

Tout en marchant, je jette un regard vers le père de Yana ; ses yeux rouges me rappellent des choses que je n'aime pas. Mon cœur bat si fort. Alors, j'évite le plus possible son regard. Je me demande pourquoi il a les yeux si rouges ? Pourquoi est-il si vieux ? Je me perds encore une fois dans mes pensées, quand Yana nous dit : « Arrêtons-nous un peu. »

Elle nous donne un peu de nourriture et soudainement, des souvenirs traversent mon esprit. Lorsque j'étais petite, je demeurais à ce moment-là chez Yana avec ma mère. À chaque fois, le vieux père venait avec sa femme chez Yana, leur fille. Il apportait de la nourriture, des surprises aux enfants de Yana et à ses neveux. Je me revois debout à côté du vieux père et sa femme. Ils ne me donnaient rien. Je regardais manger les autres et je me contentais d'avaler ma salive. Je me sentais tellement triste que je courais pleurer devant ma mère. Elle me consolait en me donnant des bonbons. Pour ne pas me laisser blesser à chaque fois que ce vieil homme et sa femme venaient chez Yana, je sortais en les regardant avec mépris. Je jouais dehors avec mes amis pour éviter de me sentir à part. Voyant que je ne restais pas pour accueillir ses parents, Yana était très fâchée contre moi.

Pendant que je me perds encore une fois dans mon passé, Yana m'adresse la parole. Je ne lui réponds pas ; je me sens tout à coup tellement révoltée de toutes les injustices que j'ai vécues quand j'étais petite. Je déteste davantage le père de Yana.

Nous continuons à marcher et à marcher encore. Nous n'avons *QUE* ça à faire : *MARCHER*. Nous marchons tellement que des ampoules se développent très rapidement : elles nous empêchent d'aller vite. L'intolérance face à nos douleurs se fait sentir. Certaines personnes sont prêtes à abandonner la route. Leur rêve de liberté s'arrête là.

Plus nous avançons dans cette forêt, plus nous rencontrons d'autres personnes qui quittent le pays comme nous. C'est très réconfortant de voir que nous ne sommes pas seuls. Ce qui m'encourage le plus, c'est quand je peux voir la lumière du soleil au bout de cette forêt ténébreuse. Je ne suis pas la seule à éprouver tant de joie de voir le beau soleil au bout de cet « enfer ». Tout le monde se réjouit de cette lumière si rare. Elle nous donne, à tous, un peu d'espoir pour continuer notre marche vers l'avenir. L'énergie revient en nous et nous pousse à aller plus loin. Cette lumière guide chacun et chacune de nous vers une vie nouvelle. Le sourire sur chaque visage fait naître une fraîcheur de vie. Je constate que la marche est plus rapide que d'habitude. Cette énergie est contagieuse, elle se communique à tout le monde et nous marchons d'un pas décidé sans regarder en arrière notre passé douloureux. L'espérance renaît !

Il est tellement beau de voir que chaque personne porte en elle ce courage d'avancer malgré la peur de l'inconnu. La voie intérieure nous encourage à aller toujours plus loin sur le chemin.

Nous atteignons presque le but. Encore un peu d'effort ! Nous voyons déjà le soleil qui nous accueille les bras ouverts et il nous réchauffe, non seulement le corps, mais aussi le cœur ! La privation de tant de jours de soleil fait en sorte que nous l'apprécions à sa juste valeur. Nous marchons encore un peu et nous voici sortis de la forêt. *QUELLE DÉLIVRANCE !*

31

La vie du camp

Nous continuons à marcher et à marcher. Soudain, un groupe de soldats courent dans notre direction. Tout notre espoir en la vie nouvelle vient de s'écrouler. Ces soldats courent, fusil à la main, donc je ne peux faire autrement que de penser que ce sont des Khmers rouges : « Ce n'est pas vrai ! Je ne retourne pas chez ces Sauvages. » Cette fois, je n'y échapperai pas. Ma mort est proche et mon heure est venue, je crois. Je voulais revoir ma mère juste une fois et je mourrai en paix. Va-t-il se réaliser, ce souhait si cher à mon cœur ?

Je tourne mon regard vers les autres comme si c'était pour la dernière fois. Je constate que ces gens ont une mine si misérable en voyant les soldats. Nous n'avons plus de force pour courir, maintenant. Pour ma part, je me laisse aller. Je ne veux plus me sauver ! Mon espoir de retrouver ma mère est impossible. Je me perds dans mes pensées quand tout à coup des voix me parviennent de très loin : « Nous ne sommes pas des soldats khmers rouges, nous sommes là pour vous aider. Venez nous rejoindre ! »

Tout le monde semble si méfiant à répondre à cet appel et moi, davantage... Je décide de ne pas avancer d'un seul pas. Je veux rester là où je suis. En voyant notre résistance face à leurs appels, ces soldats nous rassurent à nouveau en approchant davantage : « Nous ne sommes pas dangereux pour vous, même si nous avons des fusils. C'est dans le but de vous protéger contre des Khmers rouges. Ils sont partout dans la forêt », nous dit un soldat en khmer.

Nous sommes chanceux de ne pas avoir eu à faire avec des Khmers rouges lorsque nous étions dans la forêt. Mon Père nous a protégés à nouveau.

J'apprends que ce sont des soldats thaïlandais. Nous sommes aux frontières de ce pays. Ces soldats nous accueillent avec la Croix-Rouge. Ils sont là pour aider toutes personnes arrivées à cet endroit car ils savent que beaucoup de gens fuient le Cambodge.

Ces soldats et la Croix-Rouge nous donnent de l'eau et un peu de nourriture. Ensuite, ils nous demandent de monter dans un camion. Lorsque je vois le camion, j'associe automatiquement notre embarquement avec les Khmers rouges. Ces derniers nous donnaient également à manger avant de nous enterrer vivants.

Je me méfie vraiment beaucoup et je ne suis pas la seule. Il me suffit de voir un camion avec des soldats pour que toutes mes voies respiratoires se bloquent et l'anxiété devient maîtresse en me tourmentant l'âme, tellement j'ai peur ! Mes larmes expriment cette détresse que je vis au plus profond de moi. C'est alors qu'une personne me dit : « N'aie pas peur, nous ne t'amènerons pas pour te tuer, mais pour te sauver. D'ailleurs, tu as eu de la chance d'avoir traversé cette forêt ; si tu étais passéc par un autre chemin, peut-être ne serais-tu pas ici aujourd'hui, car beaucoup de personnes sont mortes à cause des bombes. »

J'écoute ce monsieur qui m'explique et me rassure également. Finalement, j'accepte de monter dans ce camion, mais seulement la dernière. Le camion démarre et la crainte me touche au fond de mes triples. Lentement, j'observe le visage des gens dans le camion, ce qui me permet de sortir de moi-même. Je constate qu'ils ont l'air très fatigués, épuisés et ils ont un teint tellement blanc que j'ai l'impression de voir des morts. Notre ami, le soleil, ne réussit même pas à donner un peu de couleur à notre visage.

J'observe les paysages et je ne vois que des arbres partout. En chemin, il y a toujours quelques soldats qui surveillent. Que surveillent-ils ? Les Khmers rouges peut-être ? Pour ma part, je m'angoisse, et même je panique chaque fois que je les vois.

J'aimerais tellement savoir où je suis. Alors, je m'approche de Yana :

— Où sommes-nous, belle-sœur ?

— Nous sommes en chemin pour le camp des réfugiés.

— C'est quoi, le camp des réfugiés ?

— C'est l'endroit où nous pouvons quitter le pays pour aller vivre dans un autre.

— Un autre pays ? Où ça ?

— En Amérique, peut-être.

— Pia et No me disaient que je suis une Américaine de sang, parce que je mange beaucoup de pain.

— C'est vrai que les Blancs mangent beaucoup de pain.

« En Amérique... ». Cela me semble très excitant et en même temps, je suis inquiète parce que cela signifie que je ne verrai plus *JAMAIS* ma maman adorée.

Le mot Amérique suscite une tempête de questions dans ma tête. Je me demande comment vivent les gens en Amérique ? Ont-ils vécu la guerre comme nous ? Que mangent-ils là-bas ? Quelle langue parlent-ils ? À quoi ressemblent-ils, les Américains ? Cette histoire d'aller vivre dans un autre pays me plaît plus au moins, car je n'ai personne avec qui aller vivre là-bas. Vais-je avoir de quoi manger ? Je me perds encore dans mes pensées quand tout à coup, un des soldats nous dit :

« Il faut débarquer ici ! Vous êtes arrivés. »

Ma première constatation lorsque je débarque du camion, c'est que les survivants, qui sont au camp, sont moins nombreux que je pensais. En 1975, pendant la guerre, je voyais des millions de personnes dans la rue, et aujourd'hui, je suis capable de les compter. Je suis consciente que les survivants des Khmers rouges ne sont pas tous ici, mais tout de même, il y a une diminution importante de la population cambodgienne. Les Khmers rouges ont-ils tué tant de personnes ? D'autres questions me viennent à l'esprit : pour quelle raison les Khmers rouges ont-ils tué d'autres Khmers, comme eux ? Pourquoi voulaient-ils tous nous tuer ? Ces Khmers rouges sont-ils conscients de tous les chagrins qu'ils causaient à cette population, en tuant parents, enfants, frères, sœurs, etc. ? Quel cœur ont-ils, ces hommes, pour tuer leurs semblables ? De quel droit osaient-ils enterrer dans les trous les personnes *VIVANTES* ? Sont-ils fous ? Qui pourra répondre à mes questions ? Je veux comprendre ! Je suis rendue à un âge où je veux *TOUT COMPRENDRE*. Je suis consciente que j'ai tellement de choses à rattraper, car je ne connais pas autre chose que la guerre où la haine nourrit mon cœur à mesure que je grandis.

Au camp, je vois qu'il y a des cabanes un peu partout sur le terrain. Dans chacune d'elles, il y a 5 à 10 familles qui s'y installent : 2 ou 3 personnes seulement par famille, parce que plusieurs sont morts chez les Khmers rouges.

J'observe des gens qui circulent comme ils veulent. Je cherche mon frère et ma mère à travers eux. Je nourris un faux espoir de retrouver ma mère, ici. En ce qui concerne mon frère, j'ai la certitude qu'il est quelque part ici, dans ce camp. Où exactement ? Je l'ignore pour le moment.

Dès notre arrivée, nous avons une séance d'informations concernant le fonctionnement dans le camp. D'abord, le soir, nous n'avons pas le droit de sortir hors du camp. Ensuite, une ou deux fois par semaine, nous avons le droit d'aller chercher de la nourriture : du riz et des poissons secs, très salés. Nous pouvons aller chercher de l'eau dans un puits à une heure de marche environ. Il existe deux ou trois puits seulement pour toute la population du camp. Nous avons le droit également d'aller remplir des fiches, lesquelles nous permettent d'indiquer le pays dans lequel nous désirons vraiment être acceptés. Le Canada, l'Amérique, l'Australie, la France, etc. veulent accueillir des immigrants comme nous. Yana exprime le désir d'aller en Amérique. Pour remplir ces fiches, il nous faut des pièces d'identité. Pour Yana et sa famille, cela ne pose pas de problème, mais pour moi, oui : je n'ai aucune idée de l'endroit où je suis née et je ne connais pas la date de ma naissance. Bref, je ne sais pas qui je suis ni quel âge j'ai. Ma mère me l'avait sûrement dit, mais je ne l'écoutais pas, alors... Comme nous ne fêtons pas notre anniversaire, cela ne m'aide pas à retenir la date ou le jour de ma naissance.

Yana invente une identité pour moi ; dans ce certificat, je suis l'enfant de Yana ; je porte le nom de Tran Lam ; la date de ma naissance, c'est le premier mai 1965 ; je suis née à Phnom-Penh. Est-ce vrai ? Je l'ignore.

Je dois mémoriser ma nouvelle identité. À vrai dire, je n'ai jamais eu une identité comme telle ; lorsque j'étais au Cambodge, je n'étais pas reconnue comme citoyenne cambod-gienne. Pour être reconnue comme une Cambodgienne, il aurait fallu que j'aille à l'école comme tout le monde, mais dans mon cas, cela était impossible, parce que ma mère n'avait pas d'argent. Alors, je n'ai aucune pièce justificative.

Nous, les nouveaux arrivés au camp, nous avons droit à du riz et à du poisson sec. C'est moi qui suis chargée d'aller chercher le nécessaire pour procurer de la nourriture pour tout le monde. Lorsque j'arrive à l'endroit désigné, c'est la bous-culade. Tout le monde veut avoir la première place. Ces bous-culades rendent la tâche impossible aux responsables pour nous donner de la nourriture ; ils se font écraser par nous. Tout ceci est très compréhensible, car nous avons manqué de nourriture pendant quatre ans chez les Khmers rouges. Aujourd'hui, nous avons toujours peur de ne pas en avoir. Les responsables nous supplient presque : « S'il vous plaît, ne vous bousculez pas, vous allez tous en avoir. Personne n'en manquera, c'est promis, car nous en avons beaucoup pour vous. »

J'avoue que je suis allergique aux promesses des adultes. Je ne les crois pas et je ne suis pas la seule. Alors, ces gens parlent dans le vide ; nous ne voulons pas comprendre. Par conséquent, la distribution de la nourriture prend fin. Nous continuons quand même à nous bousculer. Nous attendons un bon moment avant que les responsables décident de continuer la distribution. Oh oui ! C'est mon tour, je suis tellement contente ! J'ai hâte de manger du riz. On me demande :

— Combien y a-t-il de personnes dans ta famille ?

— Dix, monsieur.

J'ai menti. Pourquoi ? Parce que je veux qu'on m'en donne davantage : j'ai faim !

Vite ! Je cours à notre cabane où sont Yana et sa famille. J'arrive en hâte ! En me voyant, Yana exprime son impatience envers moi :

— Où étais-tu ? Pourquoi prends-tu tant de temps à aller chercher des provisions ?

— Les gens se bousculaient et les responsables ont été obligés d'arrêter de faire la distribution pendant un long moment.

— J'espère que tu me dis la vérité.

— Oui, c'est la vérité !

— D'accord. Maintenant, va chercher de l'eau !

C'est toujours à moi qu'elle le demande. Je viens tout juste d'arriver et déjà, je dois marcher encore une autre heure pour aller chercher de l'eau.

J'ai maintenant de l'eau, mais nous n'avons pas de chaudron. Alors, notre voisine nous prête le sien. Oh oui ! Je vais enfin manger. Mais je constate que nous n'avons ni bois pour chauffer, ni poêle pour cuire le riz et les poissons. Je remarque que les personnes utilisent trois roches pour faire une poêle. Je suis chargée de résoudre seule mes problèmes. Finalement, je fais de même, mais une dame très gentille me dit :

— Petite, tu peux te servir de mon poêle et du bois qui me reste pour ton riz et tes poissons.

— Merci, madame...

Je m'apprête à cuisiner quand une dame inconnue arrive et me demande :

— S'il te plaît, petite, j'ai vraiment besoin de ton poêle pour une minute.

— Oui, tu peux le prendre !

Cette dame inconnue m'a menti, car la « minute » est extrêmement longue. J'attends avec impatience, car Yana va encore me disputer. Comme de raison, la belle-sœur de Yana arrive :

— Pourquoi est-ce si long ? Le riz est-il cuit ?

— Une dame a besoin du poêle et je lui ai donné.

— Tu es vraiment imbécile, bornée. Pourquoi as-tu donné priorité aux autres avant nous ?

— Parce qu'elle en a besoin.

— Tu parles comme une imbécile.

— Pourquoi ne ferais-tu pas toi-même la cuisine si je suis imbécile comme tu le dis ?

— Tu oses me répliquer ?

— Pourquoi pas ? Je fais tout, moi, pour vous et qu'est-ce que je reçois ? Tes paroles méchantes.

— Comme tu es impolie !

— Je m'en fiche !

Enfin, cette dame a terminé sa cuisine ; je la prépare à mon tour. C'est prêt ! J'apporte la nourriture pour tout le monde. Ces gens mangent sans même un merci ou un regard gentil. De plus, je me fais disputer parce que j'ai un grand cœur. Avoir un grand cœur, c'est bête.

Les adultes ne disent jamais merci aux jeunes, mais les jeunes doivent dire merci aux adultes. C'est ridicule cette culture et cette mentalité chinoise. J'aimerais être fière de la culture de mes parents, mais ces personnes m'écœurent. Ce qui me révolte chez les personnes chinoises, et asiatiques en général, c'est qu'elles accordent tellement d'importance aux apparences. Par conséquent, ces gens-là entretiennent et fréquentent des personnes riches, belles, grandes, intelligentes, polies, etc. et elles écrasent ceux qui ne possèdent pas ces qualités selon elles. Je suis une chinoise, mais j'ai honte de les voir vivre.

Moi, qui suis-je ? Je ne suis ni belle ni intelligente d'après ce qu'on me dit. J'ai de la difficulté à avoir une place sur cette terre parmi les Asiatiques. Je souhaiterais être un génie, en espérant être aimée par mon frère et par les autres. Le mot « intelligence » devient tellement important que lorsqu'on en possède peu, on est quasi condamné à être des esclaves. Je les trouve dangereux, ces Chinois hypocrites.

Enfin, je peux manger maintenant. Les poissons sont très salés ; j'aime le sel, mais pas à ce point. Pendant que je mange, je vois quelqu'un boire de l'eau glacée ; j'aimerais pouvoir goûter cette glace ! Je me contente de la savourer dans ma tête. Je m'imagine l'effet de la glace dans ma bouche. Comme elle est délicieuse ! Il fait tellement chaud ici ; si quelqu'un peut se permettre d'avoir de la glace, c'est vraiment du luxe.

À peine ai-je terminé de manger, Yana me demande d'aller chercher de l'eau au puits. L'eau est très rare au camp ; nous ne pouvons pas nous laver souvent. Alors, lorsqu'il fait très chaud comme aujourd'hui, le corps dégage une odeur fétide ; même à distance, l'odeur nous poursuit.

J'arrive au puits et certaines personnes se lavent dans ce lieu. L'eau du corps dégoutte dans le puits et nous buvons de cette même eau. Quand je vois cela, je m'interdis d'être dédaigneuse. J'ai vécu pire que ça.

———

Au camp, il fait chaud et la terre est très sèche, lorsqu'il vente un peu, je respire la poussière. Comme c'est désagréable ! De plus, mon corps se couvre de poussière faute d'un lavage quotidien. Lorsque nous mangeons, il est impossible d'empêcher la poussière de se mélanger à la nourriture. Lorsque je vais chercher de l'eau, j'apporte un seau ou quelque chose qui ressemble à cela. C'est dans cet objet que je mets l'eau. Je ne peux pas en mettre beaucoup à la fois, car c'est trop lourd. Je transporte mon seau d'eau sur la tête, parce que c'est la seule manière pour moi d'alléger le poids ; mais ce n'est pas si évident que cela sur la tête, car je perds souvent l'équilibre en marchant. Ainsi, j'échappe un peu d'eau. Alors, une fois à la maison, il ne m'en reste plus. Je dois donc retourner très souvent en chercher. Je suis tellement entraînée à transporter l'eau sur ma tête que je ne sens plus ma tête, à moins d'y toucher.

Cette eau, que je me procure à la sueur de mon front, est réservée uniquement pour boire et pour cuire les aliments. L'eau est rare car la population du camp est nombreuse et il n'y a que 3 puits. À force de puiser l'eau, la pluie étant rare, l'eau diminue chaque jour ; les puits deviennent plus profonds pour puiser l'eau, il faut un travail ardu et un processus spécial. D'abord, je dois avoir deux seaux au moins et ensuite, une très longue corde pour toucher le fond du puits, sinon c'est impossible de puiser de l'eau. Encore là, je dois jouer longuement avec ma corde pour faire caler le seau et ensuite faire entrer l'eau à l'intérieur. Là, je le tire vers le haut. C'est très lourd à la longue, et mes mains développent des ampoules. J'avoue que c'est très douloureux.

Tout cela fait intégrer à ma vie les petits « martyres » quotidiens.

32

« Tu n'es plus... »

Tous les jours, je me promène dans le camp : je cherche mon frère. Je suis sûre qu'il est ici, quelque part. Or, un après-midi, sans dire à personne où je vais, je fais mon exploration. Soudain j'entends mon nom ; mon attention se dirige vers cette voix et, surprise, je vois mon frère. Je suis tellement heureuse que je veux le serrer contre moi. Il me repousse. Ma joie est tellement grande de le voir que je ne me rends pas compte, tout de suite, que le geste de mon frère me blesse profondément, voire cruellement. Je me sens rejetée. Le rejet fait désormais partie d'un sentiment très répugnant de mon être. Comment ferai-je pour le guérir ? L'amour ? Non, il est blessé lui aussi plus que moi-même...

La rencontre avec mon frère suscite en moi beaucoup de questions. J'aimerais bien savoir pourquoi il n'est pas revenu me chercher. Comment se fait-il qu'il m'ait laissée seule au Cambodge ? Est-il fâché à ce point contre moi pour m'abandonner au Cambodge ? Comment est-il capable de vivre dans le « confort » alors qu'il me sait vivre dans la misère à Phnom-

Penh avec deux femmes étrangères ? Je savais qu'il ne reviendrait pas me chercher lorsqu'il est parti, mais je veux en connaître le motif. Cependant, je garde toutes ces questions pour moi par crainte de provoquer la dispute entre nous.

Mon frère accepte de m'emmener à sa cabane ; il y demeure avec ses amis. Il est assez loin d'où je suis.

La présence de mon frère me rend tellement mal à l'aise : son silence me renvoie au fait que je suis nulle à ses yeux comme il me le disait si souvent quand j'étais avec lui. Je ne me suis jamais habituée à son silence insultant. Il est très difficile pour moi de me voir d'une manière positive, car je me sens méprisée. J'ai besoin de gens qui m'aiment pour me développer de façon saine... Comme c'est compliqué de grandir dans un monde où j'ai l'impression que je n'ai pas le droit de vivre ! Peut-être suis-je trop sensible, mais les gestes des autres me prouvent que j'ai raison d'avoir ce sentiment. Alors...

Je demande à mon frère comment il va, mais comme d'habitude, il ne veut pas me répondre. Il me fait sentir que je ne suis pas assez importante pour lui, donc il ne m'ouvre pas son cœur. Par contre, il manifeste sa hâte d'avoir des nouvelles de Yana et de sa famille. Je l'emmène vers la femme qu'il a tant désiré voir. Comme elle a de la chance d'être désirée par mon frère ! En parlant de désir, j'ai un drôle de sentiment que ma naissance n'a jamais été désirée par ma mère. Je le vis au plus profond de mon être depuis longtemps. Je pense que je porte en moi ce que ressentait probablement ma mère lorsque j'étais dans son ventre. Il est vrai que le fœtus ressent ce que la mère sent. J'étais peut-être déjà blessée, même avant de naître. Cette peur et cette horreur d'être rejetée ne viennent-elles pas déjà de ce temps-là ? Qui sait, peut-être est-ce vrai ? Je sentais peut-être que je n'étais pas désirée, alors, je développais « dès le ventre de ma mère » un caractère de « cochon » qui m'aiderait à me faire une place pour survivre dans ce monde cruel. Hélas, je l'ai payé très cher !

Lorsque Yana voit mon frère, elle pleure de joie et c'est réciproque. Yana me parle avec douceur ; elle est d'une gentillesse exagérée devant mon frère. Lorsque mon frère n'est plus là, elle change vite et elle redevient « naturelle » avec moi. Moi aussi, je suis très « naturelle » avec elle : je n'ai plus envie d'être charmante ni de répondre aux attentes des autres. On dirait que je souffre et tout mon être le manifeste par un visage sans expression.

Le soir venu, mon frère retourne à sa cabane. Je vais me coucher en pensant sans cesse à lui. Je me demande pourquoi mon frère n'est pas aussi content de me voir que lorsqu'il voit Yana. Son attitude me dérange beaucoup. Il faut que je l'oublie. Alors, pour sortir de moi-même, j'ai besoin d'observer les choses extérieures. Je regarde, pour la première fois depuis mon arrivée au camp, comment notre cabane est faite. Elle ressemble à une maison de paille. Sa construction n'est point solide : au moindre mouvement du vent, elle sera ébranlée. Le toit est fait de feuilles de palmier lesquelles ne cachent pas tout, car je peux voir le ciel. Notre « lit » est fait de troncs de bambou. Ces troncs, on les attache ensemble pour leur donner la forme d'une grande tablette de bois d'environ deux mètres de large sur dix à quinze de long. Tout le monde dort sur le même « lit ». Dans la cabane, il y a deux côtés séparés. Chaque lit est en face de l'autre et le milieu sert de « couloir » pour circuler. Parfois, certaines personnes font cuire les aliments dans ce couloir ; j'ai souvent peur que le feu prenne, car tout est en feuilles et en bambou. Depuis que Mori est morte brûlée vive, j'ai vraiment peur du feu.

L'inconvénient au sujet de notre lit, c'est qu'il est très dur. Pour une personne maigre, ce n'est vraiment pas confortable. Lorsque nous couchons là pour la première fois, nous nous demandons si le corps ne sera pas couvert de bleus le lendemain. Dans cette cabane, il n'y a pas de séparation entre chaque famille. Il n'existe pas de place pour l'intimité ; je pense aux couples entre autres.

Au camp, je travaille fort, car c'est toujours moi qui suis chargée de « pourvoir » à la nourriture, à l'eau, etc.

Ce que je trouve difficile quand je vais chercher de la nourriture, c'est que je dois *TOUJOURS* me battre pour avoir la première place, sinon Yana me dispute : elle trouve que je prends trop de temps pour arriver. Des gens me bousculent à chaque fois. Rendue au soir, je suis très fatiguée et je dors souvent avant les autres.

Or un soir, je vais me coucher comme à l'heure habituelle, mais là, je n'arrive pas à dormir, je pense... et je m'ennuie de mon frère. Je ne dors pas, mais je reste quand même tranquille dans mon lit. Soudain, j'entends Yana parler de moi à ses amis :

— Personne ne la veut, cette enfant ! Son frère l'avait laissée à Phnom-Penh seule et même sa mère l'avait abandonnée. Elle est détestable, impolie. Elle est ni belle ni intelligente...

— Pourquoi tiens-tu à l'emmener avec toi ?

— Elle est travailleuse comme sa mère et elle est assez grande pour gagner de l'argent pour moi lorsque nous serons en Amérique. Elle est bête, alors je peux faire d'elle ce que je veux. Elle ne connaît rien à la vie.

J'entends tout ; je me mords les lèvres pour ne pas pleurer de rage. Comme c'est difficile de contrôler ma colère ! Elle ne fait qu'un avec moi désormais. Gabu me tient pour éviter que je me leve et saute sur Yana. J'aurais davantage de problèmes si je le faisais.

Je viens de comprendre pourquoi Yana veut m'emmener avec elle. Je connais son plan, mais je ne peux rien contre elle. J'ai une dette envers elle quand même : elle m'a conduite au camp et j'aurai peut-être la chance de partir en Amérique en sa compagnie.

Je m'apprête à dormir à nouveau quand soudain, j'entends encore Yana qui continue sa conversation avec ses amis au sujet de ma mère cette fois-ci. C'est plus fort que moi, il faut que je l'écoute : « Sa mère était une petite pauvre, misérable. »

Je sens monter en moi la haine contre Yana, mais je ne peux rien faire pour le moment. Je voudrais me lever et sauter sur elle pour qu'elle arrête de parler en mal de ma mère, mais Gabu me retient affectueusement. Mon corps a tout de même bougé ; les amis de Yana m'ont vu et l'ont avertie, mais Yana se contente de dire : « Ne vous inquiétez pas, les enfants dorment très fort. »

Yana continue : « Lorsqu'elle sera plus vieille, elle sera comme sa mère : pauvre, misérable et bornée. D'ailleurs, elle ressemble à une petite paysanne qui ne connaît pas grand-chose. »

Je ne suis pas surprise que Yana ait dit à ses amis toutes ces choses désagréables au sujet de moi et de ma mère.

Yana a toujours été mon ennemie, mais depuis ce soir, avec tout ce qu'elle a révélé avec mépris à ses amis au sujet de ma mère, elle sera ma pire ennemie. Je me vengerai d'elle un jour. Ma haine ne fait qu'augmenter à mesure que je vis avec elle et sa famille. La porte de mon cœur se ferme à jamais pour elle. Je la déteste au plus profond de mon cœur d'avoir traité ma mère de misérable, de bornée...

Pour le moment, j'entre dans mon royaume imaginaire pour oublier Yana et pour avoir de la consolation auprès de mes amis. Je réussis à m'endormir à côté de Gabu. Je fais des efforts pour ne pas croire que je suis bornée, mais je n'y arrive pas. Tout le monde qui m'entoure me le dit et surtout mon propre frère. Je me rends compte que Yana me donne beaucoup d'attention en parlant en mal de moi à ses amis et à ceux qu'elle rencontre : « Elle est bornée, misérable, détestable, impolie... » Je réponds aux attentes de Yana en devenant davantage détestable, impolie... Lorsque je lui parle sur le même ton qu'elle, les cheveux se dressent sur sa tête. Elle me frappe en me faisant savoir ceci : « J'ai le droit de te parler et de te frapper ainsi parce que j'ai raison. » Possède-t-elle la vérité sur moi ? *JAMAIS JE N'ACCEPTERAI AUCUNE VÉRITÉ DE SA PART. JE ME BATTRAI CONTRE ELLE JUSQU'À MON DERNIER COMBAT ! JE CÉDERAI SEULE-MENT SI LA MORT M'EMPORTE ! MA HAINE CONTRE YANA EST SANS FOND.*

Lorsque je marche dans la rue, plusieurs personnes semblent me connaître sans que moi je les connaisse. J'ai l'impression que certaines me connaissent mieux que moi-même. Souvent, je reçois des regards méprisants sans en connaître la raison. Suis-je vraiment si bête, comme Yana le prétendait ? Peut-être, je doute de moi. Pour quelle raison Yana change-t-elle d'avis à ce point à mon sujet ? Pourquoi me déteste-t-elle à ce point pour parler en mal de moi à ceux qu'elle rencontre ? Qu'est-ce que ça lui rapporte en retour en racontant que ma mère est misérable et que moi, je suis bornée, etc. ? Que me veut-elle exactement ? Yana veut-elle que tout le monde me déteste autant qu'elle ? Si c'est le cas, elle réussit bien. Qu'est-ce que je lui ai fait de mal pour mériter ces châtiments aussi sévères ?

Je sais dans ma tête que Yana ne possède pas la vérité sur moi avec tout ce qu'elle a dit, mais tout de même, je nourris chaque jour une image négative de moi-même et je me laisse écraser sans en comprendre la raison. Je me sens si seule parmi tous ces gens qui m'entourent. Je n'ai personne avec qui parler ou partager ce que je vis. Je me détruis au fur et à mesure. Je ne trouve aucun sens à ma vie actuelle. Je me sens découragée, déprimée, angoissée... Je m'interdis cependant d'avoir autant de sentiments pour le moment. Je me réfugie dans mon royaume imaginaire. J'ai besoin de mes amis.

Au camp, presque tout le monde est occupé. On vend divers objets, de la nourriture, des vêtements et autres effets. On ne manque de rien, sauf d'argent. Les gens riches peuvent manger de bons mets et ils peuvent s'habiller convenablement.

Mon frère est habitué à vendre et à faire des affaires avec les gens. Il est aussi très occupé : je le vois rarement. Par contre, lorsqu'il arrive, je dois le servir comme un roi. Il m'écœure parfois et pourtant je l'aime quand même. Il est un « vrai homme chinois », c'est-à-dire qu'il aime se faire servir par les femmes qui deviennent de vraies « servantes ». Je déteste le mot servante et je n'en serai jamais une pour personne.

Il arrive parfois que mon frère achète de la nourriture lorsqu'il a terminé son travail. Quel plaisir pour Yana ! Ses paroles pour mon frère sont plus « sucrées » que le sucre lui-même. Elle se présente devant lui aussi charmante qu'une princesse devant son prince. Elle a une très grande admiration pour lui comme pour un roi, ou un dieu. Comme elle est hypocrite ! À chaque fois que Yana parle avec mon frère, je vomis sur ses paroles tellement elles sont empoisonnantes. Mon frère est bien traité par Yana et il ne demande pas mieux que d'être aimé par cette femme que je déteste.

Mon frère perd la tête en présence de Yana, car celle-ci trouve les paroles qui le transportent au plus intime de lui-même. Il croit *TOUT* ce qu'elle raconte. Elle a réussi à gagner sa confiance. Cette confiance permet à Yana de jouer ses comédies. Tout en pleurant, elle fait croire à mon frère que je la fais souffrir. Son but principal : détruire définitivement ma relation déjà si fragile avec mon frère. Elle connaît mon frère et sa relation avec moi. Il n'est pas rare que mon frère manifeste devant elle son indifférence face à moi. Cette attitude me tue. Yana crée chaque jour un fossé toujours plus creux entre lui et moi. Je me demande si Yana ne fait pas ça pour me détruire et ensuite, pour que je devienne de plus en plus son « esclave », alors elle aurait tout pouvoir sur moi. *NON !* Elle ne réussira pas à faire de moi son « esclave ! » Je ne deviendrai pas soumise comme elle l'aurait souhaité. *JAMAIS JE NE LE SERAI, CAR JE SUIS ARMÉE DE COLÈRE, LAQUELLE M'AIDE À L'AFFRONTER.*

Parfois, j'ai vraiment un drôle de sentiment, je crois que Yana est en amour avec mon frère. Mon pauvre frère a tellement besoin d'amour, qu'il se laisse empoisonner par elle sans qu'il s'en aperçoive. Je croyais qu'il était brillant, mais je me rends compte qu'il est aussi borné que moi.

Je ne peux pas compter sur lui pour me protéger contre Yana. Sauva me fait tellement penser à ma mère : elle non plus ne me protégeait pas contre cette sorcière quand j'étais petite. Je dois désormais, comme toujours, fonctionner par moi-même. Je deviens très défensive lorsque Yana me dispute. Je n'ai pas l'intention de me laisser écraser davantage ; déjà je lui laisse suffisamment de pouvoir.

Chaque jour, nous mangeons toujours la même chose : du riz avec du poisson salé, mais au moins, nous ne crevons pas de faim. Après manger, le midi, plusieurs personnes se couchent parce qu'il fait trop chaud. Notre passe-temps : attendre que notre nom soit choisi pour un pays étranger. Notre attente est pénible, car nous nous demandons si un jour nous pourrons sortir de ce camp. L'espoir de partir dans un autre pays brille dans les yeux de chacun.

Moi, je ne dors presque pas dans l'après-midi ; je préfère jouer et Diable, la fille adoptive de Yana, vient me rejoindre souvent. Je n'aime pas jouer avec elle parce qu'elle triche. Donc, je me dispute avec elle. Lorsque je la gronde, elle rapporte tout à Yana et cette dernière me frappe sans raison comme d'habitude. Yana ne vérifie jamais les faits et elle m'accuse toujours quoi qu'il arrive et ça, devant n'importe qui. Comme si j'étais le *MALHEUR* incarné... Cela me révolte vraiment beaucoup, parce que je ne peux plus accepter de fausses accusations à répétition.

Alors, cet après-midi-là, je me sens incapable de ne pas me venger de Diable. Je me bats avec elle et celle-ci me frappe avec un couteau ; je vois du sang sur mon bras ; ça par exemple, je ne l'accepte pas. La colère monte en moi d'une manière tellement intense que je prends à mon tour un couteau : je lui fais une belle blessure à son bras. Elle crie de désespoir : « Au secours, je saigne. Je vais mourir !... » Je ne me sens pas touchée par ses cris, car la colère est présente en moi. Par contre lorsque je vois son sang, j'arrête de moi-même de lui faire du mal. Je me venge suffisamment d'elle. Lorsque j'étais en colère, je ne sentais pas le mal dans mon bras, mais là, j'ai mal, je le sens et je refuse de pleurer. Des adultes arrivent au milieu de notre dispute ; Diable pleure tellement fort, comme si elle allait mourir. Yana arrive à son tour ; elle s'occupe de Diable en demandant à quelqu'un de la soigner.

Elle se tourne vers moi et dit :

— C'est de ta faute si Diable est blessée. Tu es vraiment insupportable !

— C'est elle qui a commencé.

— Ça, j'en doute ; c'est toujours toi qui commences. Je te connais.

— Tu ne demandes jamais ce qui s'est passé et tu m'accuses toujours sans raison.

— Je sais que c'est toi, la coupable.

— C'est ça, je suis toujours coupable à tes yeux, quoi qu'il arrive.

— Oui, c'est ça !

— Est-ce que ça t'est déjà arrivé de vérifier avant de m'accuser ?

— Je n'ai pas besoin de vérifier, je sais que c'est toi. Tu es détestable, comme ton frère le dit. Je vais lui raconter tout ce que tu as fait à Diable. Il va te détester davantage.

— Je crois que c'est ce que tu voulais, n'est-ce pas ? Je crois que tu as réussi, voire très bien réussi. Tout ce que tu veux, c'est me détruire et tu entraînes tout le monde avec toi, pour que ces gens me détestent, comme toi tu le fais. Tu n'es pas digne de mon respect et je te garantis que je ne te respecterai *JAMAIS* !

— Comme tu es détestable !

— Si tu savais combien je te déteste !

— Tu vas voir, ton frère arrive bientôt et tu payeras cher ce que tu viens de me dire.

— Je crois que tes paroles sont du poison pour mon frère ; c'est la raison pour laquelle, il perd la tête. Il croit tout ce que tu lui dis, parce que tu es hypocrite.

Mon frère arrive et Yana, très fâchée contre moi, lui raconte tout, mais rien n'est vrai, car elle n'était pas là lorsque l'événement s'est produit. Inutile de répliquer : mon frère prend sa défense. Il me regarde avec ses yeux féroces ; il ne me demande pas lui non plus ce qui s'est passé, Yana lui suffit comme preuve. Yana possède la vérité totale sur moi selon lui.

Alors, il prend la parole : « Tu sèmes la pagaille partout où tu vas. Tu es insupportable ! Sais-tu quoi ? Je t'ai laissée seule là-bas, au Cambodge, volontairement, parce que je ne veux plus de toi sur mon chemin ! *Tu n'es plus ma sœur !* »

33

Des paroles qui tuent

Je n'entends que : « Tu n'es plus ma sœur ».

Pendant un moment, j'ai l'impression que le temps s'arrête pour moi. Tout mon système refuse de marcher. Lentement, les paroles de mon frère pénètrent en moi comme des virus dangereux et contagieux. Ces virus cherchent par tous les moyens à détruire toutes les parties de mon système. Ils se reproduisent en se multipliant et ils deviennent de plus en plus nombreux dans mes cellules. Alors, je suffoque ! Rien ne fonctionne en moi. La mort seule me sauvera à ce moment présent. Arrivera-t-elle bientôt pour me sauver ? J'ai besoin d'elle tout de suite ! Ma souffrance est immense comme la mer : elle n'a pas de fond. Une solitude atroce m'envahit tout à coup. Mon visage n'a aucune expression de vie. La peine m'ébranle profondément. Sur le coup, je crois que je suis morte vivante. *POURQUOI MON COEUR A-T-IL SI MAL ? MON PÈRE, JE DÉSIRE QUE TU EXAUCES MA DERNIÈRE PRIÈRE ! JE VEUX QUE MA VIE CESSE DÈS CET INSTANT ! MON CŒUR NE PEUT PLUS SUPPORTER CET ENFER DE VIE !*

L'AMOUR EST GRAVEMENT BLESSÉ. IL EST IMPOSSIBLE QUE MON PROPRE FRÈRE PUISSE ME RENIER DEVANT LA FEMME QUE JE DÉTESTE DE TOUT MON CŒUR. ELLE A DÉTRUIT LE PEU D'AMOUR QUE J'AI DANS MON ÂME POUR MON FRÈRE. JE SUIS TELLEMENT SEULE ET IL N'Y A QUE LE VIDE QUI ME RESTE !

Je suis sûrement quelqu'un qui ne vaut rien aux yeux des autres. Quelque chose de moi déplaît aux gens sans que je le sache. Je baigne dans une détresse totale. J'ai le cœur brisé. La terre est pourtant si grande, pourquoi n'y aurait-il pas de place pour moi ? Il me semble que je dérange tout le monde. Je suis de trop pour vivre avec les autres. Il serait temps pour moi de partir. La vie est trop lourde pour moi toute seule. J'ai l'impression que la terre entière s'écrase sur moi tellement mon cœur souffre. Mes larmes ne suffisent plus à exprimer mon chagrin. Je cours ! Je dois courir encore et encore pour me défouler ou soulager un peu ma douleur tellement déchirante.

Je cours jusqu'à ce que mes jambes refusent de continuer. Je perds trop de sang. Mon bras me fait mal. Cependant, je préfère la douleur du corps pour donner un peu de répit à mon cœur. Je ne peux plus continuer ma course, mon corps m'oblige à m'arrêter, car la perte de sang l'affaiblit. Je souhaite dormir pour toujours. Soudain, je vois un arbre immense non loin. Je vais me cacher là. Je suis en désarroi !

Je me réfugie dans mon royaume imaginaire. Je me trouve inconfortable sur cette planète. Les paroles de mon frère résonnent constamment dans ma tête, à un point tel que j'aurais voulu couper cette tête pour qu'elle efface tout souvenir négatif dans ma mémoire. L'élancement de mon cœur devient tellement intolérable. Mon âme a atteint le sommet de sa capacité de souffrir...

Lentement, j'entends des bruits de feuilles : curieusement c'est comme une douce musique. Je ferme les yeux... Tranquillement, je m'endors. Je sens le vent souffler tout doucement ; il me caresse le visage avec sa douceur incroyable ! Cette caresse saisissante, je l'interprète comme si la nature comprenait le fond de ma douleur. J'ai le sentiment que le vent m'envahit et je deviens sa « possession ». Par le fait même, cette possession m'aide à ne pas avoir peur des serpents ni des vers grouillants, sous cet arbre.

Plus je me laisse aller, plus j'ai l'impression d'entendre la musique de mon piano magique. Je me laisse gagner par elle. Comme elle est douceur à mon cœur ! Je m'endors en l'écoutant. Tout à coup, je me vois dans mes nuages ; je suis tellement plus haute que le camp et je m'envole comme si j'étais un oiseau. Présentement, je n'ai plus l'impression d'être prisonnière de mon corps. Je peux voler ! Comme c'est agréable d'être loin des humains !

Soudain, je souris et j'entends quelqu'un m'appeler :

— Viens, enfant de l'imaginaire ! Viens !

— Qui êtes-vous ?

— Viens, enfant de l'imaginaire !

— Pourquoi m'appelez-vous ainsi ?

— Viens !

J'avance toujours vers la voix qui m'appelle sans cesse. Mes nuages me cachent : tout à coup, je ne vois plus rien, mais j'entends les chants des oiseaux. Je me dirige vers la voix qui m'appelle toujours, mais je ne vois personne. Cet endroit est si étrange et si beau en même temps. Je me vois tout en blanc et je me sens tout à coup en paix. Suis-je morte ? Je souhaite que ce soit vrai.

Soudain, j'aperçois un champ de fleurs : de toutes les sortes et de toutes les couleurs. J'adore les couleurs ! Pourquoi ce champ de fleurs est-il si haut ? Je ne comprends rien et la voix me revient :

« Regarde comme c'est beau, enfant de l'imaginaire, comme c'est beau ! »

Puis, je vois mon Arc-en-ciel et il veut que je glisse :

— Je suis trop grande pour jouer, mon cher Arc-en-ciel.

— Viens, ma princesse !

— Où suis-je, mon Arc-en-ciel ?

— Tu es chez toi, ma princesse.

— Chez moi, mais où ça ?

— Tu es dans ton royaume imaginaire.

— Suis-je donc une vraie princesse ?

— Oui, ma petite princesse !

— Pourquoi n'ai-je pas un nom ?

— Tu t'appelles : princesse Joidica.

— Que veut dire ce nom, Arc-en-ciel ?

— Cela veut dire que tu es la joie. Tu es la princesse tant attendue par tes amis dans le royaume imaginaire, car sans toi, l'imaginaire n'existerait pas. Tu es la seule enfant dans ce royaume, princesse.

— Sais-tu que je ne suis plus une enfant, Arc-en-ciel ?

— Tu seras toujours enfant de l'imaginaire, ma princesse.

— Dis-moi, Arc-en-ciel, qui est cette dame qui m'appelle : « enfant de l'imaginaire » ?

— Elle est la dame des étoiles. Tu ne te souviens pas ?

— Non ! Est-ce que c'est ma mère, Arc-en-ciel ?

Il reste silencieux.

— Pourquoi ne me réponds-tu pas, mon Arc-en-ciel ? Tu me détestes toi aussi ?

— Jamais, ma princesse ! Je ne suis pas du monde de la terre. Tu seras toujours ma petite princesse préférée.

— Arc-en-ciel, je dois te laisser. Je dois retrouver la dame des étoiles.

Je quitte mon Arc-en-ciel pour découvrir qui est cette dame. Alors, mes nuages me transportent ; je continue ma recherche en parlant avec ma mère ; curieusement une voix me répond :

— Maman, est-ce que c'est toi qui m'appelles ? Montre-moi si c'est toi. Tu me manques tellement, maman. S'il te plaît montre-le moi. J'ai besoin de toi.

— Je suis là, mon enfant !

— Pourquoi m'as-tu abandonnée ?

— Courage, mon enfant ! Je suis toujours avec toi.

— Dis-moi seulement si tu es ma mère. Je veux une réponse.

Un silence règne...

— Non, s'il te plaît, ne me quitte pas ! Reviens !

— N'aie pas peur, enfant de l'imaginaire !

Je pleure fort et je cours pour rejoindre cette voix consolante. Je ne veux pas qu'elle me quitte. Je me sens si bien et sa douce voix me calme. Elle me permet d'oublier un moment ma peine et mon chagrin. Pourquoi doit-elle partir ? Mes larmes abondantes expriment mon désespoir. Pourquoi faut-il que quelqu'un me quitte toujours ? Suis-je un monstre qui fait peur aux autres ?

« S'il te plaît, ne m'abandonne pas encore une fois ! » Pourquoi ? Pourquoi suis-je abandonnée par tous ceux que j'aime ? *POURQUOI ? POURQUOI ?*

Je crie de toutes mes forces pour que la voix me revienne et je me réveille. Je regarde autour de moi et je ne vois personne. Je suis inconsolable. Je me sens abandonnée par ma mère et par mon frère ; tout cela est intolérable. Je reste là, sous l'arbre, pendant des heures. On dirait que je me laisse abattre ou peut-être que je ne veux plus me battre. Je me sens tellement seule... Soudain, les mots jaillissent de ma profondeur et comblent le vide en moi.

D'une manière presque imperceptible, quelque chose dans mon âme se met en mouvement malgré le chagrin qui m'habite toujours. Je me souviens alors des paroles de mon rêve : « Courage, enfant de l'imaginaire ! Je suis là ! N'aie pas peur ! »

Ces paroles résonnent en moi, encore et encore... Je me répète à moi-même : « Courage, enfant de l'imaginaire. » Elles atténuent la souffrance en moi. Une lumière réchauffe mon cœur. Je comprends à ce moment même que je dois rester *DEBOUT* malgré ma douleur, ma peine, mon angoisse. *OUI, C'EST ÇA, IL FAUT RESTER DEBOUT QUOI QU'IL M'AR-RIVE, CAR QUELQU'UN QUELQUE PART ME SOUTIENT. J'IGNORE QUI EST CETTE DAME, MAIS ELLE ME*

DEMANDE D'ÊTRE COURAGEUSE. Je me souviens tout à coup, quand j'étais chez mes grands-parents, ma mère me recommandait, juste avant son départ pour le cimetière : « Écoute-moi, mon enfant, tu dois être courageuse, quoi qu'il t'arrive. » Je crois que ce courage dont elle me parlait, je viens d'en comprendre la signification pour moi aujourd'hui. Je veux lui dire : « Oui, maman, je serai courageuse comme tu me le demandes, en sachant que tu es toujours là pour m'aider. *JE T'AIME, MAMAN !* »

Je crois que je viens de franchir le seuil de mon atroce souffrance. Elle est toujours là, cette souffrance, mais je possède un peu de lumière pour rester debout malgré sa présence dérangeante. Je suis soutenue par une force inconnue, mais bien ancrée en moi !

34

Les tests

En prenant conscience que je suis soutenue par une présence inconnue, je retourne à ma cabane. À peine arrivée, Yana me crie :

— On te cherchait partout. Où étais-tu ?

— En quoi ça te regarde ? Tu as réussi à détruire ma relation avec mon frère. Tu voulais qu'il me déteste, il a fait comme tu lui as demandé. Il m'a reniée devant toi, la sorcière que je déteste tant. Je ne te pardonnerai jamais de m'avoir fait une chose pareille. Je voulais mourir pour ne plus jamais te revoir tellement ton visage me fait vomir. Pourquoi me cherches-tu ?

— Tu n'as pas le droit de me parler ainsi. Tu es très impolie avec moi.

— Tu parles de « droit » comme si tu connaissais cela. Quel droit t'es-tu donné de rendre mon frère furieux contre moi au point de me renier ?

— Écoute-moi parler !

— Pourquoi dois-je t'écouter ?

— Il faut d'abord que tu soignes ton bras.

— Ne me touche pas ! Tu es mon malheur !

— Arrête de me parler ainsi ! Si tu savais combien j'étais inquiète pour toi quand tu es partie en courant avec ton bras blessé.

— Ha, ha ! Comme tes paroles me rendent malade. Tu es plus empoisonnante que les serpents sur la terre. Ce que tu voulais pour moi, c'est que tout le monde me déteste comme toi, tu le fais.

— Comment peux-tu me parler comme ça ? Je t'ai emmenée avec moi, car tu étais seule à Phnom-Penh.

— Oui, c'est vrai, tu m'as amenée avec toi. Cependant, je connais ton plan ; tu m'emmènes *SEULEMENT* dans le but de me faire travailler comme ton esclave parce que je ne suis pas intelligente. Sache bien que je ne deviendrai *JAMAIS* ta servante comme l'est devenue ma mère. Un jour, je me vengerai de toi. Tu seras une vieille sorcière très laide et je t'écraserai comme une mouche.

— Je n'en reviens pas que tu parles ainsi avec les adultes. Tu me rends folle.

— Si je pouvais te rendre folle, je serais la plus heureuse sur la terre.

— Tu n'as pas de cœur !

— Pour toi, mon cœur est fermé pour toujours. Tu es la femme que je déteste plus que les serpents.

Yana pleure de rage ; je m'éloigne d'elle. C'est alors qu'elle me dit :

— Tu dois aller passer des tests.

— De quels tests parles-tu ?

— Ce sont des tests pour détecter si tu as oui ou non des maladies graves. Si tu en as, tu resteras ici. J'espère que tu ne m'empêcheras pas de partir pour l'Amérique avec ma famille.

— De quelles maladies parles-tu ?

— Je ne sais pas, moi.

Je viens de comprendre que les tests sont nécessaires pour savoir si nous sommes admissibles à aller vivre dans les pays étrangers. Si je suis porteuse de virus quelconques susceptibles d'être transmis aux gens, je ne suis pas admissible pour quitter le pays. En quelque sorte, ces tests sont des moyens de sélection des candidats. Sachant toute l'importance des tests, je panique, car j'ai peur d'empêcher la famille de Yana de partir si je suis porteuse de maladies graves. Je n'ai que le choix de me soumettre à ces examens. Je vais seule et me voilà devant des infirmières ; une d'entre elles me demande :

— Qu'est-ce qui est arrivé à ton bras ?

— Rien...

— Viens, je vais te soigner !

J'avance timidement vers elle. Elle prend mon bras blessé. Lorsqu'elle a terminé, elle me dit :

— Tu dois maintenant aller uriner et tu m'en mettras un peu dans ce petit pot.

— Je n'ai pas envie, madame.

— Tu dois y aller quand même.

Elle me donne le petit pot et je dois faire là-dedans. Comment vais-je faire pour uriner dans ce petit pot ? Je ne comprends rien. Au camp, je suis habituée de faire mon besoin un peu partout comme lorsque j'étais au village des Khmers rouges, mais il est recommandé de faire ses besoins dans une « toilette » très spéciale : elle est carrée et grande. Elle a une longueur de cinq mètres environ et cinq mètres de large. Le trou a une profondeur de cinq mètres environ. Trois planches ou plus sur la surface de ce trou et les personnes font leurs besoins en s'accroupissant. Lorsque nous marchons sur ces planches, celles-ci branlent beaucoup, car elles ne sont pas fixées sur le sol. Cette « toilette » n'a pas de mur ni de toit. Nous sommes environ deux ou trois mille personnes dans ce camp et, à ma connaissance, il n'existe qu'une ou deux toilettes de ce genre. Chaque fois que je m'approche de cet endroit, j'ai mal au cœur : l'odeur est trop forte. Les mouches sont innombrables et des vers bougent comme des serpents.

Lorsque je vais faire mon besoin, je constate, à chaque fois, que je ne suis jamais seule ; il y a toujours 5 à 10 personnes qui sont là avant moi. Au début, je suis un peu gênée de baisser mon pantalon ; après, je fais comme tout le monde. Nous nous essuyons avec les branches d'arbre ou avec des feuilles. J'avoue que ce n'est pas très confortable. Parfois, je vois des gens apporter de l'eau dans un bol et se laver. Je trouve cette idée plutôt bien, mais l'eau est rare, alors il ne faut surtout pas la gaspiller.

Lorsque l'infirmière me donne ce petit pot, je refuse d'y aller. Elle me rassure et elle m'explique comment faire. Quel bienfait de côtoyer une personne gentille pour moi ! Je mets en application ce que j'ai compris. Je réussis difficilement à mettre un peu de mon urine dans cet objet si petit. Ce n'est pas évident. Je ris toute seule : c'est trop drôle. Je termine et je l'apporte à l'infirmière. Ensuite, elle me demande de me déshabiller, car elle veut examiner mon corps pour voir si je n'ai pas de maladie de peau. Pas question que je me déshabille devant les gens ! Je sors, l'infirmière me rattrape. Elle m'oblige à lui obéir. Je refuse. Elle me dit :

— Ce n'est pas gênant pour une petite fille comme toi.

— Je n'accepte pas que tu m'appelles « petite fille ». De toute façon, je suis trop gênée de me montrer nue.

Alors, elle m'amène seule dans un endroit avec elle. C'est mieux et j'accepte. Elle examine mon corps et elle trouve des cicatrices de plaies sur moi. Je lui demande :

— Est-ce que j'ai une maladie grave, madame ? Cela m'empêcherait-il de partir en Amérique ?

— Non, mais j'aimerais que tu me racontes ce qui s'est passé : pourquoi tu as ces marques sur ton corps ?

— Quand j'étais petite, je suis tombée d'un arbre volontairement, parce que je voulais que ma mère reste avec moi à la maison. C'était le seul moyen que je trouvais pour la retenir.

— Pauvre petite fille !

— Cesse de m'appeler ainsi !

— Tu as du caractère, jeune fille.

— Et alors...

— Tes parents te laissent-ils parler comme ça avec eux ?

— Ils sont tous morts ! Tout le monde a peur de moi ; ils sont partis et ils me laissent seule.

— Avec qui es-tu venue au camp ?

— Avec une sorcière...

— Tu parles drôlement, toi !

— Ça ne te regarde pas.

Elle me pose plusieurs autres questions, mais je lui réponds bêtement quand je me sens menacée, surtout lorsqu'elle est en colère contre moi. Sa colère vient chercher automatiquement ma propre colère ; celle-ci est toujours bouillante et toujours prête à exploser.

Parfois, je ne peux pas répondre à ses questions parce que je ne sais pas. Malgré tout, elle montre une patience extraordinaire envers moi et je l'apprécie beaucoup.

Lorsqu'une personne me tient tête, je la pousse jusqu'au bout de ses limites. On dirait que je ne peux pas céder de peur d'échouer. Le sentiment d'échec me tue quand il monte en moi.

Quelques jours plus tard, j'apprends que je n'ai pas de maladie grave qui pourrait m'empêcher d'émigrer... Je suis tellement soulagée. Ce jour-là, j'apprends également que mon frère ne fait pas partie de la même liste que moi et Yana, pour l'Amérique. Je suis tellement attristée pour lui. Malgré ce qu'il m'a fait, je trouve quand même un peu d'amour pour lui. Après tout, il m'a sauvée pendant la guerre. C'est pour ça que je suis prête à lui donner ma place, mais la liste est déjà préparée d'avance et je ne peux rien y changer.

Je me perds dans mes pensées quand tout à coup, un garçon arrive en courant : « Madame Yana, vous avez des invités qui vous attendent là-bas. » Yana paie le garçon pour le message. Elle et ses enfants courent pour suivre le messager. Je les suis, moi aussi. Yana me regarde dans les yeux et dit : « Penses-tu que quelqu'un veuille te rencontrer, détestable comme tu es ? » Elle a raison, je n'ai personne qui veut de moi. Les paroles de Yana me font mal. J'ai l'impression de recevoir un coup dur dans le cœur. Un autre rejet qui fait mal. J'AVAIS un frère, mais il m'a dit que je ne suis plus sa sœur, alors, j'ai personne. Je suis souvent seule et j'adresse rarement la parole aux autres, car mon contact avec les gens me fait vivre trop souvent le rejet. Les rejets deviennent désormais les monstres de ma vie : c'est l'enfer.

Plus je vieillis, plus je deviens *HANDICAPÉE*. Ce handicap est plus important qu'un handicap physique, car personne ne peut le voir, mais moi, j'en souffre. Mon affectivité est touchée... L'amour est-il un trésor si rare que je coure désespérément à sa recherche, mais toujours en vain ? Ne mériterai-je pas un peu de cet amour ?

Désormais, lorsque viennent des visiteurs, je me retire en me renfermant, car je ne veux plus que Yana me répète encore que personne ne désire me rencontrer. Je sais que *PERSONNE* ne veut de moi. Je suis cruelle et détestable : je parle mal. J'agis ainsi parce que mon cœur est broyé par la souffrance. Mes comportements expriment mon mal intérieur. Plus je souffre, plus j'ai envie de faire payer ma souffrance à tout le monde. Je suis consciente que c'est illogique, mais dans le monde affectif, la logique n'existe plus.

En voyant que certaines personnes ont une famille, je me sens encore plus seule. Alors, je m'éloigne toujours davantage des autres ; je me replie sur moi-même et tout devient si lourd à porter. On dirait que même si je voulais *SOURIRE*, mes muscles ne m'obéissent pas. C'est trop me demander, même un petit sourire. Je vis à ce moment une profonde détresse. Quelque chose en moi se meurt un peu chaque jour. La vie se charge de me faire vieillir avant le temps. Je constate également que je ne suis pas seulement très sensible, mais bien hypersensible.

Quelques heures plus tard, Yana et ses enfants arrivent avec plusieurs cadeaux en mains : des vêtements, des fruits, des biscuits, etc. Tout ça me donne tellement la faim, mais je n'ose pas leur demander. Les autres mangent avec appétit, je les regarde et j'avale ma salive. Mes larmes coulent à mon insu. Finalement, Yana me donne un peu de raisin. Comme c'est bon ! Je mange tranquillement pour mieux savourer le goût de ce fruit. J'ai peur qu'il ne m'en reste plus par la suite. C'est un fruit rare au Cambodge, je crois. Peut-être y en a-t-il plus en Thaïlande, je n'en sais rien.

Je n'ose pas demander à Yana qui sont ces invités.

Encore une fois, pendant que tout le monde dort dans l'après-midi, un autre garçon arrive en courant : « Madame Yana, vous avez des invités qui vous attendent là-bas. » Yana le paie et elle part en vitesse. J'ai eu ma première leçon, alors je ne la suis plus. Je la regarde partir avec ses enfants. C'est alors que Yana me dit :

— Qu'est-ce que tu attends pour nous suivre ?

— Tu m'avais dit que personne ne voulait me voir, alors...

— Il faut que tu viennes !

— Pourquoi faut-il que j'y aille ? Une fois, tu dis non et une autre fois, tu dis oui. Pourquoi fais-tu cela ? Je ne te suis pas. Vas-y, toi et tes enfants ! Ce sont tes invités et non les miens. Je suis seule au monde.

— Comment oses-tu me parler ainsi ? Et nous alors, ne sommes-nous pas ta famille ?

— Jamais tu ne seras ma famille ! De toute façon, je ne sais pas pourquoi je t'appelle « belle-sœur » alors que tu n'es personne pour moi.

— J'ai aidé ta famille depuis ta naissance et tu n'as aucune reconnaissance envers moi. Tu oses dire que je ne suis personne pour toi. Aujourd'hui, ce sont ton demi-frère et ta demi-sœur qui veulent te rencontrer. Ils ne t'ont jamais vue.

— J'avais un frère, mais il m'a reniée à cause de toi. Maintenant, j'ai personne dans la vie. C'est impossible que j'aie une autre famille.

— Tu me fais fâcher.

— Et alors !

— Pourquoi faut-il que tu aies la tête aussi dure ?

— Parce que tu m'as ainsi formée avec tes paroles mensongères. Tu as détruit ma relation avec mon frère ; tu me fais détester par les gens que tu connais en leur racontant des mensonges à mon sujet... Tout ça nourrit en moi de la haine contre toi.

— Arrête de parler et suis-moi.

— *NON ! NON !* Je n'ai plus envie que tu me ridiculises encore devant eux et que tu me rejettes à nouveau.

Voyant que je suis décidée à ne pas la suivre, elle vient me chercher de force et me dit :

— Je t'interdis de raconter quoi que ce soit à ton demi-frère et à ta demi-sœur, sinon tu auras affaire à moi.

— Je n'ai pas peur de toi, même si tu es très méchante envers moi !

Ce frère et cette sœur sont les enfants de mon père. Ils demeurent en Thaïlande. Nous sommes à la frontière thaïlandaise, alors nous pouvons avoir des visiteurs, mais les invités n'ont pas le droit d'entrer directement au camp. J'ignore pourquoi.

Lorsque j'arrive à l'endroit où les visiteurs doivent être, j'aperçois un homme et une femme assise dans une cabane. Il y a des surveillances et je ne peux pas entrer à l'intérieur avec eux. Ma « famille » peut me toucher, mais il y a une barrière entre nous. Je les observe et je les trouve vieux pour qu'ils soient mon frère et ma sœur. Ils ont peut-être 30 ou 40 ans comme Yana. Lorsqu'ils me voient, ils disent :

— Tu ne ressembles pas à une petite fille chinoise, mais plutôt à une petite cambodgienne.

— Que voulez-vous que ça me fasse ?

— Tu n'es pas très polie !

— Et alors ?

Le silence s'installe. Tous les jours, on me dit : « Tu es bornée, laide, bonne à rien, impolie, violente, maligne... », il y a juste ça que j'entends. Je suis écœurée ! Par conséquent, je me comporte exactement comme l'image que les autres me renvoient ou ont de moi. Lorsque je suis impolie, je vis en relation étroite avec ma colère. Elle m'aide à me défendre et à ne m'attacher à personne. La colère est un moyen de défense extraordinaire. C'est que ce je connais de mieux pour le moment. La colère me pousse à rejeter les autres avant qu'ils me rejettent. Cela me fait moins mal.

Au premier contact avec mon demi-frère Yaud et ma demi-sœur Moud, je m'interdis toute ouverture de cœur, de peur de m'attacher à eux. Quoique mon besoin de m'exprimer soit grand, je préfère me taire. Lorsque la colère est là avec moi, je ne sens ni peine ni souffrance en moi. Elle étouffe les autres sentiments.

Je saisis qu'il vaut mieux pour moi que les autres me détestent dès le point de départ, dans le but d'éviter de créer des liens. Pendant un moment, c'est le silence. Je déteste le silence, car il me fait trop penser à mon frère muet à mon égard. Je me trouve nulle aux yeux des autres quand le silence règne. Je ne sais pas pourquoi.

Moud prend la parole : « Belle-Sœur, Yana, nous dit que tu n'es pas intéressée à nous voir ; est-ce vrai ? » Je regarde Yana qui me surveille à chaque seconde ; j'ai le goût d'avouer à Moud que Yana ment, mais je le garde en moi. Comment ai-je eu l'idée de ne pas les intéresser alors que j'ignorais leur existence ? Comme Yana est cruelle ! Elle veut déjà que cette sœur, qui ne me connaît même pas, me déteste. Plus je connais Yana, plus je crois qu'elle est une Khmère rouge incarnée, car son but unique c'est de *DÉTRUIRE L'AMOUR*. Qui est-elle, cette femme ? Elle me fait peur. Est-elle le diable ? Bref, elle est folle... Moud me demande à nouveau :

— Parles-tu encore le chinois ? Pourquoi ne me réponds-tu pas ?

— Belle-Sœur ne veut pas que je te raconte quoi que ce soit.

— Est-ce que belle-sœur est gentille avec toi ?

Mes larmes coulent toutes seules. Cette question ne fait que toucher ma blessure. Je sens monter en moi toute une tristesse et combien je souffre en silence sans jamais que personne ne se soucie de moi ! J'espère que mes larmes sont assez visibles et compréhensives pour que Moud et Yaud saisissent que Yana n'est pas aussi gentille qu'elle prétend l'être.

Personne ne croit que Yana est méchante avec moi, car on dit souvent que c'est moi qui la provoque.

En retournant au camp, ma demi-sœur me donne de l'argent discrètement pour que Yana ne le voie pas. Veut-elle acheter ma peine ?

Sur le chemin du retour, Yana me dit :

— Tu es hypocrite ! Tu fais semblant de pleurer pour que ta demi-sœur et ton demi-frère aient pitié de toi.

— Je ne peux pas être plus hypocrite que toi.

— Tu mérites que ton frère te déteste.

— Je crois que c'est ce que tu veux pour moi, n'est-ce pas ?

— Tu es très mal élevée, jeune fille !

— Je suis mieux élevée que toi ; tout ce que tu as appris dans ta vie n'est autre chose que de détruire les autres. On dirait que tu prends plaisir à voir souffrir les autres. Tu fais en sorte que les autres souffrent s'ils ne souffrent pas. Te crois-tu correcte, toi ?

— Tu es insupportable !

— C'est tout ce que tu peux me dire.

— Je sais que ta demi-sœur t'a donné de l'argent. Combien en as-tu ?

— Ce qui m'appartient ne te regarde pas.

— Tu dois me le donner.

— Ça non, jamais !

Si elle pense que je vais lui donner. Je sens monter en moi la colère, tel un volcan toujours prêt à exploser face à elle. La force de ma colère peut la détruire et même détruire le monde entier. Si je me laissais aller, je l'écraserais par terre comme une mouche nuisible. Je crains de lui faire du mal. Alors, je cours pour me défouler et soudain, je découvre un endroit où il y a beaucoup de personnes. Ces gens vendent de la nourriture, des vêtements, etc. J'achète de la soupe, des bonbons, des fruits... J'ai l'intention de tout dépenser mon argent avant que Yana me le vole. Elle a déjà pris mon argent quand j'étais petite, au Jour de l'An chinois ; je m'en souviens encore comme si c'était hier. Cette fois, non, elle ne l'aura pas !

Je suis contente de manger tout ce que j'aime. Je mange « à plein ventre ». Tout à coup, je réalise que je viens d'oublier d'aller chercher du riz et des poissons pour Yana et sa famille. Lorsque j'arrive à la cabane, mon frère, Yana et sa belle-sœur, tous me regardent d'un regard très furieux. Je vais encore avoir des problèmes, je pense ! Mon frère et Yana, chacun à leur tour me disent : « Tu n'es bonne à rien. Tu es vraiment bête. Tu es... » Leurs paroles me blessent tellement que je ne sais quoi dire. Soudain, j'entends mon piano magique chanter. Il me joue une belle musique :

— Piano magique ! Je suis si heureuse de te voir. Tu viens de me sauver la vie ; je déteste entendre la voix de mon frère et surtout celle de Yana. Joue-moi encore de la musique et plus fort !

— Je suis honoré, ma petite princesse, de jouer pour toi.

— Merci, mon piano bien-aimé.

Yana voit bien qu'elle parle dans le vide, alors elle arrête et elle m'interdit de manger. Je m'en fiche, mon ventre est plein. Elle ignore que j'ai dépensé tout mon argent pour de la nourriture :

— Donne-moi tout l'argent que ton demi-frère et ta demi-sœur t'ont donné. Tu me le dois, car je t'ai amenée jusqu'ici.

— Je n'ai pas d'argent.

Elle fouille sur moi. Elle n'en trouve pas. Elle est encore plus en colère contre moi.

— Tu as tout dépensé, c'est ça ?

— En quoi ça te regarde ?

— Tu oses me parler ainsi, tu es vraiment insupportable.

— Et alors ?

— Est-ce que c'est la reconnaissance que tu as envers moi de me parler ainsi ?

— Je ne t'ai jamais demandé de m'emmener.

— J'aurais dû te laisser, comme ton frère le faisait.

Dans la mentalité chinoise, les adultes n'ont jamais tort, peu importe ce qu'ils font. Nous, les jeunes, nous devons reconnaître les torts que nous n'avons pas faits, devant eux. Nous leur confessons les torts qu'eux-mêmes font. Yana me dit :

— Tu dois demander pardon de m'avoir offensée.

— Tue-moi et je ne le ferai même pas.

— Comme tu as la tête dure ! Tu dois le faire !

— Non !

— Je vais le dire à ton frère.

— Vas-y et je t'encourage !

— Tu dépasses tout ce que je peux m'imaginer de toi. Comment seras-tu lorsque tu seras devenue adulte ? Une tueuse ?

— Tu seras la première à être tuée par moi, si mon destin, c'est d'être une tueuse.

Dans ma tête, je vois Yana comme une mouche, c'est pourquoi j'ose lui parler si impoliment. C'est vrai que mes paroles ne sont pas mieux que les siennes. Je ne suis pas prête à m'incliner devant une femme malade. Et quand bien même elle m'obligerait à me mettre à genoux devant elle, je suis *TOUJOURS DEBOUT*. Elle utilise son pouvoir : elle me donne une claque et tout à coup, je ne vois plus rien, tellement le coup est fort. C'est de cette façon qu'elle m'oblige à lui obéir. *JE NE VEUX PAS CÉDER. JE DÉTESTE QU'ON ME DISE QUOI FAIRE. JE DÉTESTE LE MOT OBÉISSANT.* Pourquoi ? Je crois que je viens de comprendre la raison de ma résistance à obéir aux ordres de quelqu'un comme Yana : chaque fois qu'on me demande de faire quelque chose en me donnant un ordre, j'ai l'impression d'être une esclave. Me voir comme une esclave est insupportable pour moi. Il n'y a que les esclaves qui reçoivent des ordres des autres. Je ne veux pas ça pour moi.

Tout devient si menaçant. Alors j'entre dans mon royaume imaginaire et je vois Sébal ; elle est là, à mes côtés :

— Ma princesse, laisse-moi te caresser où Yana t'a fait mal. Ne pleure pas ! Je suis tellement triste quand tu pleures, princesse.

— Yana est méchante avec moi, Sébal. Je la déteste. Je voudrais vivre pour toujours dans mon royaume imaginaire. L'Arc-en-ciel me manque et Gabu aussi.

— Ne pleure pas ! J'ai une surprise pour toi, ma princesse.

— Oh oui ? C'est quoi ? Je veux la voir tout de suite, Sébal.

Sébal me la montre :

— Pigi ! Mon petit poussin ; tu me manques tellement. Ça me fait du bien de te serrer contre moi, mon Pigi adoré. Comme tu as grandi ! Montre-moi comment tu voles ?

Je suis encore dans mon royaume quand tout à coup, il pleut beaucoup. Je reviens sur terre, j'entre dans la cabane. Le vent est tellement fort : des feuilles s'envolent sur le toit. La cabane ne nous abrite plus : nous sommes mouillés comme si nous étions dehors. Je tremble de froid à la longue dans la pluie. Je reste dans mon coin, je ne me mêle pas aux autres et surtout, pas avec Yana et sa famille ridicule.

Le soir tombe et il pleut encore. Le froid me pénètre et je sens tout à coup le vide en moi. Comme la solitude est atroce ! Elle est collante comme une sangsue sur ma plaie. *J'AI MAL, MAMAN !...*

35

Un beau fantôme

Nous demeurons au camp des réfugiés depuis déjà des mois. Par ici, plusieurs personnes se livrent à des commerces, mais d'autres ne font rien sinon attendre que leur nom soit choisi pour s'envoler en Amérique. Tout le monde attend avec impatience pour quitter le camp des réfugiés. Le pays étranger me fait rêver parfois.

Tout me semble tellement silencieux au camp dans l'après-midi. Soudain, un messager court et annonce : « Madame Yana ».

Yana se réveille en sursaut :

— Qu'est-ce qui se passe ? Pourquoi cours-tu comme ça, mon garçon ?

— Votre nom est affiché au tableau ; il faut que vous veniez voir.

— Tout de suite !...

Elle part à une vitesse folle pour suivre le messager. Elle revient quelques heures plus tard et dit : « Nous partons pour le Canada. J'aurais aimé aller en Amérique, car dans ce pays, nous pouvons parler anglais. » Yana est très déçue : son désir n'a pas été exaucé.

Pour moi, je ne fais pas de différence entre l'anglais ou une autre langue. Que nous partions pour l'Amérique ou pour le Canada, n'a aucune importance pour moi ; je veux seulement quitter le camp. Rien que d'y penser, je suis folle de joie.

Je m'envolerai bientôt vers le Canada ! De quoi a l'air ce pays ? Que veut dire ce nom ? Quelle langue parlent les gens là-bas ? Quel genre de nourriture mangent-ils, ces Canadiens ? Comme j'ai hâte de rencontrer ces personnes d'une nouvelle « planète » ! Je n'ai aucune idée des habitants du Canada. Ces gens sont-ils noirs, ou blancs, ou... ? Pourquoi veulent-ils nous accueillir dans leur pays ?

Je suis assoiffée de tout connaître sur ce pays. Que vienne ce jour ! Que vienne ce départ du camp des réfugiés ! Devant Yana, j'essaie de ne pas trop manifester ma joie, car elle est déçue ; je ne veux pas la provoquer davantage sinon, nous aurons encore des disputes et cela me rend vraiment malade. Parfois, je me sens obligée de me défendre contre Yana et là, je rends la situation encore plus difficile. J'espère que ma vie sera meilleure au Canada. Je souhaite pouvoir aller à l'école comme tout le monde.

Quelques jours plus tard, nous partons. Nous ne sommes pas seuls. Plusieurs familles sont avec nous ; leurs noms ont été choisis comme nous. Nous montons une autre fois dans un camion que je déteste !

Je quitte mon frère aujourd'hui ; il ne vient pas avec nous. Je ne l'ai pas vu depuis quelques jours et aujourd'hui, à notre départ, il n'est même pas là. Cela me fait tellement mal ; le reverrai-je un jour, au Canada ?

Une longue route dans le camion avant d'arriver dans un autre camp de réfugiés que je nomme « camp de transition », endroit où nous attendons pour notre départ définitif pour le Canada. Ce camp se situe sur le territoire même de la Thaïlande ; alors si nous recevons des visiteurs, ils entrent directement au camp pour nous voir.

J'observe mon nouveau milieu pour m'adapter davantage. Je constate que le sol est couvert entièrement d'asphalte ; comme je suis soulagée ! Enfin, je n'ai plus à respirer de la poussière...

Je vois une grande maison en briques rouges : c'est notre maison communautaire où toutes les familles logent dans ce même espace libre. À l'intérieur, il n'y a ni chambre ni séparation pour les familles. Tout le monde choisit un coin qui lui convient. Nous sommes environ dix à quinze familles à nous installer dans cette nouvelle maison. À l'extérieur, il y a un puits à proximité, seulement deux minutes à pieds ; un restaurant non loin également. L'odeur de la nourriture tourmente mon estomac, tellement j'ai faim. Il existe également ment un comptoir pour recevoir de la nourriture toute prête. Nous n'avons plus besoin de nous préoccuper de la préparation des repas. Quelle chance avons-nous d'avoir tout ce dont nous avons besoin !

Il est midi, je vais chercher de la nourriture ; à ma grande surprise, personne ne se bouscule ici pour les aliments. Quel progrès !

À midi, nous mangeons du riz bien sûr et de la viande. Nous sommes vraiment gâtés d'avoir de la viande. Nous mangeons du riz trois fois par jour.

Parfois, dans l'après-midi, les gens nous donnent des fruits, des sacs de nouilles instantanées... C'est vraiment super ce camp ! Ce que je trouve le plus « super », c'est que bientôt, je vais connaître le Canada. Comme je le chéris, ce pays ! Il sera mon futur chez-moi bien-aimé !

Quelques jours plus tard, les responsables des démarches nous disent : « Demain matin, nous avons des informations pour vous, au sujet du Canada. J'espère que vous allez tous venir écouter ce que nous avons à vous dire. »

Le lendemain, je me rends à cette rencontre ; je suis ébahie de voir, pour la première fois, une dame aux cheveux blonds. Elle a la peau tellement blanche que je me croirais en face d'un beau fantôme. Elle a les yeux bleus comme les chats du Cambodge. Elle ne nous ressemble pas du tout ; elle ne parle pas non plus notre langue. « Elle parle anglais », nous dit l'interprète. Celui-ci nous traduit à mesure ce que cette dame nous explique sur le Canada.

Cette jolie dame blonde commence à parler : « Le Canada est un pays propre : nous ne pouvons pas jeter les déchets partout dans la rue comme au camp. C'est interdit. Il existe des poubelles pour mettre ces déchets. Pour des raisons d'hygiène, nous devons toujours brosser nos dents tous les soirs avant d'aller nous coucher. »

Je ne la comprends pas quand elle parle, mais quelle voix douce et agréable à entendre ! Tout ce dont elle parle jusqu'à maintenant, j'en ignore l'existence. Je n'ai jamais brossé mes dents de ma vie.

Elle continue : « Dans certaines provinces du Canada, en hiver, il fait très froid, car il neige parfois beaucoup. L'été, il fait très chaud comme ici, en Thaïlande. »

J'ai tellement de questions à poser à cette dame. Je veux en savoir davantage : c'est quoi, la neige ? L'homme traduit pour moi :

— C'est quoi la neige, madame ?

— La neige est froide et blanche.

— D'où vient-elle ?

— Du ciel.

Je me demande comment il se fait que la neige ne tombe qu'au Canada et non ici. Il fait parfois très froid, le matin en Thaïlande, il devrait normalement neiger ? Nous avons le même ciel, n'est-ce pas ? Tous ces phénomènes naturels dépassent ma capacité de compréhension. Intriguée par la neige, je suis incapable de la représenter dans ma tête.

La belle dame continue : « Tous les enfants canadiens doivent aller à l'école. »

L'école ? Mon désir d'apprendre vient de s'éveiller à nouveau. J'ignore si Yana me permettra d'apprendre, car son but, c'est que je gagne beaucoup d'argent pour elle. Elle me fait comprendre que je suis trop vieille pour apprendre quoi que ce soit. Elle a peut-être raison. Je vais avoir bientôt 15 ans et je ne sais ni lire ni écrire. En plus, je ne suis pas intelligente.

— ·—

Tous les jours, nous avons des activités préparatoires pour le Canada : apprendre l'anglais, connaître des choses sur Dieu, etc. Je décide alors d'aller écouter parler de Dieu. Pour moi, c'est d'un grand intérêt, j'ai soif d'entendre parler de lui.

Je me souviens lorsque j'étais petite, j'allais souvent chez notre voisine Marge pour qu'elle me raconte des histoires de Bouddha : c'est un dieu, m'a-t-on dit. Jamais, je ne me lassais d'écouter, même si elle me racontait la même chose une trentaine de fois. Je me souviens très bien de la maison de Marge, car son père y fabriquait et vendait des tombes ; je n'aimais pas les voir.

En chemin, ce matin-là, je me rends compte que la fille de Yana me suit. Je ne l'aime pas ! D'ailleurs, je n'aime personne de la famille de Yana. Je la laisse malgré tout venir avec moi. Nous arrivons à l'endroit où les gens parlent de Dieu. Tout le monde s'assoit par terre, en rond. Nous sommes dix environ. Un homme se charge de nous renseigner sur Dieu, en disant :

— Lorsque vous arriverez au Canada, il faut dire à ces gens que vous croyez en Dieu, car ces « Catholiques » vous aimeront et ils vous aideront également. Alors, c'est très utile de croire en ce dieu qui a le pouvoir de nous guérir de toutes maladies et qui peut aussi nous aider en toute chose.

— C'est quoi un dieu, monsieur ?

— Il peut tout faire.

— Alors, il peut m'amener au Canada au plus vite ?

— Oui, si tu lui demandes. Ce dieu porte le nom de Jésus.

— Il a un nom bien bizarre, ce dieu, monsieur ? Ça ne nous ressemble pas. C'est un dieu canadien, monsieur ?

— Non. C'est un dieu pour tout le monde.

L'homme m'interdit de poser d'autres questions qui me trottent dans la tête. Il nous demande de fermer les yeux et de prier pour sa propre guérison.

Je ferme les yeux et j'oublie de prier pour ce monsieur :

« Jésus, tu as un nom bien bizarre, car c'est la première fois que j'entends cela. J'espère que tu n'es pas trop fâché de mes remarques « plates ». Je veux te dire également que je ne sais pas parler dans ta langue. Je suis obligée de m'adresser à toi en khmer. J'espère que tu la comprends, cette langue, sinon tu ne pourras pas connaître mes intentions. Je viens te demander de nous emmener au Canada au plus vite, car je n'aime pas attendre. C'est trop long. Et j'ai tellement hâte d'aller à l'école ; je veux savoir lire et écrire ; je veux manger beaucoup de viande ; je veux voir la neige... Yana, mon frère et des gens autour de moi, me disent que je suis sans intelligence, alors je ne peux pas apprendre normalement comme les autres jeunes. J'ai besoin de ton aide, sinon je deviendrais une esclave, comme Yana le disait, si je ne sais ni lire ni écrire. Je ne le veux pas. Tu comprends ? Merci ! »

La rencontre se termine ; je me dépêche de rentrer avant que Yana apprenne que je ne suis pas allée au cours d'anglais. Au moment où je mets les pieds à la maison, Yana m'aperçoit et me dit avec un ton très fâché :

— Je t'attendais avec impatience. Où étais-tu ?

— Je suis allée écouter parler de Dieu.

— Ça te donne quoi d'écouter parler de Dieu ? Il faut apprendre l'anglais.

— Dieu peut tout faire pour moi.

— Tu crois à n'importe quoi et tu emmènes ta nièce avec toi.

— Elle voulait me suivre ; je ne le lui ai pas demandé.

— Tu penses ça ? C'est de ta faute si elle n'est pas allée apprendre l'anglais.

— Non !

Yana continue à m'accuser faussement. Sa fille est plus grande que moi et c'est moi qui suis coupable pour son geste. Quelle mère ! Je préfère ne pas avoir de mère du tout, plutôt qu'une mère comme elle.

—————

Un beau matin, Yana arrive et me dit :

— Je veux que tu frises tes cheveux : tu es trop laide.

— Non ! De quel droit me traites-tu ainsi ? Tu ne te regardes pas toi-même avant de me dire que je suis laide. Comme tu es bête !

— Comment oses-tu parler avec un adulte comme ça ? De toute manière, tu dois m'obéir !

— Non, je ne t'obéirai pas !

Ma résistance à obéir me conduit à souffrir davantage ; Yana trouve tous les moyens de me faire céder. Pour le moment, je suis dépendante d'elle. Alors, mes cheveux seront frisés comme Yana le veut. De quoi ai-je l'air ? Je n'ai pas de miroir pour me regarder. C'est peut-être mieux que je ne me voie pas, des fois que je me trouve laide moi aussi, comme elle me le dit.

Dans la même journée, quelqu'un vient nous porter des vêtements. On me donne un chandail et un pantalon. Je suis très contente d'avoir des vêtements neufs. Ma joie ne dure jamais longtemps avec Yana. Elle enlève mes vêtements et dit : « Tu ne peux pas porter ce chandail, tu es trop vieille. J'aime mieux que ta nièce le porte. De toute façon, il ne te va pas bien. »

Le chandail est trop beau pour moi ; elle a l'intention de le donner à sa fille et cela me fait beaucoup de peine. Ce n'est pas le chandail que je n'ai pas eu qui me fait de la peine, mais l'attitude de Yana à mon égard qui me fait mal. Elle me regarde comme si j'étais la fille la plus laide au monde ; seule, sa fille est belle. Elle a peut-être raison. Je n'ai aucune prise sur ce qu'elle pense. Le pire, c'est que je la crois...

Un jour, je me regarde pour la première fois et je me rends compte que mon corps change ; c'est contre ma volonté. Lorsque je regarde Yana, j'ai peur de devenir une femme. Je ne veux pas lui ressembler car peut-être je lui ressemble déjà trop. Je parle et pense comme elle. Je cherche à me cacher constamment, car je me fais croire que je suis laide et bornée comme Yana le dit. Je viens de lui donner ce pouvoir et j'agis exactement comme elle, en me faisant souffrir moi-même. Yana réussit à m'écraser et à faire de moi ce qu'elle désire. Elle sait que je dépends d'elle et je lui donne davantage ce pouvoir de me détruire. J'avoue qu'elle réussit presqu'à cent pour cent.

Je sens en moi la honte d'avoir le désir de survivre pour ma mère, car la vie n'est pas faite pour moi. Pourquoi dois-je exister ? La vie se charge de me rejeter, voire de me haïr. Suis-je la cause de toutes mes souffrances ? C'est possible. Comment m'en sortir ? Je l'ignore pour le moment.

Chaque jour, je me cache par crainte de faire peur aux autres, à cause de ma laideur. J'en suis rendue là ; incapable de me voir autrement.

L'image que j'ai de moi-même est si faible que la moindre chose m'écrase facilement. Ignorante comme je suis, je deviens une victime parfaite pour Yana. Je lui donne du pouvoir sans le savoir. Je ne suis, à ses yeux, rien d'autre qu'une esclave.

Jusqu'à aujourd'hui, je n'ai jamais eu autant de haine en moi pour Yana. Elle me tue psychologiquement : mon âme est morte, cependant mon corps vit et hélas, j'en suis prisonnière. Je ne savais pas jusqu'à maintenant que la faim de l'amour était plus harcelante que la faim physique.

Ma vie n'a pas de sens ! Pourtant, je rêve du Canada et j'attends désespérément mon départ. Vais-je avoir une vie meilleure là-bas ?

36

Lui ressemble-t-il ?

Je songe au Canada quand soudain quelqu'un dit à Yana :
« Vous avez de la parenté qui veut vous voir. »

Elle sort. Je la regarde de loin. Des visiteurs entrent dans la
maison. Je crois reconnaître mon demi-frère Yaud. Il était venu
nous voir lorsque nous étions au camp des réfugiés.

Il emmène avec lui son neveu Kam et sa nièce Mau. Ce sont
des enfants de mon demi-frère aîné.

Je m'approche d'eux lentement comme une bête sauvage
qui a besoin d'être apprivoisée. Yaud me regarde avec un
sourire et Yana se montre tout à coup tout sucre et tout miel
face à moi : elle est aimable d'une manière dégoûtante. Elle
touche mes cheveux : chose qu'elle ne fait jamais. Cet
attouchement est un signe d'affection pour les adultes envers
les jeunes. Évidemment, je n'accepte jamais que Yana me
touche, car elle m'écœure ; alors je la repousse violemment.

Ce geste ignoble d'une jeune fille chinoise envers l'aînée,
provoque chez Yaud une colère violente. Bien sûr, il ignore
tout du genre de relation qui existe entre Yana et moi. La

politesse envers l'aîné est primordiale dans la mentalité chinoise, mais pour ma part, elle est un symbole d'hypocrisie. C'est la raison pour laquelle, je n'arrive pas à l'accepter. Pourquoi ? Peut-être qu'au plus profond de mon âme, je désire la *VÉRITÉ*. J'admets que je ne connais pas à sa juste valeur ce qu'est la vérité, mais je sais au moins que j'y aspire au plus profond de moi. Je me fais détester par les autres à cause de mon impolitesse. Je veux rester ce que je désire être, mais à quel prix ?

En voyant que Yaud est fâché contre moi à cause de mon geste, Yana prend la parole qui me fait vomir à chaque fois : « Il ne faut pas prendre les choses trop au sérieux, elle n'est encore qu'une enfant. »

Je ne comprends pas Yana, parfois elle dit que je suis trop vieille et d'autres fois, elle dit que je suis encore une enfant. Dans mon certificat, j'ai 15 ans le premier mai. Suis-je encore une enfant, oui ou non ? La colère de Yaud contre moi me pousse à m'éloigner. Yana me suit et dit :

— Comment oses-tu me pousser en la présence de ton demi-frère ?

— Tu n'aurais pas dû me toucher.

— C'est grâce à moi que Kam, Mau et ton demi-frère te reconnaissent comme leur famille. Tu n'es rien sans moi.

— Je ne t'ai jamais demandé quoi que ce soit. C'est toi qui m'as obligée à les appeler « frère » et « sœur », parce que tu m'as dit que nous avons le même père. Est-ce encore des mensonges ? J'avais un frère et il est « mort », car il ne voulait plus de moi comme sœur à cause de toi. Es-tu contente maintenant ?

— Tu me fais vraiment fâcher. Ton frère a eu bien raison de te laisser. Tu me fais mourir.

— Je te le souhaite...

Sur cette parole, Yana a failli perdre le contrôle d'elle-même en voulant me frapper comme d'habitude ; la présence de mon demi-frère m'a délivrée de ses mains. Elle se contente d'un sourire forcé devant Yaud.

Plus tard, Yaud emmène Yana et ses enfants chez lui. Je les regarde partir avec les larmes aux yeux : comme je me sens seule et triste !

Je reste au camp avec des étrangers ; je n'ai rien à faire que de me promener un peu partout dans ce lieu. Je tourne souvent près du restaurant et je regarde les autres manger. Tout à coup, je me perds dans le passé. Je me vois soudainement avec les enfants de la rue, que je fréquentais quand j'étais petite. Ces enfants allaient chercher de la nourriture qui restait dans les assiettes au restaurant. Lorsque j'étais avec eux, je ne me sentais jamais seule. Je me souviens que j'étais leur chef et je m'amusais vraiment beaucoup avec eux. Je suis tellement absorbée dans mon passé que je n'entends pas quelqu'un m'appeler.

Soudain, je sens qu'on me secoue pour que je revienne à moi-même. On dirait que je me réveille et je vois un homme qui me dit :

— Ton frère veut te voir.

— Je n'ai pas de frère, monsieur.

— C'est lui là-bas qui me demande de te dire cela.

J'aperçois Yaud qui m'attend à la porte. J'avance timidement vers lui et il me dit :

— Viens, je t'emmène chez moi.

— Je ne veux pas !

— Je suis triste de te laisser seule pendant que les autres
s'amusent et mangent un bon repas.

— Je suis habituée à être toujours seule.

— Viens...

— Je ne veux pas ta pitié.

— Comment as-tu pu parler de pitié, alors que je suis ton
frère.

— Je suis trop laide pour me montrer aux autres.

— Qui t'a dit cela ?

Je garde le silence par crainte que Yaud ne découvre tout ce
que Yana me fait subir. Je ne désire pas que Yana me batte
davantage si elle sait que je raconte tout à Yaud.

Malgré mon refus, mon demi-frère m'emmène quand
même. Je marche à contrecœur. En chemin, je ne lui parle pas,
car cela ne fait pas partie de mes habitudes. Je viens de prendre
conscience que je parle presque uniquement lorsque je dois me
défendre contre Yana ; en d'autres moments, je garde le silence

Yaud pose plusieurs questions à mon sujet pour me faire
sortir de moi-même, mais il ne réussit pas, car je refuse de
coopérer. En quelque sorte, il monologue. Il m'adresse la
parole en chinois comme Yana le fait. Je suis en présence de
Yaud, mais mon esprit est ailleurs. Je me laisse envahir par les
paroles blessantes de Yana : « Personne ne veut te voir, tu es
trop laide et bornée. Tu n'es rien... »

Je suis tellement imprégnée de ses paroles que je me les dis, même en son absence. Je souhaite que *TOUTES* ses paroles destructrices s'effacent de ma mémoire mais sans savoir comment. Je me rends malade. Jour et nuit, je vis sous l'emprise de Yana. Je sais que c'est de ma faute, car je lui laisse ce pouvoir.

Je réalise tout à coup que Yaud me saisit la main pour aller prendre l'autobus, comme si j'avais encore trois ans. Peut-être que mentalement, j'ai cet âge. Je me sens tellement ignorante ; mon monde intérieur semble vide. Je suis perturbée psychologiquement au point de régresser sans cesse. En plus, je ne suis pas encore civilisée depuis que je suis sortie du camp de concentration des Khmers rouges. Il y a tant de choses à apprendre et à rattraper à tous les niveaux pour que je sois « normale ».

Il y a tellement d'automobilistes non respectueux des piétons qu'il me paraît impossible pour nous de prendre notre autobus. Enfin, nous y arrivons ! Je monte et soudain, quelque chose en moi me bouleverse sans raison apparente. Mon cœur serre si fort que le souffle me manque. Mes larmes expriment ce que vit mon cœur, mais je ne comprends pas davantage la raison pour laquelle je pleure.

Or, je me souviens tout à coup ; lorsque j'étais petite, je me suis battue avec Yana parce qu'elle donnait une tape à ma mère. Suite à ce geste aussi audacieux, Yana m'avait mise à la porte. J'ai alors pris l'autobus avec ma mère pour nous rendre chez mes grands-parents. Pendant ce voyage, je restais à côté d'elle ; je pleurais sur mon mal. Ma mère me consolait. Je me sentais *TELLEMENT* bien avec elle. Comme c'est « délicieux » d'avoir une mère à côté de soi ! Plus tard, la guerre me l'a arrachée cruellement...

J'éprouve encore aujourd'hui ce chagrin de la séparation si brutale avec ma mère. Je sens mon cœur qui se déchire à nouveau au souvenir de mon passé si douloureux.

Je pleure... Je pleure, car au fond de moi, je ne ressens que la douleur dans mon âme. Yaud ne comprend pas ce qui se passe en moi, il s'inquiète : « Tu n'aimes pas la Thaïlande ? Pourquoi pleures-tu ? »

J'aurais aimé qu'il voie par lui-même la souffrance profonde de mon cœur sans que je le lui explique, car je n'ai pas de mot pour décrire ce vide qui persiste en moi. Qu'est-ce qui se passe exactement dans mon être ? Je ne sais pas ; une chose est certaine : je ne suis pas bien avec moi-même et encore moins avec les autres. Yaud et toute sa famille, contrairement à nous, n'ont jamais vécu la guerre.

Pour oublier un peu mon passé, je regarde par la fenêtre la vie en Thaïlande. Soudain, je vois un cadavre en plein milieu de la rue. La personne a le ventre ouvert et je peux voir à l'intérieur ses organes. Je trouve cela terrifiant ; moi, qui ai déjà peur des morts. Le pire dans tout cela, c'est que personne ne semble s'en occuper. Les voitures passent par-dessus ce corps comme si de rien n'était. C'est incroyable ! Ce corps humain inerte est traité à l'égal d'un animal. Je vis dans un monde où les personnes humaines ne sont autres que des êtres insignifiants. J'ai de la difficulté moi aussi, en grandissant dans cette perspective, de voir, de considérer le sacré de l'être humain. Parfois, je souhaite même que le monde n'existe plus, alors les souffrances seront obligées de disparaître elles aussi. C'est peut-être parce que je souffre et que je vois la souffrance partout et dans toutes les personnes. Je regarde les autres avec ce que je suis et ce que je vis actuellement.

Ce qui est terrifiant pour moi en Thaïlande, ce sont les voitures qui circulent dans les deux directions sans respecter les feux de circulation, et les piétons qui se mêlent à tout cela.

Lorsque Yaud et moi débarquons de l'autobus, il nous faut quinze à vingt minutes pour traverser de l'autre côté de la rue. Je trouve cela dérangeant. En traversant la rue, mon demi-frère et moi risquons de nous faire tuer, écraser comme une bête sans valeur. Je ne suis pas encore habituée avec tant d'automobiles ; je viens tout juste de sortir de la guerre des Khmers rouges. J'espère qu'au Canada les règles de la circulation seront plus respectées.

Nous arrivons. Avant d'entrer, Yaud m'explique : « Ici, c'est l'usine de notre frère aîné, Rique. »

Je comprends pourquoi Yaud me présente *son* frère comme étant *notre* frère. Dans la mentalité chinoise, lorsque nous avons le même père, nous sommes vraiment frères et sœurs. Par contre, lorsque nous avons la même mère, nous ne sommes pas les « vrais » frères et sœurs, car c'est le père, selon cette culture, qui donne la vie à l'enfant et non la mère. Les hommes asiatiques ont besoin de se donner eux-mêmes des valeurs dominantes que je ne respecte aucunement.

Ces hommes oublient que c'est la mère qui porte l'enfant pendant neuf mois dans son sein, et l'élève par la suite. Une fois qu'ils sont devenus des hommes, certains deviennent ridicules : ils se pensent supérieurs aux femmes, alors que nous sommes complémentaires.

J'entre avec Yaud et je vois ma demi-sœur Moud venue au camp la dernière fois. C'est drôle, je suis contente de la voir, mais Yana est là à son côté, alors j'essaie de ne pas trop manifester ma joie de la rencontrer. Moud m'accueille chaleureusement et Yana fait semblant d'être très « gentille » avec moi. Je comprends son geste : devant les gens, elle veut se montrer gentille pour prouver que je suis une fille méchante qui n'écoute personne. Elle a réussi ! Son sourire aux lèvres masque ce qu'elle est et tout ce qu'elle est capable de faire. Je suis convaincue que même si j'essayais de dire à ma demi-sœur combien Yana est méchante avec moi, elle ne me croirait pas, car Yana se montre tellement aimable avec moi devant les autres. Comme c'est touchant ! J'aimerais tellement que Yaud et Moud soient toujours là pour que Yana soit toujours gentille avec moi...

À un moment, je suis seule avec Yana. Sa présence m'agace, car elle profite de ce temps pour se défouler sur moi :

— C'est grâce à moi si tu es ici, en Thaïlande, sinon personne ne voulait te voir ni te reconnaître comme leur sœur...

— Je doute fort que ce soit grâce à toi que Yaud soit venu me chercher ; tu étais très heureuse que je sois seule au camp et que personne ne s'occupe de moi. Tu veux tellement que je sois reconnaissante envers toi alors qu'il n'y a aucune raison que je le sois. Tu souris devant ma famille pour montrer combien tu es gentille, alors que tu n'as que « méchanceté » en toi. Tu aimes me détruire parce que je suis jeune et sans parent. Je me vengerai bien de toi, un jour.

Sur cette phrase, Yana perd le contrôle ; elle me frappe en cachette et elle m'interdit de l'avouer à ma parenté, en me menaçant, j'aurais des problèmes encore plus grands lorsque je serai de retour au camp. C'est la vérité et je la crois. Alors, je garde silence en ravalant ma colère et ma haine jusque dans mes entrailles. Je ne pleure pas facilement devant Yana, car les larmes représentent pour moi une faiblesse devant un adversaire.

Je me dirige pour rejoindre les autres, car je n'aime pas être seule avec Yana à nouveau : elle m'écœure tellement. C'est alors que je rencontre Rique, mon demi-frère aîné. En me voyant, il me sourit. Comme cela me fait du bien ! Il touche ma tête, en signe d'affection. Rique a cinq enfants et il est très riche. Il a des serviteurs pour sa famille ; il possède une immense maison, une usine, etc.

C'est l'heure du souper, Rique m'appelle : « Jeune sœur, viens manger ! » Je le suis. J'entre dans une grande salle à manger ; je suis tout émerveillée de voir la beauté de cette salle. C'est magnifique ! Depuis quatre ans, je n'ai jamais vu un endroit pareil. Bien sûr, Rique et sa famille ne connaissent ni la guerre ni la misère que mon frère et moi avons connues. Mes demi-frères et ma demi-sœur sont chanceux d'avoir connu mon père lorsqu'il était très riche. Ils ont eu de la chance d'aller à l'école et de vivre une vie meilleure que la mienne.

La table est mise par des serviteurs et des servantes de Rique. Les plats divers sont sur la table ; c'est un vrai festin !

Les grandes personnes et les jeunes mangent ensemble. Une fois que tout le monde a pris place, nous, les jeunes, attendons que les adultes commencent en premier : c'est dans la culture. Mais ces aînés sont tellement polis, d'une manière si exagérée pour moi, que personne n'ose commencer en premier de crainte d'être mal jugé. Moi, j'ai hâte de manger et je dois prendre ma faim en patience. Finalement, des serviteurs nous apportent du riz dans un bol et au moins quatre ou cinq menus différents sont offerts sur la table. Moud prend une cuisse de poulet et elle la met dans mon bol.

Je suis tellement contente de pouvoir manger que j'oublie de lui dire merci. Yana me rappelle :

— Il faut dire « merci » à ta sœur.

— Merci, sœur !

C'est tellement bon et si je me laissais aller, je mangerais toute seule tout ce qui est sur la table. Je me retiens et je ne mange pas à ma faim, car j'ai peur de demander davantage.

Après le repas, nous, les jeunes, sortons de la table et les adultes parlent entre eux. Lorsqu'ils ont terminé, Yaud me dit : « Ce soir, nous t'emmenons voir notre oncle. » Je ne pose pas de question ; je pars avec Yaud et Moud.

Cet oncle est normalement le plus jeune frère de mon père. Dans mon cœur, j'ai hâte de le voir, même si je ne le connais pas, car j'espère « voir » le visage de mon père que je n'ai jamais connu. Mon oncle, ressemble-t-il à mon père ? Je n'ose pas le demander à Yaud et à Moud, et je garde le silence pour ne pas leur faire voir que je ressens le besoin de connaître mon véritable père. Qui me dira que le père de Yaud est également mon père ? À sa mort, Yana était venue me chercher lorsque j'avais trois ans ; elle a su que j'étais l'enfant du père de son mari, de Yaud, de Rique, etc. Yana est la seule preuve qui nous reste. Quelle preuve ! Je me méfie tellement d'elle ; je ne crois pas en elle.

Je monte dans l'auto et il fait noir dehors. Je n'aime pas sortir dans l'obscurité. Il pleut. On dirait que la pluie me rend triste. Les éclairs et le tonnerre me font retourner dans le passé. Je me souviens : une fois, lorsque j'étais chez les Khmers rouges, le tonnerre a frappé un arbre ; celui-ci est tombé tout juste à côté de moi. Je croyais mourir tellement j'avais peur à ce moment-là mais quelqu'un, quelque part, me protégeait encore une fois.

Je suis encore dans le passé, lorsque Moud me parle :

« Qu'est-ce qui se passe ? Pourquoi sembles-tu si effrayée ? »

Je ne réponds rien.

Enfin, nous arrivons ! J'entre timidement chez mon oncle avec mon demi-frère et ma demi-sœur. Je vois un vieux monsieur et une femme assez âgée qui nous accueillent chaleureusement... Je ne dis pas un mot, mais je les observe comme si je voulais savoir comment me comporter le plus convenablement possible devant ces gens. Yaud prend la parole :

— Voici notre oncle.

— Bonjour.

Cet oncle me semble très riche comme Rique. Il possède lui aussi une usine qui fabrique des boîtes de conserve pour les fruits. Il m'intrigue, cet oncle, mais je n'ose ni lui parler ni lui poser de questions. Je reste tranquille comme une bête capturée et sans défense.

Yaud et Moud, chacun à tour de rôle, comblent le silence : ils s'informent de la vie de la famille de cet oncle. Plus tard, leur conversation aborde mon sujet, car ces gens croient que je ne comprends pas suffisamment le chinois. Je ne saisis pas tout, mais je sais de quoi ils parlent.

Ils sont tous d'accord pour dire que je ressemble beaucoup à une Cambodgienne. Cela ne me plaît pas vraiment. Cependant, ils ne sont pas tous d'accord pour affirmer que je ressemble à mon père. J'ai un peu du visage de mon père et ses longs doigts, disent-ils. Lorsqu'ils ont dit ça, je regarde mes doigts : je les trouve très courts. Ces gens me trouvent trop petite par rapport à la famille. Les autres sont tous très grands : par exemple Yaud mesure presque 1,80 mètre. Des personnes grandes, chez les Asiatiques, c'est plutôt rare, c'est vrai, mais ma famille fait partie des exceptions, sauf moi. Peut-être suis-je petite parce que j'ai manqué de nourriture pendant toute mon enfance ; aussi parce que je me suis conditionnée à ne pas grandir, car je déteste les adultes. Il existe peut-être d'autres facteurs qui ont limité ma croissance, je l'ignore. Je suis peut-être faite ainsi tout simplement !

Plus tard dans la soirée, la femme de mon oncle nous sert un goûter et mon oncle me fait cadeau d'une belle montre. Je suis ravie de ce bijou. Je lui dis merci ; durant toute la soirée, j'ai prononcé deux mots : bonjour et merci. Je ne sais pas parler et je n'aime pas parler non plus. Lorsqu'un mot sort de ma bouche, il résonne très mal à mes oreilles ; alors cela ne m'encourage pas à parler davantage.

Nous retournons à la maison. Une fois dans l'auto, Yaud exprime son mécontentement face à mon silence chez mon oncle :

« Nous venons de très loin pour te faire connaître notre oncle et tu ne prononces que deux mots durant toute la soirée. Ce n'est pas poli ça, tu comprends ? »

Je ne dis rien, mais au fond de moi, je commence vraiment à détester ce mot, politesse. Si je pouvais le rayer de mon vocabulaire, je crois que je le ferais avec joie. Depuis ce jour-là, je n'essaie plus d'être polie avec personne, sauf avec quelqu'un que j'aime bien.

37

Adieu mon pays !

Yana est là à notre arrivée de chez mon oncle. Alors Moud me demande d'aller me laver et Yana me dit : « Tu ne dois pas laver tes cheveux, tu vas les défriser. »

Elle vient de me donner une bonne idée pour défriser mes cheveux. Elle m'a obligée à les permanenter et je n'aime pas ça. Lorsque j'entre dans la salle de bain, je me rends compte que rien n'est pareil en Thaïlande : je ne sais pas comment faire pour avoir de l'eau, c'est alors que Moud vient m'aider. Une fois terminé, j'entre dans la chambre de Moud et je me vois pour la première fois dans un miroir. Je suis toute gênée devant l'image que réfléchit le miroir ; c'est vrai que je suis laide. Je suis trop maigre et j'ai les joues creuses comme celles des vieux.

Je m'amuse sur le lit confortable de Moud quand soudain elle me surprend. Je m'attendais à ce qu'elle me frappe, comme Yana le faisait d'habitude, mais Moud semble tellement surprise de ma peur d'elle. De toute façon à chaque fois que quelqu'un lève les mains ou les bras, j'ai peur : me frappera-t-il ?

Moud me rassure :

— Je ne te ferai aucun mal, viens me voir !

— Ne le dis pas à belle-sœur, Yana, s'il te plaît !

— Tu sais parler ? Je te croyais muette, car tu ne disais pas grand-chose lors de notre visite à notre oncle. Viens te coucher et n'aie pas peur ; je ne dirai rien à notre belle-sœur. Pourquoi as-tu si peur d'elle ?

— Parce qu'elle me...

Je n'ose pas avouer que Yana me bat souvent, car j'ai peur que Moud me trahisse en le disant à Yana. Hélas, je n'ai confiance en personne dans le monde !

Moud me gâte en me donnant beaucoup d'attention ; je sens le besoin de cette attention et curieusement, elle me permet de mieux respirer dans mon âme. Quel bienfait pour mon for intérieur ! Une femme qui m'était étrangère est devenue ma demi-sœur. Incroyable !

Moud me parle et rit encore avec moi quand Yana arrive. Nous arrêtons de bavarder d'un coup sec par cette surprise dérangeante. Lorsque Yana voit me cheveux mouillés, elle est très fâchée ; d'habitude elle m'aurait battue, mais à cause de la présence de Moud, elle se retient. Quelle chance ! Yana a peur de perdre sa réputation si elle me frappe devant ma demi-sœur.

Par politesse, Moud offre son lit à Yana ; elle est prête à coucher par terre avec moi, mais Yana refuse. Je manifeste ma déception face à son refus ; je voulais que Moud reste avec moi et non Yana. Celle-ci devient encore plus en colère après moi.

Quelques heures plus tard, je me sens fatiguée, mais je ne veux pas dormir, parce que je sais que Yana parlera en mal de moi à Moud comme elle le faisait au camp avec ses amis. De temps en temps, je sens que Yana me regarde pour vérifier si je dors. Je me force pour rester éveillée. Finalement, Yana dit à Moud :

— Elle dort.

— J'en doute...

— Les enfants dorment facilement et rapidement.

Mais Yana oublie que je ne suis plus une enfant ; elle aurait dû se méfier davantage avant de parler de moi.

Moud commence :

— Elle ressemble plus à une Cambodgienne qu'à une Chinoise.

— Oui, c'est vrai et elle n'est pas très belle non plus.

— Elle n'est pas laide.

— Oui, mais il ne faut pas lui dire ça. C'est une enfant très mal élevée. Elle a la tête dure comme ce n'est pas possible. Elle a osé me frapper quand elle avait 9 ans. Je ne lui pardonnerai jamais. Elle est très impolie avec quiconque et surtout avec les adultes, en général. Elle ne respecte personne. Elle est bête avec tout le monde. Elle n'écoute jamais ce que je dis. Lorsque je lui parle, elle est ailleurs et je parle dans le vide. Son frère la déteste et il ne veut plus qu'elle soit sa sœur. Elle n'écoute personne.

— Pourquoi veux-tu l'emmener avec toi ?

— C'est à cause de votre père. Je lui suis reconnaissante pour tout ce qu'il a fait pour moi. En signe de gratitude, je dois aider son enfant. Je ne peux la laisser toute seule au Cambodge, elle est trop jeune.

J'ai tout entendu. Yana ne dit pas la vérité, la vraie raison pour laquelle elle m'emmène avec elle. Yana aime l'argent, je dirais même que l'argent ne fait qu'un avec elle. Elle ne m'emmène pas à cause de mon père ; ce n'est pas une raison assez payante pour elle. Qu'elle ait fait ça pour mon père, est peut-être vrai mais j'en doute vraiment beaucoup : pourquoi ne raconte-t-elle pas la même chose à ses amis qu'à Moud ?

Je viens de comprendre en partie la raison pour laquelle Yana me déteste : elle me fait payer la bataille vécue avec elle quand j'avais 9 ou 10 ans. Je l'ai frappée pour « sauver » ma mère. Cette partie est vraie, car je me souviens très bien de m'être battue avec elle. Yana a dit que j'avais 9 ans quand cet événement s'est produit, mais elle m'a avoué qu'elle ne savait pas mon âge lors de mon inscription pour mon certificat de naissance.

Je ne veux plus écouter la conversation de Yana avec ma demi-sœur. Je veux dormir.

Le lendemain, après le déjeuner, nous retournons au camp. La femme de Rique me donne de l'argent ; je me dépêche de le cacher pour que Yana ne le voie pas.

Une fois au camp, je vais au restaurant. Je mange de la soupe aux nouilles. Comme c'est bon ! Je mangerais encore et encore. Tout à coup, Yana me surprend au restaurant : elle n'est pas très contente et me demande :

— Tu as volé mon argent, c'est ça ?

— Non !

— Tu vas me donner tout !

— Non !

Elle me donne une claque sur le visage ; je suis obligée de lui remettre ce que j'ai, pour qu'elle arrête de me martyriser. Au moins, j'ai mangé une soupe, avec mon argent. C'est mieux que rien !

Quelques jours plus tard, on nous annonce notre départ définitif pour le Canada. Quelle joie !

« Merci mon Dieu de me permettre de partir, je suis tellement heureuse. Juste de penser que je vais au Canada me donne le goût de vivre encore. C'est sans doute passionnant ce pays, n'est-ce pas, Dieu ? »

Je ne connais pas encore qui est ce dieu dont on me parlait, mais je désire le connaître davantage.

Nous attendons le soir pour quitter le pays, j'en ignore la raison. On dirait qu'on fait exprès pour partir le soir, car je n'aime pas les ténèbres.

Nous partons en avion, parce que c'est très loin, nous a-t-on dit. Le bruit terrible de l'avion m'angoisse, et le soir, je vis cela plus difficilement encore. Ce bruit me ramène à la guerre de 1975 où les avions en survolant laissaient tomber des bombes sur nous. Je pleure parce que mon cœur ne peut plus supporter ce bruit qui me ramène constamment à la guerre.

J'ai besoin de temps pour apprivoiser cet avion avant de pouvoir y monter avec les autres. Finalement, je décide d'y pénétrer même si j'ai encore peur. Ce vol est indispensable si je veux me rendre jusqu'au Canada.

Une fois à l'intérieur, je me sens étouffer. J'ai une drôle de sensation dans mon corps. Ma tête commence à tourner ; je me sens mal ; j'ai envie de vomir. « *JE VEUX DESCENDRE, S'II VOUS PLAÎT !* »

On me rassure et lentement, je me calme.

Peu de temps après notre embarquement, une hôtesse de l'air nous sert de la nourriture ; j'aimerais bien pouvoir manger, mais mon corps refuse.

Lentement, je réussis à m'endormir auprès de Gabu. J'espère seulement qu'à mon réveil, je serai déjà au Canada. Quel bonheur ! Je verrai la neige qui tombe du ciel comme des étoiles. Comme j'ai hâte d'arriver dans mon futur pays : je l'aimerai comme le mien... Que sera ma vie au Canada ? Qu'est-ce qui m'attend ?

Tout ça est encore bien mystérieux pour moi...

Épilogue

Tran Lam est arrivée au Canada en 1980. C'est une nouvelle aventure pour elle dans son pays d'adoption.

Comment vit-elle au Canada ? Comment a-t-elle trouvé la neige dont elle a tant rêvé ? Quel genre de découvertes fait-elle depuis son arrivée dans ce nouveau pays ? « Les Blancs », comme elle les appelle, sont-ils différents de ce qu'elle s'imaginait lorsqu'elle était dans le camp des réfugiés ?

C'est une merveilleuse histoire à suivre...

Remerciements

À toutes les personnes qui m'ont aidée et aimée.

À Dieu qui m'a sauvée de la cruauté de l'Homme durant la guerre. Tu m'as conduite au Canada pour te connaître et t'aimer.

À mon frère qui m'a élevée et a pris soin de moi quand j'avais trois ans.

À mes amies religieuses, Servantes Saint-Cœur de Marie, vous qui m'avez donné l'héritage de l'éducation ; sans vous, je n'aurais jamais été capable de lire et d'écrire. Aujourd'hui, je réalise mon rêve : écrire un livre.

À Brigitte qui m'a aidée à corriger mon histoire.

À tous mes amis.

À Hélène, toi qui m'aimes comme je suis et me respecte comme jamais personne ne l'a fait. Tu es toujours là à mes côtés et toujours prête à me soutenir dans mes tempêtes. Tu es toujours disponible pour m'écouter et m'aider tout au long de mes études. Le plus beau cadeau que tu m'aies donné : tu m'as montré le visage d'un Dieu Amour et Miséricorde. Je t'aime!